무사도

일본문화론

무사도

武士道

일본문화론

日本文化論

우미하라 슌 지음

윤영기 · 박성희 · 조홍미 · 조은정 옮김

경성대학교 출판부

글을 시작하며

유럽세계에서 일본의 사무라이 혹은 무사와 자주 비교되는 것은 기사이다. 프랑스를 일례로 들어보자. 프랑스 최초의 문학이라고 일컬어지는 것은 크리스트 교도인 기사 롤랑과 이슬람 교도 군대의 전쟁을 그린 서사시 『롤랑의 노래』이다. 프랑스 남부, 스페인과의 자연 국경을 이루는 피레네산중의 론스보가 이야기의 무대가 된다. 이 작품은 11세기 말에서 12세기 초에 쓰였다고 한다. 일본과 비교하자면 平安末期에서 鎌倉幕府가 성립된 시기라 하겠다.

그러나 프랑스문학에는『롤랑의 노래』 이후는 크리스트 교도의 기사를 소재로 한 것 중에서 이렇다 할 작품을 떠올리기 어렵다. 1337년부터 1453년까지 계속된 영국·프랑스간의 백년전쟁에서 지금까지 이름을 남기고 있는 것은 신앙심 깊은 오를레앙의 소녀 잔 다르크이다. 그 후에는 르네상스, 부르봉 왕조 초기인 앙리 4세 그리고 태양왕 루이 14세 시기로 이어진다.

코르네유, 라신, 몰리에르 등의 빛나는 극작가들의 모습이 부각되며 부르주아의 시대가 시작된다.『롤랑의 노래』는 짧은 계절 이야기에 지나지 않으며 이것이 후세의 프랑스 문학과 문화에 지대한 영향을 끼쳤다고는 생각되지 않는다.

그에 비해 일본의 무사는『헤이케모노가타리(平家物語)』를 비롯한 문학작품 또는 문화 속에서 본격적으로 등장하는데, 그 기간은 수백 년 동안 이어진다. 하나의 시점에서 본다면 무사문학·무사문화는 문학이 등장하는 奈良時代 이후부터 일본열도에서 王朝문화와 町人문화보다도 더 오랜 시간대를 점유하고 있다. 平安末期에서 江戸를 거쳐 明治維新에까지 이른다. 게다가 그것은 멋진 문학과 문화의 아취를 가졌다. 무사문화에는 불교와 유교라는 외부에서 유입된 사상도 일본화 되어 녹아 있다. 일본의 무사문학·무사문화는 세계에서도 보기 드문 지속적이며 장시간에 걸쳐 존재했다. 이는 세계사적으로도 드물뿐더러 일본 문학·문화의 큰 특징이라고도 할 수 있다.

프랑스 문학·문화뿐 아니라 영국·독일·이태리·스페인·러시아 등의 기사 내지는 일본의 무사와 유사한 집단을 생각해 보아도 이러한 예는 드물다. 인도나 중국, 조선반도에 있어서도 마찬가지이다. 예를 들어 가까운 이웃나라인 조선반도에서 일본의 무사에 해당하는 중요한 역할을 맡은 것은 역사적으로 볼 때 문관인 선비였다.

더욱이 일본의 무사문학·무사문화는 명치유신 이후에도 특히, 수차례의 전쟁 중에도 일본 정신세계의 중추부를 관류하는 것으로서 깊은 영향을 끼쳤다. 그리고 최근의 일본 상황을 바탕으로 볼 때 21세기 초반 일본사회의 의식구조에도 흔적을 남기고 있는 것은 아닐까. 아니, 흔적이상의 실제적 작용을 하고 있는 것은 아닐까. 이렇게 본다면 무사문화는 대략 천년에 걸쳐서 존재해 온 일본문화의 하나의 기본적 요소를 이룬다고 해도 좋을 듯하다.

본서에서는 이러한 생각을 바탕으로 주로 일본의 무사도에 관한 것을 서술해 보았다. 그것도 세계일주 중인 배 안에서 다양한 일본인과 아시아인 및 중동, 아프리카, 유럽, 남북아메리카인 등 수많은 사람과 만나면서였다.

무사도 이외에 배 여행과 관련된 일종의 동서론과 서구 식민지주의 비판도 시험해 보았다. 그리고 배 여행 전에 거의 다 써두었던 토미나가 나카모토(富永仲基)에 관한 글도 있다. 그 또한 일본인의 역사의식과 관련된다는 점에서 무사문화와 연관성이 있다고 생각된다. 본서는 물과 하늘을 거의 하루 종일 바라보며 살았던 약 100일에 걸친 배 여행의 산물이다.

차례

2. 무사의 모습 : 왕조말에서 난세전국으로

3. 토미나가 나카모토(富永仲基)－공상의 일본사

4. 그리스·인도를 돌아 일본으로

5. 상아의 흔적 colonialismo

1. 무사도 일본문화론

세계의 무사도

31,500톤, 승객 700명, 승무원 300명, 그 외 30명. 약 1,000명 이상의 토파즈호 승객 중 8할 이상이 나와 같은 「나 홀로 여행」이다. 2004년 4월 6일, 고베항(神戶港)을 뒤로하고 배는 18노트, 시속 약 30킬로로 南西諸島 쪽을 향해 시코쿠(四國) 앞바다를 남하해 갔다. 7시간 쯤 지나자 휴가나다(日向灘) 앞바다를 항해 중이라는 방송이 나왔다. 날씨는 어제 그제에 비하면 따뜻하다. 갑판을 몇 번이나 왕복했다. 아침 산책인 셈이다. 한 승객은 가라테 연습을 하는 듯한 동작을 취하고 있다. 아침 공기 속에서의 그 모습이 아름답다.

그러고 있자니 이 바다 위에서 돌연히 무사도가 머리에 떠오른다. 아테네 올림픽 여자 싱크로나이즈드 스위밍에 「武道」라는 상연 종목이 있었다. 또 토파즈호 안에서도 요즘 화제가 되고 있는 「라스트 사무라이(THE LAST SAMURAI)」가 상영된다는 것 때문일 수도 있겠다.

또한 일본의 이라크 파병이라는 배경도 있었을 것이다(그 후 2004년 10월 말에는 대량병기 확산 방지 훈련 「팀·사무라이 2004」도 있었다).

시대극과 마찬가지로 무사도와 관련된 것은 일본 사람이라면 누구나 잠재의식 속에 담고 있을 것이다. 100일에 걸친 세계 일주 배 여행은 다양한 모습의 사람들과 함께 하는 세상과의 섭촉 속에서 자신을 발견하게 될 것이며, 비록 그렇게까지는 안된다 할지라도 자기 자신을 조금이나마 돌아볼 수 있는 계기는 될 수 있을 것이라 생각된다. 일본의 무사도도 그 하나의 단서가 될지 모르겠다.

4월 10일, 토요일. 어젯밤 시계 바늘을 1시간 늦게 맞춰 놓았으니까 일본과의 시차는 2시간. 저녁에 구로자와 아키라(黒澤明)의 「7인의 사무라이(七人の侍)」 예고편을 선실 텔레비전으로 보았다. 戰國時代의 「사무라이(侍)는 구로자와가 세계적으로 유명해질 당시에 「사무라이」로 재탄생되어 서양인의 가슴 속에서 새로운 사무라이의 이미지로 만들어지게 된다. 「더 라스트 사무라이」의 「사무라이」의 경우도 마찬가지다. 그 이미지가 역수입될 때 일본인은 국제적으로 인지된, 감성적으로 한층 증폭된 이미지의 「사무라이」라는 말을 획득하게 되었던 것은 아닐까. 외국인 특히 서양인의 「인지」에 의해 비로소 「사무라이」를 둘러싼 일본적 평가가 증대되었다. 베자르 발레(Maurice Béjart)의 「추신구라(忠臣藏)」의 경우도 그러하다.

이러한 서양인에 의한 「사무라이」적 가치 찬미도 어딘가 피에르·로티(Pierre Loti)[1] 이래의 감각이 작용한 것은 아닐까.

그것은 현재 21세기의 엑조티시즘(exoticism)이라고 해도 좋을 것 같다. 가령 엑조티시즘 이상으로 「사무라이」를 둘러싼 일본적인 가치에 그들이 끌린다고 한다면 그것은 그들의 크리스트교적인 가치, 일신교적인 가치를 기반으로 한 서양사회의 가치 체계 어딘가에 균열이 생겼거나 그 일부가 상실되었기 때문일지도 모른다. 그리고 그들이 잃어버린 가치의 단편 일부를 「사무라이」적 가치 속에서 재차 찾아내고 있

1) 프랑스의 소설가·해군장교. 남태평양의 폴리네시아를 시작으로 이스탄불·중국·일본·팔레스타인 등지를 두루 돌아다녔는데, 각지의 인상을 바탕으로 관능적이고 이국적인 작품을 썼다. 그의 정신 밑바닥에 깔린 것은 페시미즘이다.

기 때문일지도 모르겠다.

중국인과 베트남인은 이러한 일본적 「사무라이」의 가치에 서양인처럼 관심을 가지고 주목할까? 그리고 한국인이라면 「사무라이」에 관해서 아마도 서양인과 같은 반응을 나타내지는 않을 것이다. 일본인들은 한국인들의 이와 같은 「사무라이」와 관련된 심리에 둔감할지도 모르겠다. 4월 11일에는 베트남 전쟁 당시의 격전지였던 다낭(Đà Nẵng)에 입항한다.

인도의 무사도

불교 철학을 연구한 나카무라 하지메(中村元)선생은 그의 저서 한 부분에서 인도에도 무사도가 있다는 것을 계속 언급하고 있다. 그것을 처음 읽었을 때는 조금 의외였지만 그럴 수도 있겠다는 생각이 들었다. 생각해보면 서양의 기사도도 일본의 무사도와 비슷한 것이 아니던가?

예를 들어 스페인 문학 最古의 무훈시로 여겨지는 『엘시드(El Cid)』 등에도 무사도의 씩씩함, 용기, 자기희생, 생명에 대한 담백함 등이 있지 않던가. 『엘시드』는 후에 17세기 루이 14세 시대의 프랑스에서 라신(Racine)과 모리에르(Molière)와 어깨를 나란히 한 당시의 대극작가의 한사람인 코르네유(Corneille)에 의해 『루·시드(Le Cid)』로 번역, 희곡화되었다. 서양에서는 꽤 알려진 이야기인 『롤랑의 노래』도 주제가 기사도 이야기로 나름 알려져 있다.

인도와 서양에도 무사도가 있는지 묻는다면 잉카제국에도, 북아프리카의 베르베르족에게도, 용맹한 코사크족에게도, 몽골제국의 기마전사에게도 있을 수 있다고 대답한다. 이 배의 승무원은 인도네시아와 불가리아 사람이 많은데 거기에도 무사도가 있을지 모른다(하선 후,

2004년 12월 4일 『아사히 신문(朝日新聞)』에 남아프리카의 이전 백인 정권 아래에서 만들어진 특수대원, 「전쟁개」라고도 불리는 흑인 병사의 사진이 게재되어 있었는데, 그의 손에 「성의·충성·정의」라고 쓰여진 메달이 있었다. 아프리카 식 현대판 사무라이일까? 그 외에 『선비와 사무라이(ソンビとサムライ)』(東海教育研究所·東海大學出版會)라든지, 『비지니스의 사무라이(ビジネスのサムライ)』(日經BP出版センター) 등 요즘 왠지 수상한 분위기와 함께 다양한 사무라이론·무사론이 유행하고 있다.

그건 그렇고 나카무라 하지메 선생은 왜 「인도의 무사도」라고 했을까. 용맹하다고 알려진 시크족들 때문이었을까? 무인으로서의 그들의 행위가 일본 무사들의 그것과 유사하기 때문이었을까? 아니면 일부 일본인들에 의해 무사도가 너무나 특수한 일본적이라고 여기는 경향에 대한 비판 때문일까? 21세기 초두의 일본에서는 미국 주도의 글로벌리제이션 속에서의 지역적, 무사도적이라고 해도 좋을 내셔널리즘 부활에 대한 조류가 있었다.

일본의 무사도

그러면 일본의 무사도란 도대체 무엇일까? 그것을 알기 위해서는 남부 번주(藩主)[2]의 아들이었던 니토베 이나조(新渡戸稲造, 1862~1933)의 『무사도』와 미시마 유키오(三島由紀夫)의 『사무라이』, 야마모토 츠네토모(山本常朝)의 『하가쿠레(葉隱)』와 미야모토 무사시(宮本武藏)의 『고린노쇼(五輪書)』, 그리고 야마가 소코(山鹿素行)의 저작물과, 야마가 소코의 영향을 받은 요시다 쇼인(吉田松陰)이 남긴 작

---

2) 江戶時代의 영주를 일컫는 말

품도 훑어볼 필요가 있다고 생각한다.

그런데 니토베 이나조의 『무사도』에서 출발하여 『7인의 사무라이』와 미시마 유키오의 사무라이론을 거쳐 『더 라스트 사무라이』에 이르기까지 일본인의 무사도론, 또는 사무라이론에 공통되는 점은 무엇일까? 우선 거기에는 일종의 脫亞入歐觀[3]이 있었던 것은 아닐까? 노기 마레스케(乃木希典) 장군을 둘러싼 다음의 글에서도 알 수 있다.

「노기 장군이 여순(旅順) 함락 후 적장 스텟셀에게 보여준 겸허한 태도는 외국에 일본 무사도를 널리 알리는 계기가 되었다. 무사도를 깊이 자각하고 실천해 온 노기는 그의 주군 明治천황의 서거 때, 옛 무사의 의식을 치르고 순사의 길을 선택했다」(田原嗣郎 「山鹿素行と士道」 『日本人の名著1山鹿素行』中央公論社 1971年)

확실한 건 아니지만 노기 장군이 상대를 한 것은 서구 문명에 속한 러시아였다. 「외국」이라는 말은 서구 제국을 말하는 것이며 조선이나 청나라 같은 아시아가 아니었다. 明治라는 시대를 뒤덮은 그림자가 여기에도 비추고 있었다. 나는 지금 그것을 강하게 느끼고 있다.

니토베 이나조(新渡戸稲造)의 『무사도』

니토베 이나조(新渡戸稲造)의 『무사도』는 원문이 영문인 점에서 알 수 있듯이 그것은 서양인, 특히 프로테스탄트 미국인을 대상으로 하고 있다. 구로자와 아키라(黑澤明) 감독의 『7인의 사무라이』는 빛과 어둠, 선과 악을 명료하게 구별하는 헐리우드의 서부극 테크닉으로 되어 있다. 1970년대 미시마 유키오(三島由紀夫)의 할복자살과 그의 「사무라이론」은 구미 문화에 대한 일종의 복수일 것이다. 태평양 전쟁

3) 아시아를 벗어나 세계로 들어감

때 미국과 영국을 주체로 한 구미의 승리는 전후에는 구미적 가치의 승리라는 분위기를 드러냈다. 전후 천황제를 축으로 해서 쌓아 올려온 일본적 가치의 가장 깊숙한 곳에 균열이 생겼다. 균열뿐 아니라 일본적 가치 그 자체를 잃어버리는 과정에 있었다고 당시의 미시마 유키오는 인식하고 있었다. 군사적인 패배는 일시적인 것이다. 문화적 패배보다 더 적나라하게 정신적 패배, 고유의 가치 상실은 민족 자체의 패배, 민족적 가치의 상실을 의미한다(니토베 이나조도 크리스트 교도가 되어 민족적인 고유의 문화적 가치를 발견하려고 했다. 이 문제는 나중에 언급하겠다). 미시마의 「사무라이」론과 할복자살은 서양 문화가 야기한 이론에 대한 항의라고나 할까, 레지스탕스의 양상을 띠고 있다.

『무사도』를 썼을 때의 니토베 이나조도 『7인의 사무라이』를 만든 구로자와 감독이나 미시마 유키오도 그들이 의식하고 대상으로 한 것은 구미 문화이다. 인도, 중국과 같은 아시아는 그들의 대상이 아니었다. 최근의 영화 『더 라스트 사무라이』는 헐리우드에서 일본으로, 즉 서양 쪽에서 먼저 일본적 가치 쪽으로 다가오고 있는 것을 보여주는 예이다. 아시아, 즉 비서양은 제외되어 있다. 그러면 그 일본적 가치라는 것은 무엇일까. 일본 무사 속에서 찾아보도록 하자.

라이산요(瀨山陽)의 무사

말을 재촉하는 채찍소리도 조용히 우에스기군(上杉軍)은
밤의 강을 건넌다.
아침 해 솟아오르고 다케다군(武田軍) 앞에는 대장기를 앞세운
수천 명의 에치고병(越後兵)이 다가오고 있구나.
아 원통하다
이 수년간 복수의 검을 갈아 온 겐신(謙信)의 칼날도

유성처럼 빛 된 순간, 숙적 신겐(信玄)을 놓쳐버리고 말았구나

이것은 유명한 라이산요(瀨山陽)의 漢詩이다. 한 때 열중했었던 시음(詩吟)[4]의 세계도 독특하다. 시음이라고 하면 이 라이산요의 시를 빼놓을 수 없다.

明治 태생인 내 아버지가 때때로 읊던 것이 생각난다.

교토의 가와라마치 마루타마치(河原町丸太町)에서 조금 북쪽으로 올라간 카모가와(鴨川) 강가에 억새 지붕을 한 오래된 단층집이 있다. 유학자 라이산요(1780~1832)가 살던 집이다. 산요는 히가시야마(東山)[5]와 관련해 산쥬록뽀가이시(三六峰外史)라고 했었다. 한시 이외에 江戶時代 후기부터 大正初期에 걸친 『니혼가이시(日本外史)』는 通史로서 아마도 일본인들이 많이 읽은 유일한 일본사가 아니었을까 생각해본다. 『무사도』를 쓴 니토베 이나조도 「라이산요는 그 위대한 <니혼가이시>에서…」라고 쓰고 있다. 한시로 씌어져 있다.

그의 무덤은 기온(祇園) 신사 뒤쪽의 마루야마(圓山) 공원의 안쪽, 쇼군츠카(將軍塚) 산기슭에서 위쪽으로 이어지는 쵸라쿠지(長樂寺)에 있다. 쵸라쿠지는 후지사와(藤澤)의 유교지(遊行寺)로 여겨지는 쇼조코지(淸淨光寺)를 본산으로 하는 정토종의 한 파인 지슈(時宗)의 절이다. 경내에는 한 때 여기에 체류한 적이 있었던 켄레이몽인(建禮門院)의 비석이 있다. 지슈파의 시조격인 잇벤쇼닌(一遍上人)의 조각상과 鎌倉時代의 훌륭한 불상도 몇 개 있다. 이 쵸라쿠지가 있는 산에 라이산요의 무덤이 있다. 맑은 가을날에는 교토 시내를 동쪽에서 한눈에 볼 수 있다. 산요의 카모가와 강 자택도 시야에 들어온다.

---

4) 한시(漢詩)에 가락을 붙여 읊음
5) 교토 동쪽에 있는 산의 총칭

라이 산요는 한문을 자주 썼지만 만년에 쓴 한문『日本外史』도 재미있다. 이『日本外史』에 무사의 기원에 대한 기술이 있다.

「토바(鳥羽)천황 시절에 무사가 겐지(源氏)와 헤이시(平氏), 두 姓에 속하는 것을 금지시켰다. 이로서 대권이 마사카도(將門)로 되돌아간 것은 그때부터」라고 추정하고 있다. 무사가 역사의 전면에 등장하게 된 것이다. 게다가 중세, 즉 라이산요에 의한 중세, 다시 말해 텐치(天知)천황에서 칸무(桓武)천황 당시에 唐의 제도를 모방해 官을 文武로 나누었다. 그 무렵 후지와라(藤原)씨가 권세를 가지고 있어 외척으로써 황후 쪽이 아니면 관직에 오를 수 없는 상황이었지만 가문도 중요했다. 이러한 상황 속에서 장수의 임무를 源氏와 平氏 두 가문에 맡기고,「여기서 처음으로 <武門>이란 명칭이 생겼다. 특히 코닌(光仁)천황·칸무(桓武)천황 시대에 오우(奥羽)지방은 변방으로 여겨지는 경우가 많았다」고 되어 있다.

더욱 흥미로운 점은「능숙하게 활과 말을 다룰 수 있는 사람은 무예를 익히고, 그렇지 못하거나 약한 사람은 농사를 짓는다」라고 기술되어 있다는 점이다. 이 시기의 농업 발전, 수전경작을 오우 지방으로 확대해 간 경향 등을 생각해보면 江戸時代까지 이어지는 士農의 명확한 분리와 구별은 그때부터 시작되었을지도 모르겠다.

무사의 등장

또, 平安末期에서 鎌倉幕府가 성립되는 동란 시기의 역사서인 지엔(慈円)의『구칸쇼(愚管抄)』에는 호겐의 난(保元の亂)에 관해서「호겐 원년(1156년) 7월 2일, 도바원(鳥羽院)이 없어지고 일본에 반역이라는 것이 일어난 후에 무사의 세상이 되었다. 호겐 원년(1156년) 7월

2일)」[6]이라고 나와 있다. 여기서 武士란 武者를 말한다.

『広辞苑』이나 고어사전 등에서는 武士와 武者를 특별하게 구분 짓고 있진 않지만, 『日本の名著9 慈円·北畠親房』(中央公論社 1971)의 注에는 「『구칸쇼(愚管抄)』에서는 武士라는 말을 武者와 구별해서 사용하고 있는 것으로 보인다. 武士는 姓을 가지며 임관되어 있는 사람을 가리키며, 武者는 武士에 비해 신분이 한 단계 아래이다」라고 지적하고 있다.

덧붙여 『広辞苑』에 의하면 武士의 정의는 다음과 같다.

「일반적으로는 무예를 배우고 군사에 종사하는 사람을 폭넓게 가리킨다. 武士의 정의를 武技를 職能으로 생활하는 職能民으로 파악하는 입장에서는 平安後期에 등장해서 江戸時代까지 존속한 사회계층을 말한다.」

또 츠다 소키치(津田左右吉)는 「무사도」라는 단어는 아마도 戰國時代 末期에 생겼을 것이라고 추정하고 있다(『文學に現はれたる我が國民思想の研究』). 또한 스기우라 민페이(杉浦明平)는 『戰國亂世の文學』(岩波新書 1965)에서, 「무사도」라는 단어를 처음 쓴 사람은 야마가 소코(山鹿素行)의 스승이었던 오바타 가게노리(小幡景憲)이며, 통칭 칸베이(勘兵衛)에 의한 것이라고 여겨지는 『코요군칸(甲陽軍艦)』에 몇 번이나 그렇게 씌어져 있다고 했다.

「무사도」 집필의 에너지

무사도에 관해서 논하고자 할 때는 우선 明治時代 니토베 이나조(新渡戸稲造)의 『무사도』가 머리에 떠오른다. 니토베 이나조는 『무사

6) 保元元年七月二日、鳥羽院ウエサセ給テ後、日本國ノ亂逆と云コトハヲコリテ後ムサノ世ニナリニケルナリ

도』에서 무사도의 영어에 해당되는 유사한 단어로 chivalry를 쓰고 있다. 그리고 제2장의 「무사도의 연원(무사도の淵源)」에서는 일본에서 불교, 신도, 유교와의 관계 속에서 무사도의 의미를 찾고 있다.

니토베의 동서고금, 즉 그리스·로마에서 온 크리스트교 성서 그리고 중국 서적과 일본의 고전 등에 이르는 깊은 조예와 심오함에는 감탄을 자아내게 된다. 서양의 문명·문화에 관해서도 그 중심이 되는 부분을 잘 파악하고 있다. 최근 우리들은 수입된 서양 문화의 지엽적인 부분에 현혹되고 있는데, 니토베는 서양 문화의 본질적인 점을 잘 파악하고 있었다. 이와 관련해 나카에 쵸민(中江兆民)도 니토베와 같은 관점에서 보고 있었다.

니토베의 성서에 관한 지식은 말할 것도 없고, 셰익스피어에서 데카르트, 세르반테스, 몽테스키외, 니체, 마르크스 등에 관한 식견에도 놀라움을 금치 못한다. 또 플라톤, 소크라테스, 블루투스 등 고전 그리스와 로마에 관한 지식도 풍부하다. 하지만 그런 니토베의 식견의 배후에는 19세기 서양 교양의 실체가 부상한다. 아마도 삿뽀로 농학교의 스승, W·S 클라크의 영향도 있었을 것이다. 그것은 서양 상층계급 교양으로서의 지식이었을 것이다.

한편 니토베는 무사도에 관해 후대에도 볼 수 있게끔 몇 개의 특징을 들고 있는데, 그 역사적인 유래에 관해서는 언급하지 않았다. 또 불교와 신도, 유교의 역사적인 의미와 위치부여 등은 하지 않았다. 니도베 이나조의 『무사도』는 明治 어느 시기의 프로테스탄트적인 서양 문화에 대해 무사도 윤리에 기초한 일본 문화의 미적 요소와 특징, 단적으로 말해 존재 이유를 밝히고자 열심히 시도해 본 변명서 내지는 선언문 같은 성질을 띠고 있다.

서구 문화가 세계를 석권하고 있던 明治期, 이 세상에서 일본 문화

의 존재이유를 미적개념을 중심으로 추구한 오카쿠라 텐신(岡倉天心)의 『차노홍(茶の本)』도 이와 유사하다. 아니 거의 똑같다.

니토베 이나조와 오카쿠라 텐신은 같은 해에 태어났으며 『무사도』도 『차노홍』도 미국 사람을 독자로 상정해 영문으로 집필되었다. 두 사람의 심리에는 공통점이 있었으며 취급한 대상만 다르지 내용은 동일하다. 니토베는 『무사도』를 공식적으로 알린 사람이지만, 21세기 현재 시점의 무사도론에서 빼놓을 수 없는 야마모토 츠네토모(山本常朝)의 『하가쿠레(葉隱)』와 미야모토 무사시(宮本武藏)의 『고린노쇼(五輪書)』 등은 언급하지 않았다.

앵글로 색슨이 받아들인 「무사도」

니토베 이나조의 『무사도』에 머리말을 쓴 W·E 그리피스는 「무사도에 관한 이 소저술은 앵글로 색슨 국민에게만 주는 중요한 메시지의 차원에만 머무르지는 않을 것이다」라고 했다. 그리피스의 시선에서 일본은 하나의 국가로서 비서양 세계에서는 유례없는 놀라운 약진을 하고 있었지만, 서양의 입장에서는 진짜 경쟁 상대는 못되었다. 발전도상에 있는, 서양이 배출해 낸 우수한 학생이라는 느낌이 그들에게 비친 일본의 모습이었을 것이다.

하지만, 러일 전쟁 이후에 서양이 일본을 보는 눈은 질적으로 변화한다. 일본은 서양의 진짜 경쟁 상대가 되었다.

니토베의 관심은 일본 근대사 속에서도 극히 미묘한 공간—청일전쟁과 러일 전쟁 사이인 1898년—에 무사도와 크리스트교적 기사도를 대비함으로써 일본과 서양을 문화의 영역에서 동등한 지위에 둔다고나 할까, 같은 카테고리의 「문명권」에 진입 시키는 데에 있었을 것이다.

니토베 이나조의 『무사도』가 저술된 시기 자체가 중요한 의미를 가진다고 생각한다. 당시 서양의 초등학교 교과서 등을 살펴보아도 일본의 모습은 잘 찾아 볼 수가 없다. 서양에 있어서 일본은 어쩌다 우키요에(浮世繪) 등에 등장하는, 떠오르는 수평선 아래의 변방에 지나지 않았다. 이에 비해 유럽을 중심으로 한 서양 문명은 19세기말부터 20세기 초에 걸친 이 시기에 절정기를 맞게 된다. 그것은 영원히 지속될 것처럼 보였으며, 20세기 후반까지의 농후했던 유럽 중심주의(europeo-centrisme)를 야기했다.

무사도의 정의—인도「활의 학문」과의 비교

니토베 이나조의 『무사도』의 내용을 보기 전에 다시 『코지엔(広辞苑)』을 보면 무사도의 정의는 다음과 같다.

「일본의 무사 계층에 발달한 도덕. 鎌倉時代부터 발달해서 江戸時代에 대성, 봉건 지배체제의 관념적 지주를 이루었다. 충성·희생·신의·염치·예의·결백·소박·검약·상무(尙武)·명예·정애(情愛) 등을 중시한다.…」

덧붙여 츠다 소키치(津田左右吉)는 니토베 이나조의 『무사도』에 관해서 다음과 같이 말했다. 「그 무렵 니토베씨의 『무사도』가 세간의 높은 평가를 받고 그것이 무사도에 관한 정설처럼 되었는데, 실제 읽어 보니 나의 생각과는 아주 큰 차이가 있음을 알았다.」(『文學に現はれたる我が國民思想の硏究 八』)

여기서 인도를 한 번 더 등장시켜보자. 불교 철학을 연구한 나카무라 하지메(中村元)선생은 그의 저서 한 부분에서 인도에도 무사도가 있다는 것을 계속 언급하고 있다. 일본에는 「兵學」, 「兵法」, 「軍學」이라는 단어가 있는데, 인도의 「활의 학문」이 여기에 해당된다고 여겨진다.

또 인도에서 전투 중 중과부적으로 패하고 막다른 골목까지 몰리면 포로가 되느니 스스로 죽음을 선택하는 경우도 있었다고 한다.

이런 글을 처음 읽었을 때는 조금 의외였다. 현대에도 인도의 무사도라고 하면 떠오르는 이미지가 없다. 하지만 있었을지도 모른다는 생각이 든다. 생각해보면 니토베가 처음에 영문 무사도를 통해서 무사도를 chivalry라고 표현했는데, 서양의 기사도에도 일본 무사도가 가진 본래의 가치와 유사한 점이 몇 가지 있다. 스페인의 기사도 문학, 『엘·시드』와 프랑스의 고전적인 기사도 이야기인 『롤랑의 노래』 등에도 기사도는 표현되어 있다.

앞에서 서술한 것처럼 인도에도 서양에도 무사도는 있었을까? 있었다고 한다면 잉카제국과 북아프리카의 베르베르족에도 있을지 모른다. 인도네시아와 불가리아에도 마찬가지다. 코사크족에겐 특히 있었을 것 같다. 중국과 베트남에도 있었을 것이다.

하지만 일본이 생산해 낸 무사도라고 표현되어 있는 것에는 결국 일본 독자의 가치와 행동 양식이 있었던 것은 아닐까? 니토베 이나조의 『무사도』에는 주목해야 할 부분이 있다. 그것은 니토베 이나조가 지적하는 일본 무사의 여러 가지 특징과 가치와 일화가 시간을 초월하여 영원·불변의 심벌로 표현되어 있기 때문이다. 니토베의 『무사도』에는 상황만 되면 언제 어디에서도 부활할 수 있는 요소가 있다.

일본적 무사도란 무엇인가

일본 무사도의 출현 당시 모습부터 조금 살펴보기로 하자. 무사 역사의 본격적인 등장은 平安時代 末期부터 鎌倉時代에 걸쳐서이다. 平安 귀족정치가 붕괴되어 가는 과정에서 새로운 권력이 형성되었는데 그것은 문화적인 권위의 지배와는 달리 직접적인 힘의 지배를 의미했다.

그러나 일본에 있어서 힘의 지배는 동일 민족 간의 항쟁이라는 경향을 지닌다(아이누족 등의 문제는 제외하기로 하자. 平安 수도를 중심으로 한 무사의 권력투쟁을 테마로 하고 있으므로).

동일 민족 간의 그것은 타국이나 다른 지역에 있어서의 「무사도적」인 것과는 조금 다른 양상을 보인다.

일본 平安王朝의 칼이나 武具의 우아함, 화려함은 직접적으로 『겐지모노가타리(源氏物語)』와 『마쿠라노소시(枕草子)』의 세계와 연결된다. 같은 민족 간의 문화적인 계속성이 무사, 무사도에도 농후하게 반영된 것이 아닐까. 「가는 도중 해가 저물어 나무 그늘 아래 묵으니 오늘밤 꽃과 함께이지 않은가」는 鎌倉期 『헤이케모노가타리(平家物語)』 속에 나오는 시 중의 한 수이다. 그러나 거기에는 平安 王朝文化가 무사화되는 느낌이 있다. 이러한 문화적인 계속성은 민족·종교적으로 뒤섞인 인도나 유럽에서는 거의 그 성향을 찾아볼 수 없다. 이러한 계속성은 오닌의 난(応仁の亂), 室町後期, 戰國時代를 거쳐서 江戸時代에 이르기까지 어떻게 변했을까. 아니면 변하지 않았을까.

서양 기사도와 일본적 가치

꽤 오래 전, 잠시 프랑스 중세 문학을 살펴본 적이 있다. 어쩌면 서양 그 자체를 알고 싶다는 생각에서였는지도 모르겠다. 또 보다 현학적으로 프랑스에 대하여 지식을 위한 지식을 쌓고자 생각한 면도 있었다. 지금에 이르러 스스로의 기질을 반성해 보면, 그 일이 좌절된 것은 당연하다. 그 중세 프랑스 속에는 『롤랑의 노래』나 『트리스탄과 이졸데 이야기』 등이 있었다. 항상 그렇지는 않지만 오래된 기억도 가끔씩 도움이 되기도 한다.

한편 『広辞苑』의 무사도 항목 마지막에 기사도를 참고하라고 되어 있다. 이는 유사점이 있기 때문일 것이다. 설명에는 「기사도는 중세 유럽에서 기사 신분의 대두에 의해 행해진 기사 특유의 기풍. 크리스트교의 영향도 받으며 발달했으며, 충성·용기·경배·예절·명예·관용·여성에 대한 봉사 등의 덕을 이상으로 했다」고 되어 있다.

그리고 서양의 중세 기사에 관하여 언급한 적이 있는 부르핀치는 「무적의 역량, 용기, 정의, 겸양, 상관에 대한 충성, 동기들에 대한 예절, 약자에 대한 연민, 교회에 대한 헌신 등의 여러 가지 덕을 구비할 것」(『中世騎士物語』,노가미 야에코(野上弥生子)譯, 岩波文庫) 등을 서양 기사도의 이상으로 보고 있다. 이러한 서양 기사도의 특징이 된 德이라는 것은 일본 무사도의 경우와 매우 비슷한 반면, 다른 점도 있다.

사무라이 혹은 무사는 거의 천 년 전 平安末期에 나타났다. 그러나 지금 우리들이 사무라이나 무사도라고 하는 관념의 근간은 주로 江戸의 德川時代에 형성된 것은 아닌가 하는 생각이 든다.

平安時代부터 江戸時代에 걸친 일본 무사의 공통된 점은 민족적 동질성과 풍토적 특성에 따른 동족애에 대한 감성이랄까 감각의 섬세함일 것이다. 예로 『헤이케모노가타리(平家物語)』를 들어보자. 헤이시(平氏)와 겐지(源氏) 사이에는 오늘날의 일본인의 기억에도 남아있는 수없이 많은 애절한 전쟁 이야기가 있다.

타이라 키요모리(平清盛), 타이라 시게모리(平重盛), 미나모토 요시츠네(源義経), 벤케이(弁慶), 타이라 아츠모리(平敦盛) 등등 여러 캐릭터를 지닌 주인공의 모습을 볼 수 있다. 그러나 그들의 전쟁 배후에는 불교적인 無常觀과 함께 아름다움, 우아함, 정감의 교류 같은 것이 있었다. 여기에 관해서는 다음 장의 「무사의 모습, 왕조 말에서 난세 전국으로(武士の姿 王朝末から亂世戰國へ)」에서 더 자세히 기록해 두었다.

이에 반해 서양 기사도에는 일본 무사도에서 볼 수 없는 별도의 요소가 있다. 첫째는 서양 기사도의 계급적인 기반이랄까 사회적인 신분은 일본 무사도의 경우와는 완전히 다른 점이다. 둘째는 종교와의 관계이다. 세 번째는 두 번째 것과 관련이 있는데 서양 기사의 적대자에 대한 문제이다.

서양 기사의 계급적 배경으로서는 앞서 예로 들었던 부르핀치의 『중세기사이야기(中世騎士物語)』에서 「解放奴, 賤奴, 農奴, 僧職者」라는 항목에 다음과 같은 것이 있다. 「당시, 기사 이외에 사회를 형성하고 있었던 계급으로서는, 첫째로 자유인 즉 해방된 노예가 있었다.…… 수적으로 말하면 제일 많았던 뒤의 두 계급은, 농노이든 천노이든 양쪽 모두 노예였다.」는 점에서, 서양의 기사 혹은 기사도 배후에는 극히 선명한 계급사회가 있었음을 알 수 있다. 노예의 팽배 혹은 노예에 가까운 신분층이 있었던 것이다. 일본에는 없는 노예제도의 문제가 있었고 계급의 구분이 있었다. 기사와 다른 계급과의 사이에는 거의 뛰어

넘을 수 없는 신분의 차이가 있었다. 일본 平安末期에 무사화된 지방 관청의 하급직이나 그 대리인 같은 존재는 없었다. 서구 사회의 노예 문제에 관해서는 졸저 『특이한 유럽(異相のヨーロッパ)』을 보시기 바란다.

두 번째는 기사와 종교에 관한 것이다. 서양 사회에서는 기사가 되기 위해서는 크리스트교의 엄격한 의식을 통과하여 신 앞에 맹세를 하고 성 미카엘, 성 조지의 「어명」에 의해 기사가 될 수 있었다. 그에 비해 일본 사회의 불교는 무사에 대해 각별한 의식이나 맹세를 요구하지 않는다. 서양에서는 크리스트교라고 하는 종교가 적극적으로 기사의 행동이나 덕의 본연의 모습에 영향력을 발휘한다. 소위 하늘이 지배하고 있는 것이다. 계급제의 근간을 이루는 카톨릭 교회 구조로부터 자연히 이루어진 하나의 결과이다.

세 번째는 두 번째의 크리스트교라고 하는 종교와도 관련있는데 서양 기사의 이교도에 대한 문제이다. 시험 삼아 서양 중세의 대표적 무훈시(武勳詩)로 일컬어지는 『롤랑의 노래』와 『엘·시드의 노래』 등을 보도록 하자. 중세 프랑스의 무훈시 『롤랑의 노래』는 다음과 같이 시작된다.

우리들 大帝 샤를왕은
만 7년 스페인에 계시면서
높은 산지와 바다까지 정복하셨네.
그의 앞에 버티는 城은 없고
성벽, 시가지 남김없이 다 쳐부수었네.
사라고사(이베리아반도)는 산 위에 있어서
마르실 왕이 여기를 소유하고 있었네
그는 신을 사랑하지 않았네
마호메트를 섬기고 아포란에게 의지했네.

재앙이 그를 덮치지 않을 수 없었네.

(有永弘人 譯, 岩波文庫, 1996)

이 노래의 작자와 청중은 이슬람의 신앙 대상을 「마호메, 아포란」이라고 해서 이슬람교가 다신교처럼 생각될 가능성이 있다라는 역자의 해설이 있다. 코란은 아랍어에서 라틴어 내지는 서양어로의 번역이 꽤 나중에 이루어졌으므로 그 점에서 본다면 이러한 오해도 무리는 아니다. 덧붙여 말하면, 이 점과 관련하여 실제로는 크리스트교 쪽이 이슬람교보다 다신교적 요소가 강하다는 점을 신교도 안드레 시그후리드 등도 지적하고 있다. 당시의 크리스트 교도는 크리스트교·유대교·이슬람교가 같은 뿌리의 종교라는 점을 깨닫지 못했을 것이다. 여기서 스페인 최고의 문학으로 일컬어지는 무훈시 『엘·시드』의 극히 일부만 살펴보자.

청정한 크리스트교국으로부터 우리들이 나온 이래

신의 도움으로 우리들 사업은 순조로이 진행되었다
모로의 두 장군은 도망가는 도중에

이리하여 막대한 전리품을 얻고 무르비에도로에 귀환했다
크리스토 교도들 軍勢 환희는 그 基地에 넘쳐났다

적지 탈환의 부대나 야간 습격의 부대가 파견되어
해안지방 모로 땅을 철저하게 황폐시켰다

(『엘 시드의 노래』 長南実 譯, 岩波文庫, 1998)

이들 무훈시를 읽었을 때의 감상은 각자 개인에게 맡긴다. 단지 그 역사적 배경은 일본 平家物語 등과는 크게 다름을 알 수 있다. 『롤랑의 노래』의 샤를 마뉴왕 시대부터 시간이 지나 『엘 시드』가 만들어 졌다고 하는 12세기, 일본은 鎌倉時代에 해당한다. 당시 이들 무훈시의 무대가 된 이베리아 반도는, 지금의 마드리드보다 조금 남쪽 부근을 경계로 크리스트교권과 이슬람교권으로 나누어져 있었다.

『롤랑의 노래』도 『엘·시드의 노래』도 이베리아 반도 전역에서 일어난 크리스트교와 이슬람교 사이의 가혹한 전쟁 동향을 반영하고 있다. 여기서는 일본의 미나모토(源)가문과 타이라(平)가문의 항전에서 자주 볼 수 있었던 상호간의 감정 교류는 원칙적으로는 불가능했다. 개종하지 않는 한 상대를 철저하게 약탈하고 살육해야 했다. 그것도 신의 이름을 두고서 말이다.

일본 鎌倉의 무사는 『롤랑의 노래』나 『엘 시드의 노래』에서 볼 수 있는 이교도와의 전쟁을 경험하지는 않았다. 일본에서는 이교도라는 명목 하에서 적에 대한 철저한 섬멸, 살육, 강탈은 찾아볼 수 없다.

鎌倉 이전에도 사카우에 타무라마로(坂上田村麻呂)에 의한 오우(奥羽) 지방 원정의 경우에도 이교도라든가 종교 문제는 눈에 띄지 않는다. 일본에 보급된 불교는 인도 마우리아 왕조에서 전래된 당시부터 대체로 평화적이었으며 정치적이지 않았다. 이슬람교나 크리스트교는 일신교적인 성향 때문에 본래부터 관용적이지 못하다. 일본 무사의 싸움은 이교도 — 이슬람 교도 — 를 눈앞에 둔 서양 기사도와는 행동, 특히 의식적인 면에서는 크게 다르다. 일본 무사의 적은 적이라 하더라도 내부의 적인 것이다. 일본인들이 논쟁을 할 때에는 이러한 면들이 자주 드러난다.

여성 숭배

니토베 이나조의 『무사도』 제 14장은 「부인의 교육 및 지위」로 되어 있다. 「그러나 여성의 신체미와 섬세한 사상은 남성의 조잡한 심리 능력으로는 도저히 설명할 수 없다」라는 부분이 있다. 니토베는 부(婦)라는 한자는 빗자루를 들고 있는 여자인데 마법사는 아니며, 영어의 wife는 어원적으로 직물 짜는 사람인 weaver에서 유래했으며, 독일 황제는 부인의 활동 범위를 부엌 Küche, 교회 Kirche, 어린이 Kinder로 한정했다는 등 적지 않은 유머를 더하여 쓰고 있다. 유머를 좋아하는 미국인들에게 니토베의 영문 『무사도』는 매우 호평을 받았을 것이다.

그리고 니토베는 일본 무사도에서 여성의 지위는 「사회적, 정치적 단위로서는 높지 않았으나 아내나 어머니로서는 매우 높은 존경과 깊은 애정을 받았다」라고 했다. 「일본 문학에서 가장 뛰어난 詩歌의 일부분은 여성의 감정을 표현한 것이다. 실제로 부인은 일본 美文學史에 있어서 중요한 역할을 다하였다.」라고 하면서 일본에 있어서의 여성의 역할을 평가하고 있다.

『겐지모노가타리(源氏物語)』, 『마쿠라노소시(枕草子)』로부터 고킨(古今), 신고킨(新古今)에 이르기까지 여성문학자, 시인의 존재는 눈부실 정도이다. 모토오리 노리나가(本居 宣長)도 『겐지모노가타리』에 열중하지 않았던가. 뿐만 아니라 코지키신화(古事記神話)와 『니혼쇼키(日本書紀)』의 아마테라스(天照)와 히미코(卑弥呼)로부터 출발하여 鎌倉時代의 토모에 고젠(巴御前)에 이르기까지 일본에서는 그다지 여성을 멸시하는 경향은 보이지 않는다. 율령국가의 班田收受[7]에 있어서의 남녀차이를 바로 그것이라고 말 할 수 있지 않을까. 불교

7) 당의 균전제도를 모방한 토지개혁법

에서도 일신교에서 만큼의 여성 멸시는 찾아볼 수 없지 않은가.

女人禁制[8]는 있었지만 무로지(室生寺)[9]에서 볼 수 있는 불교에 한하지 않고, 요곡(謠曲) 치쿠부시마(竹生島)처럼 교묘하게 예외를 인정하고 있다. 억압적인 유교의 영향을 받은 것은 아닐까 생각되는 江戶, 德川時代의 불교에서도 교토의 붓코우지(佛光寺)의 管長이 한때 여성이었다는 이야기를 들은 바 있다. 그렇다면, 니토베 이나조는 서양에서의 여성에 대한 평가를 어떻게 내리고 있는 것일까.

니토베는 서양의 고대 로마에 있어서 부인들이 존경을 받은 것은 어머니로서의 부인이었기 때문이라고 말한다. 또한 「튜톤(Teuton) 인종은 여성에 대한 미신적 두려움과 공포를 가지고 그 종족적 생활을 시작하고… 아메리카인은 여성 인구 부족이라고 하는 애처로운 자각 하에서 그 사회생활을 시작하였다… 따라서 서양 문명에서는 남자가 여자를 대할 때 나타내는 존경이 도덕의 주요한 표준이 되어있다.」라고 지적했다.

서양에서의 여성 숭배 문제를 니토베와는 다른 시각에서 좀 더 살펴보도록 하자. 예를 들면 일본의 헤이케모토가타리(平家物語)를 둘러싼 비와법사(琵琶法師)에 해당하는 사람이 서양에도 있었다. 음유시인, 트루바두르(Troubadour)라 불리우는 자이다. 「그때까지 중세 문학 속에 에로스의 등장이 없었던 것은 아니었습니다. 12세기 초반에 프랑스 남부, 푸아투(Poitou), 리모주(Limoges), 귀안느(Guyane) 등의 오크어(Lenga d'òc)권내에 홀연히 귀부인 숭배라고 하는 일종의 신비주의적이며 유사 종교적 사상의 형태를 취하는 에로스를 찬양하

8) 女性은 不淨하다 하여 聖所, 聖物, 宗教的 儀式 따위에 接近 또는 參加를 禁하는 習俗. 未開 社會나 民俗 社會에서 흔히 볼 수 있음

9) 여성금제(女人禁制)였던 고야산(高野山)에 대해, 여성의 참배가 허락되었던 것에서 여인고야(女人高野)의 별칭이 있다

는 시가 나타났습니다. 그것이 소위 트루바두르의 시였으며…」

「켈트(Celt)족 도래의 이야기를 다룬 트리스탄(Tristan)전설을 듣게 된 流布本 최초의 작자는 큰 감동을 받았음에 틀림없습니다.

그는 트루바두르가 노래한 귀부인 숭배에 관한 관념을 가슴속에 간직하면서도…」(『트리스탄과 이졸데 이야기(トリスタン·イズー物語)』, 齊藤輝夫 譯, 岩波文庫, 2004). 독일의 민네장(Minnesang)도 트루바두르(Troubadour)와 비슷한 분위기일 것이다.

그리고 서양 기사도에서의 여성 숭배 경향도 일반적으로 잘 알려져 있다. 서양에서는 11, 12세기부터 그때까지와는 다른 인간화된 마리아 숭배도 있었다. 이탈리아의 라벤나(Ravenna)에서 볼 수 있는 엄숙하고 세속적인 것을 거부하는 모자이크 속의 마리아가 아니다. 천상의 마리아 숭배에는 없는, 지상 현세에 내려온 마리아인 것이다. 양자에 공통점이 있다면 그 바탕에 흐르는 모성 숭배와 풍요와 번영을 기원하는 마음 정도일 것이다.

서양에서의 이러한 여성 숭배 경향은 르네상스시대 부터 한층 더 명료해지게 된다. 이탈리아 그림 속의 마리아도 지난날의 예를 들면 라벤나의 모자이크 속의 마리아와 같은 그런 엄숙함은 사라지고 아름답고 우아한 처녀의 모습으로 표현된 것이다. 그것은 11세기부터 시작된 십자군 시기와도 어느 정도 중첩되어 망향의 염원과 함께 남겨두고 온 여성에 대한 깊은 동정의 감정과 느낌이 드러나 있다.

르네상스, 유럽의 심층이라고도 할 수 있는 켈트(Celt)의 영향과 십자군이라고 하는 유럽사의 획기적 사건 이후, 서양 사회의 여성 숭배는 중대한 문화적 특징이 된다. 이미 밝힌 바 있지만 유대교·크리스트교·이슬람교는 본래 같은 일신교의 흐름위에 놓여 있다.

인도로부터 동쪽의 불교·도교·유교는 서로 다른 정신적 계보로 연결

되어 있다. 이 일신교라고 하는 엄격한 성격을 가진 종교를 배경으로 하면서—반복해서 언급하지만 이탈리아, 라벤나 마리아상 등을 상기해 보라—그리고 십자군이라는 적어도 명목상으로는 종교적 행위를 배경으로 하면서 여성 숭배라는 현상이 생겨난 것이다.

그것이 이후 천년에 걸쳐서 그 전까지는 없었던 서양 사회의 특질이 되어버린 것은 아닐까. 더불어 서양 문화의 2대 원천 중의 하나인 고대 그리스를 예로 들면 아리스토텔레스는 정치학에서 여성을 남성의 아래에 두고 있다. 또 다른 서양 문화의 하나로 일컬어지는 크리스트교에서도 마찬가지이다. 여성은 종교적으로 남성 아래에 놓여 있다. 이렇게 본다면 입센(Ibsen)으로 부터 페미니즘에 이르는 서양의 여성 해방 움직임도 역사적으로는 십자군 원정 때부터 시작된 것이 아닐까.

서양에서의 여성숭배나 여성 존경의 유래는 과연 니토베가 말하는 그러한 이유에 의해서만 생겨난 것일까. 크리스트교와 그 근원인 유대교, 그리고 그것에서 파생된 이슬람교.

이들 종교에서의 여성은 남성과 같은 평가를 받지 못했다. 이슬람교에서는 현재도 여성 멸시가 존재한다는 지적도 있다.

불교에서의 여성 멸시

그리고 이와 같은 사실은 불교에서 찾아볼 수 있다. 기원전 3세기 중반 경 전성기를 누린 아소카(Aśoka)왕의 마우리아(Maurya) 왕조 시대, 인도 불교와 자이나교(Jainism)에서는 민중적인 기운이 사회에 만연하여 인간 평등에 대한 움직임이 있었다. 불교는 카스트 제도에도 비판적이었다. 사원도 민중의 자발적인 봉납에 의해서 건설되었다고 한다.

그러나 3세기의 굽타(Gupta)왕조 때부터 국왕을 신성화하기 시작하여 바라문교(Brahmanism)를 정점으로 하는 모든 종교는 국왕 아래에 놓이게 되었다. 힌두교에 흡수된 불교는 體制內化된다. 즉 보수성을 띠게 되었으며 평등개념도 약해졌다. 여성의 지위도 마찬가지였다.

「따라서 사회적으로 여성 지위에도 변화가 나타났다. 마우리아 왕조 시대에는 여성이 자유스럽게 행동하였으며 佛敎靈場에 대한 기부도 반 정도는 여성에 의해 이루어졌다고 하는데, 굽타 왕조 이후에는 여성이 자신의 의지와 능력으로 기부하는 경우는 거의 사라지게 되었다. 점차 불교에서는 『여자의 몸을 비관하여 남자로 다시 태어나고 싶다』라는 바람이 현저하게 나타났다」(『인도사 Ⅲ』나카무라 하지메(中村元))고 지적하고 있다.

「유대교 예수파(Jesus파)」라고도 칭해지는 예수 출현기의 크리스트교에서는 어딘가 마우리아 왕조기의 민중적인 요소를 지니고 있다. 이 또한 로마에서 변화를 일으켰다. 대부분의 종교는 體制內化되어 가면 질서를 지향하게 되어 보수화되어 간다. 20세기의 스탈리니즘(Stalinism)도 그러하다. 그 질서·규율 대상 중 하나가 바로 여성이다. 그리고 여성의 사회적 지위를 보더라도 일본에서 가장 보수적으로 질서 역할을 담당했던 것은 德川時代의 주자학 유교였다고 생각한다.

하라키리

니토베 이나조의 『무사도』에는 하라키리(腹切り)에 관한 것도 있다. 제 12장의 「자살 및 복수 제도」가 그것이다. 하라키리는 시대적으로는 平安末期부터 시작되었는데, 무사가 스스로 자살하는 풍습이라고 전해진다. 그러고 보니 平安朝의 귀족이 스스로 자결했다는 말은 거의 들어본 바가 없다.

하라키리 자체는 와도우(和銅) 6년(713) 겐메이(元明)천황의 명에 따라서 만들어진 코후도기(古風土記)의 하나인 『이즈모 후도기(出雲風土記)』에 나온 것으로 기억된다. 『出雲風土記』의 하라키리는 인체 중의 腸이 五穀豊穰과 관계있다는 현실적이면서도 종교적인 의미까지를 포함한 듯하다. 더불어 서양으로 눈을 돌려보면 로마의 장군 시저(Caesar)의 갈리아 전기(Commentarii de Bello Gallico)에서는 전쟁에서 살육당한 갈리아는 프랑스 주민의 사체가 비료가 되어 풍작을 이루었다는 이야기가 있다. 그리고 유럽의 아메리카 남부 식민지화 초기에 스페인 사람인지 프랑스 사람인지는 모르지만, 엄청난 버팔로의 무리를 멸종시키고 원주민 인디언을 살해하였는데, 그것이 비료가 되었다고도 보고되었다.

한편, 인도에도 무사도가 있었다고 지적한 나카무라 하지메(中村元)선생은 또한 인도에도 하라키리라고 하는 행위가 있으며 하라키리像을 보았다고 한다. 하라키리가 아니더라도 전투할 때의 인도에서의 자살은 특히 이슬람교가 인도에 침투할 때에 나타났었다고 한다.

인도에는 적군에게 치욕을 당하는 것을 떳떳하지 못하다고 여겨서, 비운이 엄습했다고 생각되면 미련 없이 자결하는 풍습이 예부터 있었는데 이것을 『자우하르(jauhar)』라 한다.특히 이슬람교도와 맞섰던 라지프트족(Rajput族)의 경우가 유명하다. 또한 남인도의 무사는 자신의 임무를 수행함에 있어서 실패했을 경우에는 자살했다. 사람들은 그들을 극도로 칭송하여 <영웅>이라 칭하고 그들의 죽음을 기리며 그 무사의 조각상을 새긴 기념비 석판을 세웠다.(10세기 이후, 12세기에서 15세기의 것이 많음) 어떤 조각상에서는 무사가 선채로 칼을 쥐고 자신의 목을 베려고 하는 것도 있고 문자 그대로 배를 가르고 있는 모습의 像도 있다.…」

그리고 스리랑카에도 자결을 찬양한 비가 있는데, 古都 아누라다프라(Anuradhapura)의 박물관에는 장군 한명이 칼로 자신의 목을 베는 浮彫가 있다고 한다.[10] 스리랑카의 자결상은 12세기라고 하니 일본으로 말하자면 바로 『헤이케모노가타리(平家物語)』의 시기에 해당된다 하겠다.

平安時代로 다시 이야기를 돌리자면 平安末期에서 鎌倉期에 걸친 무사의 하라키리는 치욕이라는 관념을 지니면서 平安 미의식의 바탕을 이룬다. 『헤이케모노가타리』안에서 어느 골짜기에서의 전투에서 매화 가지를 등 뒤로 하고 죽음에 맞서 싸우던 카지와라겐타카게스에(梶原源太景季) 등의 미의식이 그러하다. 예를 들면 한 군대의 장수는 죽음에 임박하여 부상을 당하더라도 천한 자신의 졸병 손에 매달리는 것은 허락할 수 없으므로 자신의 손으로 죽음을 선택했다. 江戸時代가 되어도 무사의 공적인 셋뿌쿠(切腹)·카이샤쿠(介錯)[11]는 의식적이면서도 미적인 요소를 지녔다. 이러한 점에 관해서는 니토베도 『무사도』에서 몇 가지의 예를 들며 상세히 서술하고, 서양인을 대상으로 하라키리 문제를 가능한 한 납득시키려고 노력하고 있다. 그러나 자살을 신의 의지에 반한다고 보는 서구 사회에 있어서 어느 정도의 설득력이 있었을까. 조금은 무리를 한 부분이다. 니토베 자신도 그렇게 느끼지 않았을까.

10) 前掲『インド史』
11) 할복(割腹)하는 사람의 뒤에 있다가 목을 쳐 줌. 또는 그 사람.

일신교에 있어서의 자결

江戶時代의 사형 제도인 하라키리는 무사. 사무라이를 제외한 사람에게는 자살이다. 서양의 경우는 어떠했을까? 그리고 서아시아를 시작으로 하는 서방은 어떠했을까? 유대·크리스트교 사회에서는 종교적으로 한사람의 인간이 신의 의지와는 별도로 스스로의 운명, 특히 삶과 죽음의 문제를 인간의 손으로 정하려는 것은 금지되어 있지 않았던가? 이슬람의 경우도 그러할 것이다.

최근의 팔레스타인과 이라크에서의 「자폭테러」는 일본의 제2차 세계 대전 중의 카미가제(神風)에 자주 비교된다. 행위 자체는 닮아 있다. 하지만 이슬람 세계의 「자폭테러」의 배후에는 일신교에서의 신의 세계가 있다. 신의 의지가 있다. 일본의 자결, 하라키리에는 신의 강렬한 의지는 없다. 카미가제 특공대의 배후에는 明治 이후부터 일신교적 성격을 지니기 시작한 천황 숭배의 그림자가 있었을 것이다.

하지만 그 천황 신앙이 수행하는 역할도 일신교 세계의 신의 역할과는 다르다. 역시 이미 지적받은 것처럼 일본 사회의 동질성(wholeness)이라고 해도 좋을 질서 감각과 감성을 기초로 하고 있는 자질이 아니던가.

헤이케모노가타리 등 鎌倉時代의 저술에서 보이는 무사, 사무라이는 강한 윤리의 틀, 예를 들면 유교에 속박되어 있었다기보다 平安朝 귀족 문화의 미의식을 생활 방식의 배경으로 한 것처럼 느껴진다. 불교적인 무상 의식도 있지만 종교적으로는 어느 정도의 깊이가 있었을까? 유교적인 것은 극히 희박했다.

鎌倉時代에서 南北朝, 室町末期에 이르는 시기는 하극상의 시기로 권력 중추가 불안정하고 유동적인 시대이다. 특히 戰國時代에서 모모야마기(桃山期)에 걸쳐서 그러하다. 무사, 사무라이의 윤리성도 점점 옅어졌다. 약육강식의 정글 법칙이 지배하게 된다. 그래서인지 거꾸로 회고적으로 室町期의 요곡(謠曲) 등에 『헤이케모노가타리』를 주제로 한 것이 많이 등장했다. 『헤이케모노가타리』를 통한 平安의 미의식에 대한 향수이다.

오늘날 일반적으로 이해되고 있는 형태나 배경 아래의 사무라이와 무사가 등장한 것은 江戶時代인데, 이것은 새로운 등장은 아니다. 니토베 이나조의 『무사도』에는 무사와 사무라이를 어느 시대나 있다는 전제하에 묘사하고 있다. 그 부분에서는 역사적 근거를 찾을 수 없다. 특히 니토베 자신도 그 속에서 자란 주자학 유교에 거리를 두고 이해를 하지 못했다. 아마도 시대가 가진 魔力이 작용한 탓일 것이다.

江戶 ―德川時代

江戶 ―德川期 이전에는 정리된 형태의 사무라이론과 무사도에 관한 글은 떠올리기 어려웠다. 다시 말해 노(能)에 관한 글 하면 떠오르는 제아미(世阿弥)와 칸아미(觀阿弥)의 『후시카덴(風姿花伝[12])』과 『카쿄(花鏡)』같은 것은 없었다. 하나의 역설이지만 戰國時代 다음의 江戶 ―德川時代라는 태평성대가 오고 나서 몇 개의 무사도론과 사무라이론만이 발전하게 되었다. 江戶 初期의 軍學者 칸베이(勘兵衛) 오바타 가게노리(小幡景憲)가 관여했다고 여겨지는 『코요군칸(甲陽軍艦)』과 그의 제자 다이도지 유잔(大道寺友山)의 『부도쇼신슈(武道初心集)』 등이 그것이다.

그러나 그것도 극히 한정된 사람들의 세계에서의 일이다. 신도, 유학,

12) 能の大成者世阿弥（ぜあみ）の能樂論で、日本を代表する芸術論

국학 등의 흐름 속에서 무사도론이 있었던 사실은 떠올릴 수가 없다.

미야모토 무사시(宮本武藏)－『고린노쇼(五輪書)』

여기에서는 우선 江戶時代의 대표적인 무사, 사무라이에 관한 책으로써 니텐잇토류(二天一刀流)의 원조, 미야모토 무사시(宮本武藏, 1548?～1645)의 땅, 물, 불, 바람, 하늘의 다섯 권으로 이루어진『고린노쇼(五輪書)』를 살펴보도록 하자. 책이름인 고린(五輪)이란 密敎에서 물질의 구성 요소라고 하는 지린(地輪), 수린(水輪), 화린(火輪), 풍린(風輪), 공린(空輪)을 말한다.

『五輪書』는 칸에이 20년(寬永 20, 1643) 가을, 구마모토(熊本)의 아리아케카이(有明海)에 접한 킨보산(金峰山)에 있는 운간지(雲巖寺)에서 저술되었다.

니토베 이나조의『무사도』에는 무사시의 이름이 한 번 등장하지만 무사시의『五輪書』의 내용은 언급하지 않았다. 무사시와 그의『五輪書』는 요시카와 에이지(吉川英治)의 소설에 의해 戰前·戰中·戰後에 이르기까지 극히 통속적이고 정신주의적이고 일본주의적인 것으로 수용되었다. 왠지 昭和 16년(1941) 도죠 히데키(東條英機) 육군대신이 전체 육군에게 하사한「센진쿤(戰陣訓)」을 상기시키는 데가 있다. 덧붙여 사카구치 안고(坂口安吾)는『세이슌론(青春論)』(1942年)에서 검술은 청춘의 소유물이며, 칼날이 무뎌진 때 쓰여진『五輪書』는 따분하다고까지 했다.

『五輪書』가 씌어 진 것은 江戶時代 초기이며 여전히 戰國時代의 영향은 남아 있었다. 무사시는「佛法과 유교의 언어를 빌리지 않고, 하늘의 도와 관세음을 거울로 해서」[13]『五輪書』를 저술했다고 했다.

실제로 내용을 읽어 보면 요시카와 에이지 풍의 정신주의적 요소나 유교적인 것은 거의 찾아 볼 수 없다. 불교적인 것도 보이지 않는다. 검을 쥐고 싸우는 이의 마음가짐이라고 할까 심리를 상세하게 분석한 것이라고 하는 편이 좋겠다. 유용한 책이라고 생각한다.

개인적으로 미야모토 무사시의 『五輪書』를 읽은 것은 꽤 시간이 지나고 나서였고, 그 전에는 무사시의 그림에 매료되어 있었다. 특히 무사시가 하세가와 토하쿠(長谷川等伯)에게 그림을 배웠다는 사실에 더욱 흥미를 가졌다. 토지(東寺) 북쪽의 칸치인(観知院)에 먹물이 희미해져 거의 형태를 알아 볼 수 없게 된 그의 그림에도 반했었던 기억이 있다.

무사시의 수묵화가 뛰어났다는 것은 새삼스럽게 말할 필요도 없다. 어쨌든 『五輪書』는 요시카와 에이지가 말한 것처럼 유교적이고 윤리적인 것이 아니다. 유교적 요소, 특히 체제에 순응하는 주자학적인 것은 전혀 찾아볼 수가 없다. 전쟁터를 축으로 한 인간 심리 일반의 교훈으로 가득 찬 서적이라는 인상을 느끼게 한다. 니토베 이나조도 무사시의 『五輪書』로 무사도를 설명하기는 어려울 것이다. 『五輪書』에는 무사도에 관계되는 내용은 없다.

시바 료타로(司馬遼太郎)－나라모토 타츠야(奈良本辰也)의 『하가쿠레(葉隱)』론

江戸時代의 사무라이, 무사와의 관계에서 『고린노쇼(五輪書)』와 함께 머리에 떠오르는 것은 『하가쿠레(葉隱)』이다. 『葉隱』는 미야모토 무사시(宮本武藏)의 죽음(正保2,1645) 후 만지 원년(万治 元年,

---

13) (仏法や儒教の言葉を借りず、天の道と観世音を鏡として)

1659)에 태어난 사가(佐賀)의 번사(藩士)[14], 야마모토 츠네토모(山本常朝)에 의해 쿄호 원년(享保 元年, 1716)에 쓰여졌다.

하지만 널리 세상에 알려지게 된 것은 昭和 15년(昭和 15, 1940) 岩波문고판에 의해서라고 한다. 이 시기는 일본이 태평양 전쟁을 맞이하려던 시기이다. 당시의 정신적 상황에 어떤 형태로든 영향을 끼쳤을 것이라는 추측도 가능한데 탈고하고 나서 실로 200년 남짓이 지나고 나서의 일이다.

『일본의 명저 17 하가쿠레(日本の名著17 葉隱)』(中央公論社, 責任編集 奈良本辰也, 1969)의 해설에 「美와 狂의 사상」이라는 나라모토 타츠야(奈良本辰也)의 문장이 있다.

덧붙여 「부록 7」에 『葉隱』를 둘러싼 나라모토와 시바료타로의 대담이 있다. 때는 1960년대 후반 중국의 사회주의 문화 대혁명과 쿠바, 베트남의 혁명, 유고슬라비아의 자주관리 등 갖가지 사상이 만연하던 시기였다. 프랑스 5월 혁명에 연동되는 일본의 전공투 학생운동도 고양되어 있었고, 전 세계에 일종의 독특한 열기가 있었던 시기이다. 그러한 분위기를 배경으로 해서 나라모토의 「美와 狂의 사상」 등도 쓰였다. 나는 그것을 느낄 수 있다.

「美와 狂의 사상」안에서 나라모토는 재미있는 이야기를 하고 있다. 「행동의 미학」이라는 부분에서 「美는 무사의 마음의 표현」이라며 다음과 같이 썼다.

「죽음이라는 엄숙한 사실을 앞에 두고 극한의 모습으로 살아간다는 것은 일상을 미적으로 살고, 그 한 순간 한 순간을 모아서 하나의 詩로 만들어 가는 삶이다. 나는 이와 같은 삶 속에서 숭고한 美를 느낀다.… 그 사람에게 있어서 행동의 미학이라는 것이 있음으로써 그들은 갑옷

---

14) 번(藩)의 무사, 번주(藩主)의 신하

과 투구를 아름답게 장식하고 창과 검을 미술품으로까지 끌어 올렸을 것이다. 이러한 武具와 유럽의 기사들이 착용하고 지니던 武具와 비교하면 천양지차였을 것이다. 유럽 기사들의 武具는 철저히 실용적이었다.……(일본 武具의 아름다움은) 무사의 내면적 생활의 외적 표현이었을 것이다」라고 했다. 야마모토 츠네토모의 『葉隱』보다도 나라모토의 논고가 재미있다.

그리고 나라모토와의 대담에서 시바 료타로는 이렇게 얘기했다.

「사상과 도덕으로 일본인을 파악하는 것보다도 역시 미의식으로 파악하는 편이 알기 쉽다. 그 미의식의 선명함은, 일본 역사상 가장 체제가 혼란하고 교양이 부족했던 戰國時代와 그 戰國時代의 자취가 계속 회자되고 있던 츠네토모의 시대에 츠네토모가 그것을 원점으로 삼아 이렇게 표현해 준 것이다」라고. 이에 대해 나라모토는 「일본인들은 美學으로 이야기 하지 않으면 무엇이든 파악하기 어려워하지 않을까 생각한다.」 라고 했다.

나라모토와 시바 료타로는 이렇게 끊임없이 『葉隱』를 통해서 일본의 미와 미의식을 강조하고 있다. 그러나 그 미와 미의식이 무엇인가 하는 문제는 확실하게 정의가 내려져 있지 않다. 예를 들면 나라모토가 말하는 일본의 武具만을 예로 든다면 거기에 관련된 미는 야요이(弥生), 平安의 미가 아닐까? 즉, Wholeness를 배경으로 하고 전쟁 같은 전쟁이 거의 없고 평화로운 가운데 갈고 닦은 문화적 감성에 의한 것이 아닐까? 한마디로 말하면 平安의 미이다. 山紫水明의 땅, 천년 고도의 발단이 된 平安時代의 王朝文化가 일본인의 미의식의 기반이 되지 않았을까? 그렇지만 일본인의 미의식을 이것만으로 정의내릴 수는 없다. 여기에 관해서는 따로 이야기할 기회가 있을 것이다. 『葉隱』로 돌아가자.

『하가쿠레(葉隱)』의 중심적인 생각

『葉隱』는 「야음(夜陰)의 한담(閑談)」으로 시작되고 있다. 세상에 일반적으로 유포되어 있는 『葉隱』에 관한 인상과 감상은 거의 다 이 「야음의 한담」뒤에 기록되어 있는 「葉隱聞書一教訓」에 의지하고 있다. 「무사도란 죽음을 깨닫는 것이다(武士道と言ふは 死ぬ事と見付けたり)」라는 문장은 스기우라 민페이(杉浦明平)가 「코바야시 히데오(小林秀雄)를 감격시켰던 유명한 문장」(『戰國亂世の文學』岩波新書 1965) 이라고 비꼬아서 지적하고 있다. 현대어로 번역하면 다음과 같다.(『日本の名著17 葉隱』)

「무사도란 죽는 것이다. 죽느냐 사느냐 중 어느 한 쪽을 선택할 때 우선 죽음을 선택하는 것이다. 그 이상의 의미는 없다. 각오하고 단지 힘차게 돌진할 뿐이다. 『목표가 빗나가 죽는 것은 개죽음이다』고 한 것은 몸을 도사리고 죽음을 두려워하는 교토지방 무사들의 냄새가 물씬 풍기는 경박한 무사도이다. 죽느냐 사느냐 두 가지 중 하나를 선택해야 하는 상황에서는 계획대로 될지 안 될지는 모른다. 인간은 누구라도 삶을 원한다. 살아있는 쪽에 이유를 붙이게 마련이다. 이러한 때 만약 비열하게 목숨을 연명한다면 그 사무라이는 겁쟁이다. 하지만 그 경계를 정하는 것은 어렵다. 또한 목적과 맞지 않게 죽는다면 헛된 죽음이며 미친 짓이다. 하지만 이것은 수치가 아니다. 이것은 무사도에 있어 가장 중요한 것이다. 매일 아침저녁으로 마음을 바르게 하고 죽음을 생각하고 죽음을 결정해야한다. 늘 죽음을 각오하고 있을 때에 무사도와 내 몸은 하나가 되며 평생 실패를 범하지 않고 직무를 수행할 수 있게 될 것이다.」

또 무사도란 결사적인 몸부림 그 자체이다. 결사적으로 몸부림치는 무사는 단 한 사람이 덤비든 수십 명이 몰려오든 그를 죽이기가 어렵다. 보통의 정신으로는 큰일을 감당하기는 불가능하다. 미쳐서 결사적으로 몸부림치며 부지런히 움직여야한다. 그리고 무사도에 있어 도덕적 가치를 판단하기 시작한다면 이미 그것은 한 발 늦은 것이다. 충효도 생각할 필요 없다. 무사도에 있어서는 결사적인 몸부림만 있는 것이다. 그 속에 충과 효는 자연스럽게 포함되어 있다고 생각하면 된다.」

「하가쿠레(葉隱)」 사상의 배경

이러한 『葉隱』의 중심적인 생각의 배경에는 「석가·공자와 같은 성인, 쿠스노키 마사시게(楠木 正成)·다케다 신겐(武田信玄)과 같은 무장이 있을 것이다. 하지만 그 사람들은 한 번도 류조지(龍造寺) 나베시마(鍋島)의 집에서 부하으로써 일한 적이 없으므로 그 집안의 가풍에 맞다고는 말할 수 없을 것이다.」라는 츠네토모(常朝)의 시각이 있다.

사가번(佐賀藩) 출신인 와세다 대학의 창시자 오쿠마 시게노부(大隅重信)는 『葉隱』를 「그 요지는 무사란 죽음으로써 藩主를 위해 본분을 다 하는데 있다. (넓은 천지에서 佐賀藩이 藩士를 귀하고 중요하게 여기지 않는다고 가르쳤다.……일찍이 佐賀藩에 봉공한 적이 없는 사람들이기 때문에 崇敬하는 데에 부족한 내용을 기록한 부분이 있다. 이 一章으로 책의 성질을 엿볼 수 있다).」(『大隅伯昔日譚』)

츠네토모의 무사도는 佐賀藩의 나베시마가(鍋島家)를 기점으로 하고 있다.

이 나베시마가는 동란인 戰國時代를 거쳐 幕藩체제 속에서 어느 정도의 세력과 지위를 확립했고 야마모토 츠네토모(山本常朝) 등은 그 은혜를 입으며 생활하고 있었다. 미야모토 무사시(宮本武藏)처럼 직접적으로 戰國을 경험하지는 않았다. 츠네토모는 겐로쿠(元祿)의 쇼샤(瀟洒)를 듣고 아코로시(赤穗浪士)[15]가 쳐들어 간 것도 알고 있었다. 야마모토는 무사시처럼 전쟁 경험을 한 사무라이가 아니다. 江戶中期, 태평한 시대에 戰國時代를 회고하고 있는 사무라이이다. 무사시는 「……죽음을 깨닫는 것이다」라고 일부러 말하지 않아도 일상적으로 항상 죽음을 의식해야만 하는 시대에 살고 있었다.

나라모토(奈良本)의 『하가쿠레(葉隱)』관

나라모토 타츠야는 논고 「보다 일본적인 무사도(より日本的무사도)」의 소견 부분에서 이렇게 말하고 있다.

「戰國의 무사를 이상화하면서 츠네토모가 그린 무사의 길은 완전한 『狂』의 세계이고, 『狂』인 까닭에 그 생활을 미화하고 그 애정을 숭고한 것으로 그려냈다. 슈도(衆道), 즉 남색의 의미를 인정하는 듯 하는 점은 오륜의 틀 밖에 있는 것이며, 근세적인 유교에 의해 이념화 된 무사의 길에는 없는 것이었다. 그런 의미에서는 유교의 영향을 적게 받았던, 보다 일본적인 무사도의 성립을 『葉隱』속에서 찾아도 좋을 것이다.……그리고 모토오리 노리나가(本居宣長)나 츠네토모도 유교적 합리주의를 배제하고 철저하게 비합리적인 입장을 고수하고 있었다. 물론 비합리주의가 일본 전통적 정신이라는 것은 아니다.

여기서는 합리주의가 체제의 사상이 되어 있을 때에는 거기에 대한 투쟁은 우선, 이성을 부정하고 시작된다는 점을 강조해 두고 싶다. 게다가 그것이 일본적이라고 일컬어지는 이유는 전통적인 미 관념과 결

15) 江戶時代에 주군의 원수를 갚은 뒤에 자결한 47인의 武士들. 역사 속의 대표적 충신으로서 이후 수많은 소설, 드라마, 영화에 등장했다.

부되어 그러한 창조에 적극적으로 관여해 가기 때문이다. 모토오리 노리나가에 있어서 『모노노 아와레(物のあわれ』의 재평가 등이 그것일 것이다. 그는 고대 일본인의 마음 속에서 美의 감정을 읽어내고 그것을 현실 세계에서 보편화시키려고 한 것이었다.」

결국 나라모토는 합리주의적인 기존의 체제를 벗어나기에는 비합리적인 심정적 요소가 필요하다고 생각했다. 생각했다기보다는 느꼈을 것이다. 거기에 이성이라는 것은 다른 미의 감정으로 봐도 좋다.

하지만 『葉隱』를 통독해도 감성적인 충동 같은 것은 있지만, 나라모토나 시바 료타로 처럼 「미」를 느낄 수 없는 경우도 있었다. 무사시의 그림에서 볼 수 있는 것, 또는 새파랗게 잘 갈린 예리한 미는 츠네토모에게는 찾아볼 수 없다. 츠네토모에게 있는 것은 불교와 신도에 의한 깊은 종교적인 문제도 규범이 강력한 야마가 소코(山鹿素行)와 같은 주자학 유학의 소양도 아니다. 단지 오로지 녹(祿)의 원천, 나베시마(鍋島) 藩主에 대한 충성이 그곳에 있다. 그것은 德川幕府가 녹을 준다면 德川幕府에게 천황제 국가가 녹을 준다면 천황제 국가에 대해 「……죽음을 깨닫는 것이다(…………死ぬこととみつけたり)」라고 하는 충성으로 귀결 되는 것이 아닐까?

무사도와 은상

석학 츠다 소키치(津田左右吉)는 『문학에 나타난 우리 국민 사상 연구 2(文學に現はれたるわが國民思想の研究二)』(岩波文庫)에서 주종 관계에 의한 무사 사회가 성립된 것을 전제로 무사적 심성의 형성에 해당하는 恩賞이 주종 관계를 연결하는 결정적인 고리가 된 점을 지적하고 있다. 하지만 恩賞만으로는 주인을 위해 목숨을 걸기에는

미흡했다. 이 무사의 恩賞 개념을 보강하는 것이 주종 관계의 후다이 세이(譜代性)라고도 지적하고 있다. 자신은 미련 없이 죽지만 恩賞은 자손을 위한 것이라는 관념, 아버지가 전장에서 세운 공적이 자손에게 전해진다.

자손이라는 형태로 이어지는 또 다른 자신의 핏줄이다. 이 자손 개념에 恩賞 개념이 결합하여 가문의 존중을 위해 수치의 개념, 조상숭배의 개념, 더욱이 그와 관련해서 아버지의 원수를 갚는다고 하는 복수 개념 등이 생겨난다. 츠다 소키치는 주종 관계의 기초가 恩賞인 이상, 주군이 恩賞을 유지할 수 없다고 판단 될 때 즉, 자신과 자손과의 생활을 맡길 만한 신용을 주군 집에 두지 못하게 되었을 때, 많은 무사는 주군에게서 등을 돌리게 된다고도 했다. 츠다 소키치는 일본 무사의 기본적인 심성을 선명하게 부각시키고 있다.

『하가쿠레(葉隱)』의 현실

江戶時代 『葉隱』속에 일관된 흐름 역시 恩賞 개념을 기반으로 하는 주종 관계이다. 게다가 그것은 江戶時代라는 토지를 점유하고 있는 어느 영주 밑에서의 주종 관계가 시간적으로도 길고 안정적이며 변화가 없던 시기의 산물이다. 그것을 주자학 유학이라고 하는 체제유지 개념이 보강하고 있다. 아코로시(赤穗浪士)의 움직임을 좌우한 심리나 심성의 바닥에 깔린 것도 역시 이와 같은 역사적인 恩賞 관계의 결정체 같은 것은 아니었을까?

『葉隱』를 주의 깊게 읽어보면 거기에 사가번(佐賀藩)의 德川幕府에 대한 경계심도 있다. 히데요시(秀吉)에 대한 호의적인 기술과는 달리 幕府에 대해서는 직접적으로 거의 언급하려 하지 않는다.

야마모토 츠네토모(山本常朝)는 많은 삽화를 넣어두었다. 예를 들면 사소한 감정의 엇갈림이나 타인의 기분에 따라 목이 잘리거나 마구잡이 할복이 거의 아무런 이유 없이 행해졌다. 기반이 되는 것은 藩主의 심기이며 그 枝葉末節[16]에 이르기까지의 움직임이다. 그것이 유교윤리, 수치 의식이라는 큰 틀 속에서 뒷받침되고 있었다. 세부적인 관심은 있으나 천하 국가에 대한 대국적인 시점은 없다.

『葉隱』를 읽고 있으면 제2차 대전 중의 비합리주의와 폭력, 천황의 이름 아래 행해진 헌병과 특별 고등경찰들의 만행을 상기하지 않을 수 없다. 岩波문고판 『葉隱』의 서문에서 후루카와 테츠지(古川哲史)는 「나는 『葉隱』의 사상에는 민주주의인 현대보다도 풍부하고 깊은 맛이 있음을 믿어 의심치 않는다……」고 하고 있다. 덧붙여 「昭和 14년 故 와츠지 테츠로우(和辻哲朗) 선생의 제창에 따라 출판된 이 岩波文庫는 오래전에 품절되었다……」고 했다. 도저히 이러한 감상은 가질 수가 없다. 나라모토식(奈良本流)으로 말하면 『葉隱』에 있는 것은 체제타파라기보다는 체제 강화의 「狂氣」는 아니었을까. 니토베 이나조의 『무사도』, 오카쿠라 텐신(岡倉天心)의 『차노홍(茶の本)』과 같은 일종의 미적인 분석·기술과 같은 것은 찾아 볼 수 없다.

야마모토는 아코로시(赤穗浪士)의 습격에 대해서 어느 정도 평가를 하면서도 상급 사무라이들의 행동이 느렸던 점, 즉 습격에 필요한 시간이 길어진데 대해서는 비판적이다. 그사이 키라 코즈케노스케(吉良上野介)가 죽으면 어찌할 것인가 하는 점이다. 하지만 그것은 편의적인 판단이고, 오규 소라이(荻生徂來)처럼 유학의 입장에서의 식견을 가진 판단은 아니었다.

『葉隱』에는 여러 삽화가 있다. 과연 어느 정도 미적으로 가치 있고

16) ①重要하지 않은 事項 ②하찮고 자질구레한 부분

흥미 있는 것인가의 여부는 시간을 들여 생각할 부분도 있지만, 특별히 깊이 있는 인간 관찰이 있다고는 생각지 않는다. 야마모토는 사무라이에 관해 많은 일화를 남겼다. 그러나 그 자신은 한 번도 칼을 뽑은 적 없는 듯하다. 니토베 이나조도 그의 『무사도』에서 『葉隱』는 언급하고 있지 않다.

『부도쇼신슈(武道初心集)』

만지(万治) 원년(1658)에 태어난 山本常朝보다 20살 정도 연상인 다이도지 쥬잔(大道寺友山, 1638-1730)이라는 인물이 있다.

쥬잔에게는 『부도쇼신슈(武道初心集)』라는 어딘지 『葉隱』와 비슷한 책이 있다. 『葉隱』는 사가번(佐賀藩)에서 일종의 秘傳書와 같은 분위기를 지니고 있었다. 그에 반해 쥬잔의 『武道初心集』는 미토번(水戶藩)이나 신슈마츠시로번(信州松代藩)에서 도덕 교과서로 사용되었고, 스기우라 아키헤이(杉浦明平)의 지적에 의하면 信州松代藩 토족 가문에서는 明治가 되어서도 부인들까지 서두 부분을 암송하고 있었다고 한다. 그 서두 부분을 살펴보도록 하자.

「무사라는 것은 새해 아침을 축하하는 떡국을 젓가락으로 들기 시작해서 그 해의 섣달그믐 저녁에 이르기 까지 매일 매일 밤이고 낮이고 죽음을 마음에 새기고 本意의 제일로 삼아야 할 것이다. 더욱이 나의 몸도 목숨도 내 것이 아니다. 언제나 주군의 쓰임에 따라 바쳐질 몸임을 알기에…」.

스기우라 아키헤이는 『葉隱』의 야마모토를 그때까지도 약간의 戰國時代 분위기와 그 황폐함이 남아있다고 해서 다이도지 쥬잔보다는 조금 높이 평가하고 있다. 그러나 결론적으로 양자 모두 봉건제를 지키는 藩犬으로 보고 있다. 그리고 잠잘 때조차도 주군이 있는 자리 쪽으로는 다리를 뻗지 않고, 槍長刀를 차고 있으면서도 그 칼끝을 주군 쪽으로 향하지 않도록 해야 했다. 타인의 입에서 주군의 이름이 나오거나 자신이 주군의 이름을 말할 때에는 자고 있다가도 일어나고, 앉아 있다가도 바른 자세를 바로잡는 의식 행위야 말로 무사의 본의일 것이다라는 부분을 인용하고 있다.

전시 중에 천황이라든가 칙령(勅令)이라는 용어에 자세를 바로잡지 않으면 헌병에게 체벌을 당한 발단의 근원은 이러한 부분에서 시작되었다.(前揭, 杉浦明平『戰國亂世の文學』)

또『武道初心集』를 현대어로 번역한 요시다 유타카(吉田豊)는 어느 순간 갑자기 깨닫게 되었다.『武道初心集』문장을 이전에도 읽은 듯한 기분이 드는 것은 바로『군진쵸쿠유(軍人勅諭)』의 기억 때문일 것이다. 明治 15년(1882) 1월 4일에 공포된『軍人勅諭』는 前文이 충절, 예의, 무용, 신의, 소박의 교훈으로 되어있는데, 이것과 매우 비슷하기 때문이다……(『武道初心集』德門書店, 昭和51)라고 쓰고 있다.

존재로서의 야마가 소코(山鹿素行)

무사도 문제를 언급하려면 야마가 소코(山鹿素行, 1622-1685)를 빼놓을 수 없다. 야마가 소코는 다이도지 유우찬(大道寺友山)보다 조금 연장자이다. 그러나 군사학은 다 같이 오바타 카게노리(小幡景憲)에게서 배웠다. 그 소코를 둘러싸고 다음과 같은 지적이 있다.

이와 같이 근대국가의 국민 도덕의 중핵에 아코로시(赤穗浪士)를 매개로 해서 등장한 무사도는 노기(乃木希典)의 행위를 통해 증폭되고 확립되었다고 생각해도 좋다. 이 노기가 가장 존경하고 심취한 인

위: 야마가 소코(山鹿素行, 1622-85). 江戶時代에서 현재 헤이세이(平成)에 이르기까지 일본인의 정신 상황에 깊이 영향을 끼치고 있는 인물이다.
아래: 다케다 신겐(武田信玄, 1521-73). 코슈핫토(甲州法度, 1547)를 제정했다.

물이 야마가 소코이다.(田原嗣郎「山鹿素行と茶道」『日本の名著12 山鹿素行』中央公論社 1971 所收)

야마가와 무사도에 관한 것을 조금 더 보도록 하자.

야마가는 시기적으로는 미야모토 무사시(宮本武藏)와 야마모토 츠네토모(山本常朝) 사이에 있는 중간의 인물이다. 미야모토의 동향과 그의 『五輪書』, 그리고 야마모토의 『葉隱』도 江戸時代에 미치는 영향이라는 관점에서 볼 때는 극히 한정된 것 밖에 없었다. 『葉隱』 등은 오히려 昭和時代의 위기, 1930년대가 되어 처음으로 일반에게 알려졌다고 해도 좋을 것이다. 江戸時代의 저작에 관해서는 아라이 하쿠세키(新井白石)와 토미나가 나카토모(富永仲基)의 저술 등 明治 이후에 서광을 본 것이 많다. 江戸時代이전 室町時代의 예술가 제아미(世阿彌)의 『후시카덴(風姿花伝)』 등도 明治가 되고 나서 요시다 토고(吉田東伍) 박사에 의해 부활된 것을 기억하고 있다.

그러나 야마가의 경우는 아주 각별했다. 江戸時代부터 明治, 大正와 그리고 平成인 오늘날에 이르기까지 일본인의 정신 상황에 깊이 연관되어 있다.

겐나(元和) 8년(1622). 야마가는 아이즈(會津) 와카마츠(若松)에서 태어났다. 수년전 겨울에 그 탄생지를 방문한 적이 있다. 츠시마(對馬) 앞바다에서 러시아 함대를 부순 토고우(東鄕) 元師의 글을 새긴 비석이 잔설 속에 남아 있었다. 야마가는 6살에 會津를 떠나 江戸로 나갔다. 처음에는 간다 사쿠마초우(神田佐久間町)에 살았고 나중에 타카쵸쵸(鷹匠町-현 오가와쵸(小川町))로 옮겼다. 9살에 문학자 하야시 라잔(林羅山)의 문하에 들어가 조숙한 천재의 모습을 보였다. 15세 에 이미 『大學』을 강의하고 코슈류(甲州流) 병학을 정리하여 16세에 검술 면허도 취득하였다. 유소년 때부터 문무 양쪽에 걸출했다.

위: 호시나 마사유키(保科正之, 1611-72). 江戶前期의 다이묘(大名). 아이즈의 번조(藩祖). 유학을 선호하여 야마자키 안사이(山崎闇齋)로부터 배웠다. 아래: 도쿠가와 이에야스(德川家康, 1542-1616). 德川 초대 쇼군으로 幕府 260년의 기초를 확립했다.

어려서부터 하야시 라잔 문하의 유학자로서 출발한 야마가 소코에 관해 여기서는 다음의 두 가지 측면에 주목하고자 한다. 하나는 일본 내셔널리즘의 원점을 만들어 낸 인물로서의 야마가 소코이다. 졸저 『일본 심층 문화를 걷는 여행(日本深層文化を歩く旅)』(梨の木舍 2002)에서 그가 江戶時代 일본 내셔널리즘의 시조이자 선구인 점을 적고 있다. 특히 야마가 소코가 48세 당시에 쓴 『츄쵸지지츠(中朝事實)』에서 여러 해에 걸쳐 중국 문화·중국 유교에 영향을 받은 자기비판을 하고, 천황가를 축으로 한 일본 문화, 일본 찬미를 시작한 야마가 소코이다.

또 한 면은 일본 무사도에 깊은 영향력을 끼친 인물로서의 야마가 소코이다. 야마가 소코의 내셔널리즘과 무사도관, 그 양면이 시대 흐름의 곡절을 거쳐 추신쿠라(忠臣藏)의 아코기시(赤穗義士), 요시다 쇼인(吉田松蔭), 명치천황, 노기 장군, 카미가제 특공대, 미시마 유키오 등의 인물과 사건을 거치며 융합되어 독특한 일본 내셔널리즘, 일본 무사도의 세계를 만들고 있다.

소코(素行)와 무사도, 사도

일본 내셔널리즘과 융합의 문제는 뒤로하고 우선 야마가 소코와 일본 무사도와의 관계부터 언급하고자 한다. 야마가 소코는 메이레키(明歷) 2년(1656) 35세 당시에 『세이쿄요로쿠(聖教要錄)』 『부쿄쇼가쿠(武教小學)』 『부쿄젠쇼(武教全書)』 『헤이호와쿠몬(兵法或問)』 『시손구도쿠(孫子句讀)』 등을 썼다. 병학과 관련된 작품이 많았다. 그가 쓴 병학에는 야마가 소코의 유학자로서의 소양도 있지만 무엇보다 천하 국가를 가장 염두에 두고 있었다.

위: 요시다 쇼인(吉田松蔭, 1830-59). 幕府末期의 志士. 兵學에 정통했으며 사쿠마 쇼잔(佐久間象山)에게 수학했다.
아래: 사이고 타카모리(西鄉隆盛, 1827-77). 사츠마 번사(薩摩藩士). 幕末·維新의 정치가.

전투 전술에 무게를 두고 있는 미야모토 무사시(宮本武藏)의 경우와는 크게 달랐다. 주군을 그 세계의 중심에 두고 죽는 것과 「죽음을 깨닫고 ……」라고 한 『葉隱』와는 입장과 관점이 다르다. 『카이코쿠헤이단(海國兵談)』을 쓴 하야시 시헤이(林子平)의 전투론과도 다르다. 하지만 천하 국가를 염두에 두고 있다고 해도 크라우제 비츠[17]와 같은 정치와 경제를 통합한 위에 전략 전술을 세우는 사상은 없었다. 그리고 크라우제 비츠의 사고방식은 제2차 대전 당시의 일본 정부에서도 드물었다. 한편 야마가 소코는 무사도와 관련된 주저서 『부쿄오 젠쇼(武教全書)』를 『부쿄쇼가쿠(武教小學)』에서 시작하고 있었다. 『武教小學』는 「江戸時代를 통틀어 무사 교육을 위한 교과서로서 단독으로 가장 널리 읽혀진 교과서로……」(前揭, 田原嗣郎「山鹿素行と士道」)라고 여겨지고 있다. 『武教小學』가 완성되고 나서 200년 후 안세이(安政) 3년(1856)에 요시다 쇼인은 『부쿄젠쇼코로쿠(武教全書講錄)』에서 처음으로 『武教小學』를 해석했다고 한다. 『武教小學』의 내용을 살펴보도록 하자.

『부쿄쇼가쿠(武教小學)』

『武教小學』는 「아침 일찍 일어나서 밤에 잠들기」 「집안에서의 행실」 「말로써 대응하는 법」 「나가고 들어 올 때, 앉을 때와 잘 때에도 항상 멍하니 지내지 않기」 「의식주」 「재보기물(財宝器物)」 「음식색욕(飲食色欲)」 「방응수렵(放鷹狩獵)」 「물건 주고받기」 「자손과 교육」의 10 항목으로 되어 있다. 그 요지를 살펴보기로 하자.

---

17) Carl Phillip Gottlieb von Clausewitz(1780-1831). 프로이센 왕국의 군인이자 군사학자.

「아침 일찍 일어나서 밤에 잠들기」에서는 무사는 아침 일찍 일어나서 손을 씻고, 입을 헹구고, 머리를 매만지고, 의복을 바르게 하며, 용구인 칼·쥘부채·부싯돌 주머니 등을 몸에 지니고 항상 마음의 평정을 유지해야한다. 君父의 온정을 충분히 이해하며 가정에서의 역할을 생각한다. 가능한 제 역할에 충실하여 부모의 이름을 세상에 알리는 것이 효의 최종 목표이다. 주군 부모를 대하는 장유의 순서를 지킬 것, 좋은 친구를 사귈 것, 성실 할 것 등을 주요 내용으로 하고 있다.

『맹자(孟子)』『효경(孝經)』『논어(論語)』『예기(禮記)』 등의 유교 서적을 그 논리의 바탕으로 삼고 있다. 평온함을 의미하는 「燕居」인 「집안에서의 행실」에 있어서는 검술, 활, 철포, 창 등의 연습의 필요성을 말한다. 더 여유가 있다면 책을 읽고 무사의 본질을 생각하는 병법을 연구할 필요가 있다고 했다. 「말로써 대응하는 법」에서는 예의를 벗어나는 말은 해서는 안 된다고 했다. 군대, 장례, 선조, 조정 등에 대해서는 각각의 규정에 따른 말이 있으므로 올바른 용법을 알아야만 하는데, 여기서는 『소학(小學)』, 『논어(論語)』를 참고로 하고 있다.

「與受」부분, 즉 「물건을 주고받기」에서는 군신·상하 관계에서의 義를 기반으로 한다. 친구 관계에서는 禮를 기반으로 한다. 예로부터 俸祿을 줌으로써 사람을 얻었다. 재산이 있음에도 봉록을 주지 않으면, 士卒이 생기지 않는다. 타인에게 주는 경우, 道·義를 겸비하지 않으면 義士는 오지 않는다. 천하를 다 주는 봉록이라 할지라도 道와 義에 조금이라도 부족하다면 그것을 받아서는 안 된다.

「자손과 교육에 관한 것」에서는 자손·혈통 이상으로 밀접한 인간관계는 없다. 그 恩愛의 정은 깊지만, 엄하게 가르치고 다루어야 할 필요가 있다. 선악의 판단과 용기를 기르고 욕정은 줄이고 학문으로 이끈다. 성인의 말씀을 가르친다. 단, 문장을 가지고 노는 것만으로는 지나

(支那)를 모방하는 것에 지나지 않으며, 일본의 풍속으로부터 멀어지게 된다. 여자에 대해서는 『예기(禮記)』에서 남자는 집안의 일에 언급하지 않는다. 여자는 밖의 일에 간섭하지 않는다. 공자는 「婦人은 사람을 따라야 하는 존재이므로 스스로 남을 지배할 필요는 없다.」라고 했다. 『겐지모노가타리(源氏物語)』와 『이세모노가타리(伊勢物語)』 등에 그렸던 색골 여자들과는 반대이다. 참고로 이 점에서는 國學의 모토오리 노리나가(本居宣長)와는 큰 차이를 보인다.

순서가 바뀌었는데 「飮食色欲」 부분에서는 우선 식욕, 성욕은 인간의 기본적인 욕구라고 했다. 식욕은 신체를 유지하고 예절을 행하기 위함이다. 성욕은 자손을 낳아 집안을 이어가고 정욕을 적당히 제한하기 위함이다. 여색에 빠지게 되면 문제가 많아지게 되며 정신의 긴장이 해이해 진다.

이렇게 보니 후대의 야마가 소코를 회상시키는 일본으로의 회귀와 같은 것이 있긴 한데, 『武教小學』를 전체적으로 보면, 五倫 즉 군신의 義·부자의 親·부부의 別·장유의 序·붕우의 信과 五常(仁·義·禮·智·信)이라는 유교 논리를 접하게 된다. 유교 논리에 따른 일본 무사와 일본의 모습이 유추된다. 이러한 유교 논리의 일본 곁에 『源氏物語』나 『伊勢物語』와 같은 好色 일본을 두고 보면 일종의 정신적 분열 증상이 느껴지기도 한다. 『武教小學』는 무사를 위한 수신서와 같은 것이다. 야마가 소코의 전체적인 像이 더욱 선명해지는 『야마가고루이(山鹿語類)』를 보면서 좀 더 야마가 소코의 무사도에 접근해 보도록 하자.

『야마가고루이(山鹿語類)』

『山鹿語類』는 『武教小學』가 완성되고 나서 거의 10년 후, 칸분(寬

文) 5년(1659) 소코가 44세 때에 완성되었다. 「군도(君道)」「신도(臣道)」「부자도(父子道)」「삼륜담부부(三倫談夫婦)」「사도(士道)」「사담(士談)」「성학(聖學)」으로 이루어진 상당한 분량이었다.

「군도-군덕(君道-君德)」부터 보도록 하자.

야마가 소코는 君道에 관해서는 군주가 된 자에게는 특별한 기량이 있다고 보고, 우선 중국 고대의 天子를 들고 있다. 그리고 草業守成으로서 왕조 창업에서 벗어난 행위와 상속 즉, 守成의 어려움에 대해 언급하고 있다. 왕조의 부패에 따른 易姓革命의 위험성도 언급하고 있다. 그리고 일본에 대해서는 아마테라스오오미카미(天照大神)가 천황가의 조상신이며, 그 神明의 덕은 천하를 비추어 나무 한 그루 풀 한 포기 끝까지 은혜를 내리셨는데……대대로 이어지는 천황은 백성 위의 임금이며, 스승으로 존경받았다. 그 정통은 진무(神武)천황부터 오늘에 이르기까지 적자에서 적자로 이어지고 있다고 했다. 그러면서도 다음과 같이 천황가를 비판하고 있다.

고대에는 공자를 받들어서 유교의 고전도 연구하고 존중되고 했었다. 그러나 천자는 어느 사이엔가 詠歌·管弦에 능하게 되어 학문이라고 하면 詩文을 만드는 일에 전념하고 그 마음은 불교에 귀의해서 神德을 나타내는 삼종신기(三種神器)[18]도 모양뿐인 것이 되어 버렸다.

그리고 토쿠가와家에 대해서는 다음과 같이 말하고 있다. 토쇼신쿤(東照神君).

도쿠가와 이에야스(德川家康)는 草業의 덕이 높고, 그 지혜도 깊어 마치 天地·日月과 견줄 만하여 만세에 걸쳐서 이어질 기반을 세우셨는데, 그것은 언제까지라도 이어질 守成의 경하스러운 규범이다라고

18) 천황가의 상징적인 보물. 3種 神器는 "칼", "구슬" 그리고 "거울"이다. 칼은 무력을 바탕으로 한 권력을 상징하고 거울은 神에대한 종교 의식에 사용되며 구슬은 풍요를 상징한다.

하여 君德, 君道의 본보기로 삼고 있다. 또 재미있는 부분이 있다.

사물의 본질을 허무하다고 보는 老莊의 학문, 모든 것은 無常寂滅을 본질로 하고 있다는 佛者, 神仙不老의 설을 펼치는 道家, 이러한 것들이 학문하는 자가 이단에 빠질 때에 반드시 거치는 과정이다라고.

야마가 소코는 군덕, 군도의 기본이 되는 것으로 학문의 필요성을 호소하고 있다. 그리고 그 학문은 聖學, 즉 공자와 맹자가 말한 유교일 필요가 있다고 했다.

聖學이란 六經을 읽는 것만을 말하는 것이 아니다. 성인의 마음을 알고 난 후에 배워야만 한다. 성학에 의한 것이 아니라면, 지식이 넓어진다고 해도 모든 일을 利害 위에서만 행하게 되고 정치의 중요한 점을 잃어버리게 된다.

야마가 소코가 「사도(士道)」로 삼는 무사도에 대한 지론을 보도록 하자. 『山鹿語類 卷第二十一)』「士道立本」에는 다음과 같이 씌어져 있다. 인간 중에는 식량을 만드는 자, 기물을 만드는 자, 물자를 판매해서 세상에 필요한 것을 채워주는 자가 있다. 農, 工, 商의 분화는 필연이다. 士는 경작하는 일 없이 먹고, 만드는 일 없이 사용하고, 파는 일 없이 지내고 있다. 어째서인가. 선조 대대로 무사의 집에서 태어나 그 직분을 가지고 있기 때문이다.

개략적으로 士라고 하는 직업은 주인을 얻어서 봉공의 충을 다하고, 동료와 함께 믿음을 두텁게 하고, 개인을 삼가하여 義를 한결같이 해야 한다.……외형적으로는 검술·궁술·마술(馬術) 등에 능해야 하며, 내면적으로는 君臣·朋友·父子·兄弟·夫婦의 道를 다해야 하며, 이러한 文道가 그 내심에서 충실하고 외형에 있어서 武備가 갖추어 지게 되면, 三民인 농·공·상은 스스로가 士를 스승으로 여기게 되고 士를 존경하며 그 가르침에 따라서 사물의 질서를 알 수 있게 된다. 이렇게

해서 비로소, 士의 道는 이루어지고 자신은 일하지 않고서도 의식주를 해결할 수 있다는 것에 대한 마음의 부담을 느끼지 않아도 되고, 또한 군주의 은혜, 부모의 은혜에 대해서도 어느 정도는 보답할 수 있게 된다.

타하라 츠구오(田原嗣朗)는 무사도 형성 발단에 대해서 이렇게 말했다. 「平安時代를 기점으로 해서 형성되고 발전해 온 무사사회는 이러한 주종의 관계를 기초로 하고 있다. 그리고 이 주종관계 위에 도덕적 풍습이 만들어져 간 것이다. 그것은 반도(坂東) 무사의 풍습이라고 불렸는데 주군에 대한 헌신이 핵심이었다고 생각된다.」(前揭 田原嗣朗 「山鹿素行と士道」)

이미 戰國의 세상이 아닌 시대에 태어난 야마가 소코이다. 바야흐로 화려하고 아름다우며 풍족한 겐로쿠(元祿)時代가 찾아왔다. 戰國의 세상이라면 인간으로서 살아가는 이상, 무사의 존재 이유를 이것저것 말할 필요도 없었을 것이다. 농·공·상의 3민에 대한 부담스러운 시선 같은 것을 느낄 여유도 없었을 것이다. 예를 들어 미야모토 무사시(宮本武藏)의 『고린노쇼(五輪書)』에는 그러한 부담스러움 같은 것은 전혀 없다.

또한 야마가 소코의 경우는 그 후에 등장하는 『葉隱』의 야마모토 츠네토모의 경우와도 상황이 상당히 다르다. 야마가 소코는 德川幕府의 사상적인 권력 중추 가까이에 몸을 두고 있었다. 『葉隱』처럼 오직 주군 한사람만 응시하고 사가(佐賀)라고 하는 德川幕府의 주변부에서 사물을 보는 것이 아니다. 야마모토 츠네토모의 사무라이, 무사론은 야마가 소코보다 뒤에 태어났으면서 학문보다는 오로지 「궁마합전(弓馬合戰)」(熊澤蕃山, 『夜會記』)만 하는 江戶 초기의 무사의 정신 구조에 가깝다. 그에 대해 야마가 소코의 기본적 사상은 동란기를 거쳐서 장기 체제의 틀을 만들어 가는 시기였다. 간단히 말하면, 유교적 세계관인 修身齊家 治國平天下인 것이다.

내셔널리즘과 무사도의 융합

소코(素行)는 『세이쿄요로쿠(聖教要錄)』에 의한 주자학 유교 비판으로 반슈아코(播州赤穗)로 귀양을 가게 된다. 45세 때의 일이다. 이쿠지(生地), 아이즈(會津)의 번주(藩主)이며 유학자였던 야마자키 안사이(山崎闇濟)를 비호하고 있던 호시나 마사유키(保科正之) 등의 노여움을 샀기 때문이다. 참고로 주자학 유교를 둘러싼 당시의 일련의 움직임과 논쟁을 살펴보면 어딘가 20세기 후반의 본질을 벗어나서 조직화된 마르크스주의와 사회주의 논쟁을 떠올리게 된다.

스콜라 철학적이라고 표현하는 것이 좋을까, 유학적이라고 하는 것이 좋을까. 그것은 일단 접어 두고 유학자로서는 이토 진사이(伊藤仁齋)와 오규 소라이(荻生徂徠) 보다도 평가받지 못했던 야마가 소코였다. 그러나 야마가 소코는 다른 한 가지의 측면, 무사도와 내셔널리즘과의 융합에 의해 후세 또는 현대 일본에 거대한 소용돌이와 같은 영향력을 끼친다.

야마가 소코가 일본 내셔널리즘을 명백히 한 것은 간몬(寬文) 9년(1669) 48세 당시의 『츄쵸지지츠(中朝事實)』와 엔보(延寶) 3년(1675) 54세에 썼던 『하이쇼잔피츠(配所殘筆)』에서이다. 각각을 둘러싼 흥미있는 일화도 있는데 『配所殘筆』는 아코(赤穗) 귀양에서 사면 받은 해에 완성되었다. 그것은 유서처럼 쓰였는데 어린 시절부터의 유학, 신도, 禪을 포함한 불교 공부, 그리고 『源氏物語』 『伊勢物語』 『야마토모노가타리(大和物語)』 『마쿠라노소시(枕草子)』 『햐쿠닌잇슈(百人一首)』 등을 읽고 1년에 一千首의 노래를 지었다는 등의 이야기도 씌어져 있다.

그러나 『配所殘筆』에서 무엇보다도 주목해야할 점은 내셔널리즘론이 야마가 소코에 의해서 聖學으로 여겨지는 유학적 윤리를 기반으로 한 무사도론과 결합되었다고 하는 것이다. 국학의 모토오리 노리나가(本居宣長) 등의 내셔널리즘과는 유학적 윤리를 기초로 한다는 점에서 차이가 난다. 국학은 감성적, 내지는 심성에 의한 정서적 내셔널리즘의 경향이 강하다. 유학적 또는 현실적인 논리를 바탕으로 해서 문장을 꾸미는 중국적이라고 해도 좋은 사고에 대한 반발, 거부가 있다. 야마가 소코는 어디까지나 중국적인 이치에 의한 내셔널리즘을 이해하고 받아들이려고 한다. 양자는 각각 다른 원류로부터 출발하고 있는 것처럼 보인다. 하지만 江戶中期의 일본 내셔널리즘이라고 하는 용솟음치는 격류와 같은 상황 아래에서는 일체화되고 있다.

역사적 배경으로서는 江戶幕府 성립 시기부터 17세기 중반에 이르는 당시의 대륙 정치 상황, 즉 유교 문화권 속에서의 중국의 권위 실추라는 상황이 있었다. 漢民族 중심이었던 明으로부터 만주족의 왕조, 淸으로의 정권이행 이라는 상황이 영향을 끼쳤을 가능성이 있었다. 예를 들어 조선반도의 이씨조선도 淸의 성립과 함께 정통적인 중국 문화의 승계가 가능했으리라고 생각된다.

소코(素行), 내셔널리즘의 궤적

야마가 소코의 聖學 무사도와 내셔널리즘의 궤적을 『하이쇼잔피츠(配所殘筆)』부터 더듬어 가보자. 우선 천황가에 대해 살펴보자.

「일본의 天子는 아마테라스오오미카미(天照大神)의 아득한 자손으로 神代에서 오늘날까지 그 올바른 혈통은 한 치의 오차도 없이 이어져 왔으며……다음으로 神代 이래 17대 천황까지는 모두 덕이 높은 임금이 천자의 지위를 계승하였으며, 성현의 덕과 능력 있는 신하가 천황을 보좌하고 받들며……」라고 했다. 「聖賢」이라든가 「德」이라는 유교 개념을 뺀다면 국학자 모토오리 노리나가(本居宣長)의 경우와 다르지 않다.

모토오리 노리나가는 「(타국에서는 나라를) 억지로 빼앗은 사람을 성인이라고 공경하고 우러러본다. 성인이란 적을 잘 다룬 사람이다.

송구스럽게도 우리나라의 천황은 이국의 천박한 나라의 왕과는 동등하지 않다……천지와 함께 해와 달이 비추는 한, 몇 만 대를 거쳐서도 움직이지 않는 大君이다. 그래서 고전에도 당대의 천황을 신이라 했다. 실제로도 신이기 때문에 좋다든가 싫다든가 이러쿵저러쿵 말하지 말고 오로지 공경하고 존경하고 받들어야 하는 것이 진실된 길인 것이다.」(「直毘靈」, 『日本の名著 21 本居宣長』)라고 하고, 유교 개념에서 벗어나 그것을 비판하면서도 천황 숭배의 부분에서는 야마가 소코에 합류하고 있다.

덧붙여 모토오리 노리나가는 야마가 소코 사망 후, 약 60년이 지난 1730년에 태어나 무사가 아닌 의사로서 생계를 꾸려가고 있었다. 천황 중심의 내셔널리즘과 무사도의 합체는 역시 야마가 소코를 따라야 한다.

야마가 소코는 천황론에 이어 일본의 무사도에 관해 말했다.

「勇武의 道에 관해 말한다면 三韓을 정벌하고 일본으로 공물을 헌상시키고 고려를 공격해서 성을 함락시키고, 日本府를 異朝에 설치해서 武威를 세계에 떨친 일에 관해서는 옛날부터 지금에 이르기까지 같은 양상입니다. 우리나라의 武勇은 異國에서도 두려워하기 때문에 외국이 우리나라를 공격해서 뺏긴 곳은 단 한군데도 없었습니다. 그러므로 武具·馬具·兵法·軍法·戰略.칼싸움의 규칙 등은 외국에서 필적할 것이 못됩니다. 이것은 결국 勇武가 세계에서도 출중하다는 것이 아닐까요?」

「知·仁·勇은 성인의 三德으로 이 중 하나만 결여되어 있어도 성인의 길은 불가능합니다. 지금 이 삼덕을 지표로 해서 일본과 異國에 관해서 하나 하나 비교해보면 일본이 훨씬 뛰어나다는 것을 알 수 있습니다. 진실로 우리나라가 중심국이라는 것이 확실합니다.」(「配所殘筆」『日本の名著12 山鹿素行』)

인용문이 길어졌지만 야마가 소코가 말한 내용은 정말 재미있다. 비교적 최근의 정신 상황을 방불케 하는 내용이다. 즉 제2차 대전 중의 일본 정부와 군부가 말한 것과 똑같다. 「훌륭한 나라에 으뜸가는 군사력」이 일본이라고 하며 자국을 세상의 중심에 두고 말하고 있다. 일본은 역사상 한 번도 그 영토를 침범당한 적이 없어 세상 그 어느 나라와도 비교하기가 힘들다. 우물 안 개구리 내지는, 분수를 모르고 으스댄다고 해도 좋을, 좁은 시야 속에서 일본적인 것을 무한 확대하는 사고방식일 것이다. 야마가 소코의 세계는 桃山時代처럼 온 세상에 알려지지 못했고 동적이지 못했다. 그 바탕에는 하야시 라잔(林羅山)처럼 경직되고 정적이며 닫혀진 유교적 세계가 있었다.

소코(素行)의 우주

야마가 소코(山鹿素行, 1622-85)는 아이즈(會津) 사람이다. 그가 태어나고 수년 후 이토 진사이(伊藤仁齋, 1627-1705)가 교토에서 태어난다. 오규 소라이(荻生 徂徠, 1666-1728)는 江戶 사람이지만 야마가 소코와 이토보다도 1, 2세대 뒤에 활동한다.

어떻든 그들은 유학자, 그것도 德川幕府 추천의 체제적 유학, 즉 주자학 유교의 영향을 받으면서도 거기에서 탈피하려 노력한 점에서는 유사하다. 그리고 대체로 송학으로서의 주자학에 비판적이다. 그것은 주자학 유교의 후지와라 세이카(藤原惺窩), 하야시 라잔(林羅山), 문하생에 아라이 하쿠세키(新井白石)가 있는 키노시타 쥰암(木下順庵, 1621-98),무로 큐소우(室鳩巣),야마자키 안사이(山崎闇齋, 1618-82), 쇼헤이 코(昌平黌)[19]의 교관이 된 칸세이(寬政) 3인의 박사 중 한명인 비토 지슈(尾藤二洲, 1747-1813) 등의 흐름과는 다른 것이다. 야마가 소코, 이토 진사이, 오규 소라이 등은 각각의 곡절을 가지고 송학으로서의 주자학에서 유교적 원점으로의 복귀를 꾀한다. 공자의 『論語』 등의 재 발굴에 의한 것, 즉 古學으로서의 유교 연구이다.

야마가 소코의 경우, 주자학 비판은 『세이쿄요로쿠(聖教要錄)』에 의해 명확하게 되었으며 그것이 하나의 정점이 되었다. 앞서 언급했듯이 야마자키 안사이의 조력자가 된 아이즈번사(會津藩士)인 호시나 마사유키(保科正之)는 이 『聖教要錄』때문에 야마가 소코를 못마땅하게 여겨 결국 야마가 소코는 10년에 걸쳐 아코(赤穗)로 유배를 당한다. 야마가 소코는 주자학 비판을 통해 幕府의 教學을 비판하고 체제 균열을 일으켜 반체제의 위험분자로 지목되었다.

야마가 소코는 『聖教要錄』 때문에 한 때 죽음을 각오했다. 진사이, 소라이 등은 주자학 비판에서 古學에 이르렀지만 그 영역에 그치고 유교에서 벗어나지 못했다. 그것은 중국 문화권에서 머물렀다는 것을 의미한다.

소라이 일문의 중국화 취향은 이름까지도 중국풍으로 바꾸는 데에까지 이르러 큰 비판과 비난을 받았다. 소라이는 조상이 모노노베 우

19) 江戸幕府에 유학을 주된 학문으로 한 학교. 하야시 라잔이 창설한 홍문관에서 시작.

지(物部氏)라며 모노(物)라 칭하고 제자 핫토리 남가쿠(服部南郭)는 部를 없앤 服南郭, 안도 토야(安藤東壁)는 安을 없앤 藤東壁라고 했다. 근대 일본에서의 가타가나· 아메리카풍 예명의 유행과 일치한다. 단지 이 경우는 중국 문화 심취파에 의한 고답적인 취미였다. 하지만 야마가 소코는 유교 세계에서 반쯤 빠져 나온 사람이다. 유교의 배경인 중국 문화에서 『니혼 쇼키(日本書紀)』 등을 기반으로 하는 일본 문화권으로의 정신적 회귀를 실행하고 있었다. 그의 『츄쵸지지츠(中朝事實)』에서 그것을 알아보도록 하자. 서문은 다음과 같다.

『츄쵸 지지츠(中朝事實)』

「나는 일본 땅에서 태어났다. 그러나 지금까지 오직 중국의 글을 읽고 중국의 성인을 존경해왔다. 하지만 지금 와서 생각해보면 일본이야말로 중화이며 문명의 나라이다. 지금까지 일본의 미를 잘 이해하지 못했던 것은 유감이다.」라고.

덧붙여 야마가의 일본 찬미가 가장 잘 드러난 부분을 살펴 보자.

「우리나라 일본은 동서는 길고 남북은 짧지만 수려하고 멋진 나라이다. 사방은 바다이다. 서쪽 바다에서 바깥으로부터 배가 들어와도 습격당할 위험은 없다. 그래서 마음이 편안한 나라라고도 하고, 타마가키노 우치츠쿠니(玉がきの內つ國)[20]라고도 한다. 형태는 이러하며 빼어나게 아름답다.

지상에는 여러 나라가 있는데 지금까지는 외국의 조정, 즉 중국이 가장 뛰어난 본가처럼 생각되어져 왔다. 일본, 조선이 그 뒤를 따른다.

하지만 내 생각에는 세상에서 일본과 중국만이 천지가 아름답고 신

---

20) 일본국의 미칭

성하다. 그러나 그 중국도 일본에는 미치지 못한다. 중국은 나라가 너무 넓어 사방에 적이 있어 병사를 주둔시켜야 한다. 또 사방의 적-오랑캐에 대비해 만리장성을 쌓는데 그로 인해 인민은 고생을 한다. 그리고 그들을 지켜야할 인간은 북쪽의 야만족과 교통하여 정보를 흘리고 적군으로 흘러들어간다. 훈족, 몽골족, 북로족이 자주 침입하여 광분을 한다. 결국은 역성혁명이 일어난다.

그리고, 조선은 작은 나라이다.

우리나라, 일본만이 하늘의 正道가 존재하는 중심국이다. 외적의 침입도 어렵다. 새와 짐승도 아름다우며 숲도 아름답다. 모든 것이 갖추어져 있다.」

이렇게 보면 야마가 소코의 江戸時代 최초의 내셔널리즘, 또는 근대 일본 최초의 내셔널리즘 표현은 만세일계의 황실 숭배, 일본의 풍토 찬미, 정권이 쉽게 교체되는 중국, 즉 역성혁명의 중국 비판, 그리고 유교적 규율을 포함한 일본 무사도라고 하는 요소로 이루어져 있다는 것을 알 수 있다. 야마가 소코의 이러한 심성에는 신도적인 것도 조금 느껴진다. 야마가 소코는 사이쵸(最澄), 쿠카이(空海)가 이미 보여준 료부신도(兩部神道)[21]와 인베신도(忌部神道)의 秘傳도 전수받았다. 다만 야마가 소코의 경우는 그 유교적 소양 탓인지 明治로부터의 국가신도에 이르는 幕府末期의 광란과 같은 복고 신도적인 요소는 없었다.

이런 상황 아래에서 유교적 규범과 규율을 가진 무사도는 일종의 정치 시스템에서도 체제화되는 경향이 있었다. 明治 이후에는 황실 중심의 천황제 아래에서 체제 유지, 체제 강화의 이데올로기로서 쓰여졌다. 그리고 21세기 현재는……또는 지금도 쓰이고 있다고 해도 될 것 같다…….

21) 眞言宗의 金剛·胎藏 兩部의 敎理로 신의 세계를 설명. 神佛 조화의 本地垂迹의 神道. 最澄·空海·行基의 생각이 그 시초이다

야마자키 안사이(山崎闇齋)

교토 황궁의 동남쪽, 테라마치 마루타마치(寺町丸太町)를 조금 내려간 동측에 신사가 있다. 경내에 야마자키 안사이(山崎闇齋)를 모신 작은 법당이 있다. 야마자키 안사이는 야마가 소코를 아코(赤穗)로 좇아낸 아이즈번주(會津藩主)인 호시나 마사유키(保科正之)에게 초빙되었다. 독특한 사관을 가진 히라이즈미 키요시(平泉澄) 등은 야마가 소코보다도 안사이 쪽을 평가하고 있다. 야마가 소코에게서 어딘가 모를 체제 비판적이고 반역적인 경향을 읽은 탓일지도 모른다.

계승자 요시다 쇼인(吉田松陰)

'육체는 비록 무사시(武藏) 벌판에 썩었어도 야마토정신(大和魂)은 남겨두어야 할까보다' 라는 辭世句[22]를 남겼다. 요시다 쇼인(1830-59)에게는 사형당하기 3년 전인 27세 당시에 야마가 소코(山鹿素行)의『부쿄젠슈(武教全集)』를 강의한『부쿄젠슈코로쿠(武教全集講錄)』가 있다. 그 강의의「카이코슈이(開講主意)」에 무사도와 관련된 것으로 다음과 같은 이야기를 남기고 있다.

「우리들도 다른 사람들도 고귀한 皇國에 태어났다. 특히 우리들은 武門·武士인 이상, 그 직분인 武道를 닦으며 황국의 큰 은혜에 보답해야 하는 것은 논할 필요도 없다.」

「먼저 무도를 익히는 것에 관해서는 선생이 예전에 호죠(北條) 아와노카미(安房守)의 저택에 소환되어 아코(赤穗) 귀양살이의 명령을

22) 세상에 이별을 고하는 시

받아 들였을 때를 봐도 야마가 소코 선생의 평소의 각오 정도는 알 수 있는 것이 아닐까.」

「또 아코의 遺臣이 망군의 원수를 갚은 사건의 전말을 보아도 오이시 요시오(大石良雄)가 야마가 소코 선생으로부터 배운 것을 알 수 있을 것이다.」

「내가 지향하는 것은 황국의 큰 은혜를 갚고, 武門·武士의 직분을 다하는 것에 있다.(『日本の名著31 吉田松陰』中央公論社 1973)」

요시다 쇼인은 야마가 소코를 선현으로 모시고 사쿠마 쇼잔(佐久間象山, 1811-64)을 스승으로 모셨다. 요시다 쇼인과 사쿠마 쇼잔에게 있어, 아편전쟁으로 인한 유교 본가 중국의 패퇴와 혼란은 야마가 소코에게 있어 명나라에서 청나라로 바뀌어지는 정치적 격동과 동질의 영향을 끼친 것처럼 생각된다.

그러나 그 무사도에 아편전쟁이라는 또 다른 시대적 배경이 있었다 하더라도 야마가 소코의 경우와 기본적으로 같은 요소를 포함하고 있었던 점을 알 수 있다. 『맹자(孟子)』의 「지성을 다해 노력하지 않는 자는 뜻을 이루지 못한다」를 좌우명으로 하는 유학적 심성, 무사도 지향, 황국 숭배라는 삼위일체의 요소를 지닌 일본 지상주의의 내셔널리즘이다.

요시다 쇼인의 사상을 독자적인 것으로 보는 시각도 있다. 예를 들면 마츠모토 산노스케(松本三之助)는 「이처럼 『大義』를 밝히고 『大義』에 목숨을 바치는 『志』를 견고히 하는 과제를 지향한 쇼인의 사상은 지금까지 유교로 설명되어 온 군신관계와는 이질적인 일본 독자의 군신관념을 생산한 것이다.」라고 하였다. (松本三之助 「思想家としての吉田松陰」『日本人の名著31 吉田松陰)』中央公論社 1973).

확실히 쇼인을 둘러싼 시대 환경은 야마가 소코의 경우보다는 훨씬 절박했으며 西洋兵學의 중압도 있었다. 야마가 소코처럼 經書에 몰두할 수는 없었다. 하지만 요시다 쇼인의 기본적인 사상 요인은 모두 야마가 소코의 그것에 포함되어 있었던 것은 아닐까. 이 요시다 쇼인에게는 「무사도的人士」(스기우라 쥬고(杉浦重剛) 『요시다 토라지로(吉田寅次郎)』博文館 1915)라는 강한 인상이 남겨질 것이다.

더 나은 계승자 노기 장군(乃木將軍)

일찍이 옛 육군의 소장인가 중장이었던 야마구치현(山口縣) 출신한 분과 사는 곳이 가까워 친하게 지내고 있었다. 순박하고 성실한 인품으로 전시중이던 중학교 시절의 위압적인 배속 장교들과는 완전히 다른 분위기를 자아내는 사람이었다. 전시중의 경험이랑 戰後는 오로지 노마 히로시(野間廣)의 『신쿠치타이(眞空地帶)』에 따라 일본군의 군인 모습을 그리고 있던 나에게 있어서는 의외였다. 사가미 만(相模灣)의 츠지도(辻堂) 해안의 모래톱에서 골프 비슷한 것도 배웠다. 이 옛 육군 장교에게는 풍모도 인격도 어딘가 노기 장군(乃木將軍)을 떠올리게 하는 부분이 있었다. 노기 장군은 이상하게도 요시다 쇼인을 통해서 야마가 소코와 연결되어 있다. 그 곁에 아코로시(赤穗浪士)나 明治천황의 모습이 있다. 미묘한 일본 역사의 사상적 地圖이다.

노기 장군도 요시다 쇼인처럼 야마가 소코에게 심취해 있었다. 노기 장군은 야마가 소코의 일본 찬미론인 『츄쵸지지츠(中朝事實)』를 明治 천황에게 헌상했다. 노기 장군과 무사도에 관련해서는 다음과 같은 평가가 있다.

「노기 장군이 여순 함락 후에 적장 스테셀(Anatolii Mikhailovich Stessel)에게 보여준 겸허한 태도는 널리 외국에까지 일본 무사도의 모습으로 전해졌다. 굳건한 자각을 바탕으로 무사도를 실천해 온 노기 장군은 그 주인인 明治 천황의 장례 때 옛 무사의 의식을 치르고 순사의 길을 택했다.」

「이처럼 근대국가의 국민 도덕 중심에 赤穗浪士를 매개로 해서 등장한 무사도는 노기 장군의 행위를 통해 증폭되고 확립되었다고 생각해도 좋다. 이 노기 마레스케(乃木希典)가 가장 존경하고 심취한 인물이 바로 야마가 소코였다. (田原嗣郎「山鹿素行と士道」『日本の名著12 山鹿素行』中央公論社)

이 노기 마레스케 장군은 도쿠토미 소호(德富蘇峰)에게도 영향을 끼치고 있다. 도쿠토미 소호(德富蘇峰)는『吉田松陰』의 明治 26년판(1839)에서 明治 41년(1908) 개정판이 나왔을 때 입장과 내용을 완전히 바꾸고 있다. 평민주의 입장에서의「혁명가 쇼인」에서 일본 제국주의 옹호자로서의 그에 따른「개혁자 쇼인」으로 바뀌고 있다. 여기에 노기 장군으로부터의 教唆도 있었다고 한다. (田中彰「吉田松陰像の変遷)」『日本の名著31 吉田松陰』)

「하가쿠레(葉隱)」의 세계와 요시다 쇼인(吉田松陰)상의 보급

한편 요시다 쇼인이나 야마모토 츠네토모의『葉隱』에 대해서는 쿠무라 토시오(玖村敏雄)·히로세 유타카(廣瀨豊)에 의한『요시다쇼인 젠슈(吉田松陰全集)』(全十巻 岩波書店 昭9-11年=1934-36년), 쿠무라 토시오『요시다 쇼인(吉田松陰)』(岩波書店 昭和11年=1936년), 거기에『葉隱 上·中·下』와츠지 테츠로우(和辻哲朗)·후루카와 테츠시(古川哲史) 校訂(岩波文庫 昭和16年(1941)) 등을 상기할 수 있다. 葉隱에 대해서는 시바 료타로(司馬遼太郎)가 江戸時代에는 사가번

(佐賀藩)에서 그다지 읽혀지지 않았고「이 書名과 내용이 세상에 알려진 것은 昭和 14년(1939) 岩波文庫가 출판되고 나서 부터이다.」라고 했다.

『葉隱』의 연구자 쿠리하라 아라노(栗原荒野)씨에 의하면「옛부터 秘本으로 필사되어 전해지고 간행된 것은 明治 39년이 처음이라고 한다.」고 되어있다.(『日本の名著17 葉隱』「付錄 日本人の行動の美學 司馬遼太郞·奈良本辰也對談)」) (시바 료타로의 발언은 앞에서도 인용해 두었다.)

쿠무라(玖村敏雄)가 1936년 간행한『吉田松陰』은「이후의 쇼인덴(松陰伝)의 초석이 되었다」고 여겨지며 그 결론은「쇼인은 단순히 마츠시타무라쥬쿠(松下村塾) 시절 혹은 쵸슈(長州)에 살던 쇼인이 아니다. (중략) 아직 온전히는 실현되지 못했지만 현대에도 미래에도 열렬한 애국적 정신과 지순한 교육적 정신은 그 웅대한 국책과 함께 그것을 우러르는 자의 마음에 영원히 살아 움직일 것이며, 영원토록 계속되는 皇運을 만고에 보필하고 헌상하는 것이리라」[23]고 되어있다.

이들『吉田松陰全集』『吉田松陰』『葉隱』등이 岩波文庫書店에 의해 간행되었고, 게다가 그 시기가 昭和 9년(1934)부터 16년(1941)이었다. 유럽에서 나치가 정권을 쥔 것이 昭和 8년(1933), 그 다음해부터 태평양 전쟁 개시 년도라는 20세기 가장 위기의 시기에 간행된 점에 주목하지 않을 수 없다.『吉田松陰』과『葉隱』가 지적 권위를 배경으로 하는『岩波』또는『岩波文庫』에 의해서 간행된 것이다. 일본의 지식층이나 전쟁기운을 목전에 예상한 당시의 학생들에게 꽤 정신적인 영향을 끼쳤다고 추측할 수 있겠다.

타나카 아키라(田中彰)는 쿠무라의『吉田松陰』의 결론 부분과 관

---

23) (田中彰 引用)

련해서 이렇게 지적하고 있다.

그것은 그 교과서의 「충군애국」적 쇼인상과 겹친다. 일본 파시즘(fascism)화, 대륙 침략의 진전, 초국가주의의 횡행과 함께 쇼인像의 국가론적 황국사관적 부연은 시국 편승주의의 횡행과 맞물려 극한으로 치닫고 있었다(前掲 「吉田松陰像の変遷」 『日本の名著31 吉田松陰)』)

岩波에 의한 『葉隱』와 『吉田松陰全集』 간행은 역사적 배경은 다르더라도 어딘가 히틀러의 『나의 투쟁(私の闘爭)』의 간행, 보급화를 상기시킨다. 결국 『나의 투쟁』이 나치의 선전 문서로 된 것과 같은 모양으로 쿠무라의 『吉田松陰』 등도 일본의 초내셔널리즘, 일본 군국주의의 선전 문서적 분위기를 만들어 내고 만 것이다. 진정한 요시다 쇼인의 한 측면인 인격적인 면이 그것에 의해 소실되었다.

江戶의 번영

미야모토 무사시(宮本武藏)로부터 야마가 소코(山鹿素行) 그리고 『葉隱』의 야마모토 츠네토모(山本常朝)에서 쇼인(吉田松蔭)으로의 무사도의 흐름을 살펴보았다. 니토베 이나조(新渡戶稻造)의 『무사도』에서는 역사의 흐름 같은 것은 찾아볼 수 없다. 일본의 무사도에 포함된 가치를 서양적인 가치에 어떻게 부합시킬 것인가에 고심하고 있었다. 오로지 서양의 보편성으로 인정되는 크리스트교적인 가치에 일본의 무사도적 가치도 보편적인 것으로서 편입시키려 한 자세가 느껴진다. 江戶時代 일본 무사도의 흐름을 여기에서 정리해 보자.

미야모토 무사시와 야마가 소코에 이르는 江戶 初期부터 17세기 후반인 겐로쿠(元祿)에 이르기까지의 무사도 혹은 무사도적인 것에는

江戶 특유라기보다 오히려 戰國時代 여파의 흔적을 떠올릴 수 있다. 무사시의 세계에는 모모야마기(桃山期)의 자유 활달함이 있었다. 주자학 유교의 하야시 라잔(林羅山) 문하에 들어간 야마가 소코에게도 여전히 戰國時代 취향이 느껴진다.

하지만 『葉隱』의 야마모토 츠네토모와 赤穗浪士, 오규 소라이, 모토오리 노부나가 등은 겐로쿠의 화려한 아름다움을 아는 세대였으며, 죠루리(淨瑠璃)의 『스가와라덴쥬테나라이카가미(菅原伝授手習鑑)』(엔쿄(延享)3년-1746)와 우타마로(歌麿)의 우키요에(浮世繪), 그리고 여성이 마음대로 옷자락을 걷어 올릴 수 있는 세계로 변하게 되었다. 우타마로의 우키요에에 있듯이 섬세하고 미세한 말초신경을 자극하는 세상이었다. 그것은 일본 전체가 쇄국이었듯이 닫혀 있었다. 같은 시기 18세기 서양, 예를 들어 프랑스의 와테(Antoine Watteau)나 후라고나르(Jean Honore Fragonard)의 그림에서 볼 수 있는 열린 감각의 세계는 아니었다. 오히려 대조적이다. 인간의 감성, 감각이 조금씩 좁은 공간에 압축되어 그 속에서 예민해 지며, 너무 심하게 응축되면 어느 순간에 광기를 동반하여 폭발한다. 유학도 한정된 공간 속에서 순수 배양된 유학의 가르침이 되며, 에킨(繪金) 히로세 키이(廣瀨弘意)의 광기의 세계이며, 요시다 쇼인 뿐만이 아니라 미토(水戶)학파와 히라다 아츠타네(平田篤胤)로부터 幕府 末期 신도의 여러 파에 이르게 된다. 혹은 列島라는 한정된 지역에 있었던 일본 문화 전체의 어느 공간에 그러한 성격이 있을지도 모르겠다.

무사도를 실천하는 사람들 속에서도 그들 저변의 공통점은 충효라는 단편적인 윤리적 규범만은 아닌 듯하다.

또한 무사도는 일본인 공동체 의식도 아니었을 것이라는 생각이 든다. 일본이란 사회는 그것들을 배경 모자이크의 일부로 사용하면서 개인의 감성적, 충동적으로 닫힌 공간을 관통하려했던 것이 아니었을까. 미시마 유키오(三島由紀夫)의 경우도 그러 하였을 것이다.

막간(幕間) - 『인토쿠타이헤이기(陰德太平記)』 등

야마가 소코(山鹿素行), 『하가쿠레(葉隱)』, 아코로시(赤穗浪士), 요시다 쇼인(吉田松陰), 노기 마레스키(乃木希典) 장군 등을 통해 이어지는 무사상이 있다. 그리고 그것과는 다른 무사상도 있다. 다른 각도에서 그것을 살펴보기로 하자. 平安時代 末期에 무사가 출현한 후 가장 인상적인 군키모노가타리(軍記物語)로 『헤이케모노가타리(平家物語)』를 들 수 있을 것이다. 그 원본 성립은 쇼큐(承久, 1219-22)-닌지(仁治, 1240-43) 사이로 되어있다. 그것을 바탕으로 한 헤이쿄쿠(平曲)는 노(能), 죠루리(淨瑠璃)에 영향을 끼치고 있다. 그리고 그것은 노(能)와 죠루리(淨瑠璃) 그리고 헤이케(平家)의 오치무사[24]의 민간 전설에 의해 아직도 사람들 속에 살아있다. 신기한 생명력을 가지고 있다.

그 후에 나타난 전 40권의 『타이헤이기(太平記)』는 오안(応安, 1368-75) - 에이와(永和, 1375-79) 즈음에 성립되었다. 켄무(建武) 중흥에서부터 南北朝 時代에 걸친 약 50여 년 동안의 이야기가 에마키(繪卷)로 표현되어 있다. 『平家物語』에는 여러 사람의 작자가 상정된데 비해, 『太平記』는 코지마 법사(小島法師)에 의한 것이다. 14세기 후반에 성립된 『太平記』는 일본 군키모노가타리(軍記物語)로서는 획기적인 것이었다.

이것을 하나의 봉우리로 해서 『젠젠타이헤이기(前前太平記)』『젠

---

24) 落ち武者, 싸움에 지고 달아나는 무사

타이헤이기(前太平記)』『조쿠타이헤이기(續太平記)』『고타이헤이기(後太平記)』 등이 나왔다고 한다.

쇼토쿠(正德) 2년(1712)에 간행된『인토쿠타이헤이기(陰德太平記)』 전 81권도 책이름이 말하듯이 물론 그 계보에 속해있다. 원본 현대역인『인토쿠타이헤이기 상(陰德太平記 上)』(松田修·下房俊一譯.教育社. 1986)에 역자에 의한 다음과 같은 지적이 있다.

「典籍圖書에도 운과 불운이 있다. ……반드시 良書가 출판되고 惡書가 사라지는 것은 아니다. 쇼토쿠 2년 간행된『陰德太平記』 전 81권은 어느 쪽이냐면 불운한 측에 속한다. 꽤 전문적인 문학사에서도 이 책을 위해 지면 수를 할애하는 일은 아직 없었다……」. 사실 新潮社의『日本文學小辭典』(昭和 43, 1968)과 岩波의『日本古典文學大辭典』(1986) 또는『廣辭苑』등에도『太平記』와 이에 관련된 부분, 예를 들면 요시카와 에이지(吉川英治)의『시혼타이헤이키(私本太平記)』를 예로 들 때에도『陰德太平記』는 존재하지 않는다. 그러나 河出書房의『日本歷史大辭典』(昭和 60, 1985)에는「和漢 혼용체의 신용할 수 있는 사료를 근거로 쓰여 진 것으로, 츄고쿠(中國)지방의 역사서로서 귀중하다」(藤間生大) 라고 되어 있다. 또 모 전자 백과사전에도 있었다.

한편 상기 번역자는『陰德太平記』의 책이름과 관련하여 지적하고 있다.「陰德思想은 유교사상이 변환된 일종이다. 불교 사상의 변종이라는 면도 있으며, 사상이라는 이름이 어울리는지 어떤지는, 어쨌든 통속적 처세관이고 나름의 보편성을 지니고 있지만 레벨이 높지 않다는 것은 확실하다」라고.

이『陰德太平記』는 시대적으로는 오닌의 난(応仁の亂, 1467)으로 시작되는 戰國時代를 중심으로 히데요시(秀吉)의 조선출병, 히데요시의 죽음(慶長 3年, 1598)에 걸친 거의 100여년의 츄고쿠(中國)지방의 동란의 역사를 배경으로 하고 있다.

「陰德」은 숨겨진 덕을 의미하며 머지않아 밝고 행복한 세계로의 보답이 있을 것이라는 것을 의미하지만, 실제로 이 책들을 훑어보면 그러한 도덕을 따르는 사상 같은 것은 없다. 오로지 오우치 요시타카(大內義隆), 스에(陶)의 入道, 아마고(尼子) 一族, 야마나카 시카노스케(山中鹿之助), 모리 모토나리(毛利元就), 토요토미 히데요시(豊臣秀吉) 등의 戰陣에서의 움직임, 전쟁의 모양새 등이 그려져 있다. 그 뿐 아니라 많은 노래들도 있다. 이런 점에서 서양의 기사들에게는 이러한 노래들을 찾아볼 수 없는 점에 주목하자. 일본 무사의 문화적 기호라고 할까 높은 소양을 감지할 수 있다. 한 두가지의 난세의 노래를 들어보자. 스에 타가후사(陶隆房)의 음모로 시작되어 결국 파멸로 전락한 오우치 요시타카(大內義隆)는 자해를 결심한다. 신하 몇 명이 그 뒤를 따른다.

요시타카의 난세의 노래는

이 세상은 무정하기 때문에 왠지 모르게 옛날의 군신끼리 공격하는 쪽도 공격을 받는 쪽도 서로 헤어져 버리는 이와 같은 사태가 되어버렸다. 이슬이 떨어지듯이, 또 번개가 일순간 섬광과 함께 사라져 버리듯이 끝없이 바뀌는 것이 이 세상 만물의 이치이다. 그것은 부처가 여러 가지로 실제의 몸을 변환하고 다른 모습으로 나타나는 작업과 같은 것일 것이다. 나는 이와 같은 일들을 있는 대로 살펴보고, 자기를 버리고 갈 것이다.

아마노타가요시(天野隆良)의 유언시

오지 않고 가지 않으며 죽음 없고 삶 없노라
오늘 구름이 개어 산머리에 달이 밝도다

구로가와(黑川隆像)의 유언시

꿈 또한 꿈이고 空 또한 空이다
오지 않으면 가지 않으니
명백한 가운데 있도다

그러나 이 『陰德太平記』가 지금 특히 무사도와 연관되어 흥미를 일으키는 것은 戰國무사가 江戶·德川 시기와는 크게 다른 양상을 띠고 있다는 점이다. 戰國時代 즉, 허식이 전혀 통용되지 않던 이 시절에 지극히 매력적인 새로운 타입의 남자들이 등장했다. 그들은 때로는 주종관계 조차 무시하고 도덕을 초월해서 자유분방한 생활모습을 보이고 있다. 오늘날 통념된 무사 이미지와는 많이 다르다. 우리들이 품고 있는 무사상은 충효의 분신이며 오로지 자기희생적인 존재이다. 어느 무사나 같은 얼굴을 하고 같은 자세를 하고 있다. 루틴의 말이 가장 잘 어울리는 무사—그러나 그것은 실은 17세기 이후의 武士像이었다. 태평치하의 武士들은 모두 관료화되었고 무사도도 생활이 활기찬 것처럼 가장하며 관념화되어 있었다고 지적되고 있는 그대로이다(前揭『陰德太平記 上』「머리말」). 실제로 하극상으로 忠이나 義의 모습이 사라져가는 세계이기도 한 『陰德太平記』에서 몇 개의 정경을 보도록 하자.

「적도 아군도 또 힘이 센 용감한 자, 날랜 군사들 모두 전진하여 죽는 것을 명예로 여기고, 물러나 살 길을 택하는 것을 수치로 여겨야 함에도 불구하고, 주군이 당해도 종(從子)은 도우려고도 하지 않고, 아버지가 맞붙어 싸우고 있어도 자식은 도움의 칼은 내밀지 않고, 주군을 타고 넘고 부모를 밟아 넘고 베고 베이며 힘을 다해 싸웠다.」

「이렇게 히고(備後)·이즈모(出雲)·이와미(石見) 三國의 武士들은 일심동체가 되어 오우치가(大內家)를 섬기던 뜻을 손바닥 뒤집듯이 바꾸어 아마고가(尼子家)로 다시 돌아갈 맹세를 했다. 실로 세상에는 정해진 것은 없다. 어제의 연못이 오늘의 여울이 되는 아스카가와(飛鳥川), 내일을 모르는 사람의 마음, 기댈 곳이 없다고 말하면서 한차례 아마고(尼子) 수하에 속해 게이슈(藝州) 요시다(吉田)의 성을 공격했으나, 전쟁에 이익을 얻지 못하고 하루히사(尼子晴久)가 패전하자 곧 약한 것을 버리고 강한 오우치(大內)의 위풍을 우러러 보았고, 지금 다시 오우치(大內)의 지략이 떨어진다고 하여, 또다시 아마고가(尼子家)로 돌아서는 것은 뜻 있는 사무라이, 어진(仁) 사람이 부끄러워할 부분, 비열하다는 식의 어설픈 비평은 할 가치도 없다.」

이들 히고(備後)·이즈모(出雲)·이와미(石見)의 무사들은 오우치와 아마고 전쟁이 한창인 때, 말 탄 병사 일천 명 정도가 오우치의 진영에서 아마고를 습격하는 것처럼 꾸며서 갈팡질팡하며 보고 있는 동안에 아마고쪽과 함께 떠나갔다. 그 때 이제 막 오우치 진영이 된 무리가, 한명도 남김없이 진영을 버리고 적진 아마고 쪽으로 달려간 것이다.

또 모리 모토나리(毛利元就)가 적군 중에서 뛰어난 자, 강한 자인 소아미(宗阿彌) 아무개를 생포 해 참수를 하려 하다가 목숨을 살려주는 일화도 있다. 「전란 중의 문예(戰亂の中の文藝)」라고 하는 부분에 있다. 소아미(宗阿彌)가 쿄카(狂歌)의 명인이라는 것을 알았기 때문에 목숨을 살려 준 것이었다.

소아미(宗阿弥)의 쿄카(狂歌)

명예를 소중히 여기는 사람이라면 육체도 소중히 여긴다

그러나 육체를 희생하면서까지 명예를 소중히 여기려고는 하지 않는다.

쿄카(狂歌)라 하더라도 명예를 소중히 여기는 것이 없었기 때문에 한 목숨을 건졌다. 그것은 江戶時代의 주자학 유교의 늪에 빠져있던 사무라이로서는 도저히 받아들이기 어려웠을 것이다. 『인토쿠타이헤이기(陰德太平記)』의 저자는 용맹한 무사의 마음까지 온화하게 만들 수 있는 것이 와가(和歌)의 덕이니라고 했다. 이 『陰德太平記』에서 「陰德」이라는 단어는 전체적으로 훑어봐도 어디에 「陰德」내지는 「德」이 있다는 것인지 명확하지 않다. 많은 일화가 있는데, 그것은 한결같이 전쟁과 관련된 것들이다. 전쟁터 주인공의 용맹함, 지혜롭지 못한 자의 저돌맹진, 전쟁에서 벤 적군의 머리를 들어 올리는 법, 베는 방법, 구차스럽지 않고 깔끔한 자해, 스에 하루카타(陶晴賢)와 배신행위, 전쟁이 한창인 때에 갑자기 큰 나무가 쓰러지는 소리가 들리며 산의 울림에 놀라는 적과 아군 등. 이러한 戰國의 세상은 오닌(應仁)의 난으로부터 시작되어 겐나(元和) 원년(1615) 5월 8일 오사카성 함락으로 거의 1세기 반에 걸친 시대의 막을 내렸다.

뒤 이은 德川의 주자학 유교에 의한 무사 계급의 고정화, 體制內化를 향한 시도가 서서히 침투되어 갔다. 야마가 소코(山鹿素行)가 남긴 것에도 태평 세상의 무사의 존재 의의에 관한 떳떳하지 못한 변명 같은 것을 느끼기도 한다. 야마가 소코보다 한 세대 정도 늦게 찾아온 향락으로 물들은 겐로쿠(元祿)시대를 알고 있는 이하라 사이카쿠(井原

西鶴)는「선조의 지위와 재산을 받아서 편하게 그대로 세상을 보내는 것은 참뜻이 아니다」라는 등 무사, 사무라이를 비웃고 있다.(『日本永代藏』)(『武道傳來記』)

또 하나의 막간(幕間) 무사상,『조효모노가타리(雜兵物語)』

『조효모토가타리(雜兵物語)』는『広辞苑』에 의하면「잡병의 이야기에 의탁하여 전장에서 무기를 구비하는 비결을 口語로 기술한 책으로 총 2권으로 되어있다. 저자는 타카사키(高崎)의 藩主인 마쯔다이라 노부오키(松平信興)가 유력하며, 江戸初期에 성립. 江戸時代 구어의 자료가 되는 문헌」이라고 되어 있다. 타카사키의 번주가 쓴 것치고는 내용은 다분히 조잡하다. 성립 연대도 확실하지 않다. 후리소데(振袖)화재 라고도 불리었던 메이레키(明暦) 3년(1657)의 대화재가 글 중에 있는 것으로 보아, 아무래도 야마가 소코(山鹿素行)와 이토우 진사이(伊藤仁齋)가 활약하고 있던 때에 성립된 것인 듯하다. 후에 비속어[25]의 토대가 되는 천한 말[26], 거친 말[27]로 쓰여 있다. 평소에는 잡역을 전담하다, 전시에는 보병이 되는 잡병이라 불리는 자들이 많이 등장한다. 아사히데우에몬(朝日出右衛門), 유히뉴에몬(夕日入右衛門), 오가와후카우에몬(大川深右衛門), 오가와아사에몬(小川淺衛門) 등의 장난스런 이름들이 붙여져서 재미있다. 槍 담당은 나가에하라우치우에몬(長柄原内右衛門), 철포를 든 자가 츠츠헤이(筒兵), 탄약상자를 든 자는 즈돈(寸頓)이라고 희롱하고 있다.『広辞苑』의「전장무기 구비할 때의 비결」이라는 표현과는 달라도 너무 다르다. 평소에는 잡

25) 베란메에(べらんめえ-비속어)
26) 江戸時代, 무가의 하인이나 종이 사용하던 말, 야츠코(奴)말
27) 江戸時代, 노비나 협객이 사용하던 말, 록뽀우(六方)말

역을 전담하다 전시에는 보병(足輕)을 위한 실전용 「교과서」라고 일컬어지고 있으나, 「교과서」라고는 해도 구제국군대의 戰陳訓처럼 충군 애국적 유교 사상에 입각한 것은 아니다. 극히 卽物的인 것이다.

『雜兵物語』 중에서 예를 들면 바조(馬藏)라는 인부(夫丸)가 전장에서 굶주리는 모습을 이야기 하는 장면이 있다. 「신분이 높은 사무라이를 시작으로 당신들이 갑옷을 입고 칼을 차서 위압적으로는 보인다 할지라도, 陳中에서 몸을 지키는 기술을 나만큼은 알지 못할 것이다.…… 어찌되었던 陣中에서는 걸인 생활을 본보기로 삼는 것이 제일이다.…… 부끄럽지만 나는 본래 사무라이이다. 집안이 몰락하여 지금은 이처럼 서민이 되었지만…… 어쨌든 전장에서는 거지라는 생각으로 물건을 소중히 해야합니다. 적과 싸워서 죽는 것은 바람직하나, 적을 만나지도 못하고 굶어죽는다면 그것이야말로 거지가 돼지는 것과 다름없지 않은가요」(『雜兵物語 他』作者不詳 (吉田豊)譯 敎育社 1986)

그리고 『雜兵物語』에는 적이 아군으로 침투하는 것을 방지하기 위한 암호를 잊어버려서 아군에게 공격당한 사무라이의 이야기도 등장한다. 창 담당자의 이야기이다.

「……다른 군대의 사무라이 한 놈이, 나처럼 일행을 놓치고 방황하다가 아군의 陳을 발견하고는 들어가려고 했는데, 어깨에 한 개만 붙인 인식표가 비벼지고 찢겨져 버려서 조금밖엔 남지 않았기에 확인하기가 힘들었다. 그래서 암호를 확인했는데 이 사무라이가 당황하여 암호를 잊어버려서 이 군대에서도 쫓겨나고, 저 군대에서도 받아들여지질 않았다. 그 동안 적이 숨어들어 왔다는 얘기가 있어서 바로 목이 잘려버렸다. 그 남자도 나처럼 머리나 볼, 목이나 등뼈 엉덩이에까지 인식 표시를 해두었다면 아군의 진영에 들어갔을 텐데, 겨우 한 개 뿐인 표식은 뭉개져 버리고 다른 표식은 없고, 암호는 잊어버려 아군의 손에 머리를 잘려버렸다.」

야마가 소코 등이 그렸던 무사상과는 너무나 달랐다.

칸자와 테이칸(神澤貞幹) 『오키나구사(翁草)』의 무사

『오키나구사(翁草)』라는 칸세이기(寬政期)에 쓰여진 저작물에 등장하는 무사 중에는 무사, 사무라이 폐업을 열망하는 군상도 그려지고 있다.

「모리야스자에몬(毛利安左衛門)의 술회(述懷), 전장의 공포」라는 오사카 여름 전투 당시의 이야기가 있다. 겐나(元和) 원년(1615)때의 이야기로 德川幕藩 체제는 제대로 성립되어 있지 않은 때였다.

「전쟁은 지금의 젊은 사무라이들이 방 안에 앉아서 생각하는 것과는 다르다. 간단히 공적을 세울 수 있는 것이 아니다. 또한 전장이라는 곳은 주야 구별 없이 마음을 졸이고 추위와 더위도 막을 수 없을 뿐더러 병사들의 식량이라는 것은 흑미(현미)에 소금을 뿌려서 겨우 굶주림을 견디는 것 정도이다…… 각종 위험한 일들을 매일같이 듣기에, 무릎을 나란히 하고 있는 동료 한 사람 한 사람에게 조금도 방심할 수 없고, 잠시도 평안한 마음을 가질 수가 없다. 그러므로 공적을 세우려는 마음을 먹을 수 있는 상황이 아니다. 용기가 꺾이는 일 뿐이다.

또한 다툼이나 싸움은 쌍방 간의 분노에서 용기를 내고, 죽음을 염두에 두지는 않지만, 전쟁은 적에 대한 개인적인 분노는 없다. 단, 忠과 義를 내세워서 싸우는 것이므로 개인 간의 다툼만큼 용기가 나오지 않는다.

그러므로 열 명 중 아홉 명은 이렇게 밤낮 고민하다가 입신양명의 꿈도 잃어 버리고 결국 『아아, 이 전쟁만 끝이 난다면 무사를 그만두고, 어떤 보잘 것 없는 일이라도 다른 일을 찾아서 남은 생을 보내고 싶구나』하고 말하는 자들뿐이다.

……전장에서의 죽음이라고 하면 왠지 장엄하고, 고결하게 들리지만 꼭 그렇지만은 않다. 대부분이 날아드는 탄환에 맞아서 쓰러지거나, 또 낙마해서 목이 비틀리고, 말에게 차여서 쓰러진 후에 목이 잘리거나 긴 창에 꽂혀서 죽거나, 고랑에 넘어져서 밟혀 죽게 되는 등 이렇게 죽는 것이 100인에 50인은 될 것이다.」(『翁草』上 神澤貞幹 元著 浮橋康彦 譯. 教育社 1986)

저자인 칸자와 테이칸이라는 사람은 호에이(宝永) 7년(1710) 교토에서 태어나서 江戸時代의 약 3분의 1, 18세기를 거의 살아온 인물이다. 京都町의 奉行所與力을 맡았던 적도 있는데 전, 후편 200권에 걸친 많은 수필을 썼다. 대상으로 한 것은 그야말로 각양각색의 사람과 인간의 모든 일에 관한 것이었다.

『각양각색의 사람=Les caractéres』을 쓴 프랑스의 모럴리스트(moraliste)로 불리는 라브루이엘(LA BRUYERE) 보다도 훨씬 더 그 세계가 넓었다. 그가 쓴 호의 하나는 키쵸우안(其蜩庵). 즉, 「하루살이」였다. 칸세이(寛政) 7년 (1795) 86세에 세상을 하직하며 남긴 귀절은

'남기고 싶은 마지막 말은 사람의 일생이란 헤매다가 죽는다는 것…'이었다.

모리 오가이(森鷗外)의 『타카세부네(高瀬舟)』도 『오키나구사(翁草)』의 일화에서 발상을 얻었다고도 하며, 천황가와 궁정귀족(公家), 스페인, 포르투칼과 네덜란드와 관련된 흑인 노예에 관한 이야기도 있다. 말이 나왔으니 소개해 두고자 한다. 우선, 천황가와 관련된 일이다. 「궁중의 쇠퇴 권 61(禁裏(皇居)のご衰退 巻六一)」에 다음과 같은 것

이 있다.

「노부나가(信長) 때까지는 궁중(禁裏, 皇居)의 허술함이 변방의 백성의 집과 다를 바가 없는 정도였다. 담 같은 것도 없고, 대나무 울타리에 가시나무 등이 둘러쳐져 있는 상태였다. 나도 어릴 때에는 놀러가서 툇마루에서 흙장난을 치거나 찢어진 발(簾)을 들춰보기도 했는데, 인기척도 없는 모습이었다. 그리고 푼돈 사기를 치던 귀족이 사창가가 많은 교토의 야마토 오오지(大和大路) 부근에서 하인으로 전락했다는 이야기도 있다. 그러고 보니 지금도 교토의 쿄쿄쿠시죠(京極4條) 부근의 쓰러져가는 일본식 과자집에 江戶時代 천황의 宣旨가 현판으로 남아 있었던 것을 기억한다.」

흑인 노예에 관해서는 『네덜란드인의 풍속 권6 (オランダ人の風俗券6)』에 아래와 같이 남아 있다.

「크론보우(흑인)를 잡아서 노예로 사용하고 있다. 흑인은 매우 색깔이 검으며 보통 피부색과 다르다」

네덜란드인이 그 나라에 들어가서 그들을 사서 끌고 온다. 그 가격은 도동(棹銅)[28] 한 개였다고 한다. 돛을 올리고 내리고, 배를 자유자재로 다루는 것은 마치 원숭이가 나뭇가지를 건너다니는 것과 닮았다고 했다. 식사는 「빵」이라고 부르는데, 두부 찌꺼기를 닮은 동그란 모양이었다. 네덜란드인이 식사를 할 때 노예에게 이것을 던져주면 기쁘게 먹었다고 한다.

무사도 잔영

이렇게 보면 21세기에 남겨진 무사도상이란 어떤 점에서는 무사가

---

28) 동괴(銅塊)를 일컫는 말이며, 銅을 노와 같은 모양으로 만들었다고 함.

출현한 平安朝 이래로 각양각색의 양식과 정감과 전통을 지니고 있음을 알 수 있다. 그리고 그 사상과 행동의 주된 성격은 江戸時代에 형성되었음이 뚜렷해진다.

무사도는 明治 이후에는 쉽게 내셔널리즘과 연결 지어지게 되었다. 절정은 1930년대부터 태평양 전쟁의 종결에 이르는 시기에 까지 걸쳐 나타나고 있다. 가끔 인용하고 있으나, 일찍이 츠다 소키치(津田左右吉)는 어딘가에서 니토베 이나조의 『무사도』를 염두에 두고 있었던 것인지 다음과 같이 말하고 있다.

「무사도는 자연스럽게 발달된 風尙에 지나지 않으므로 사상으로서는 유치하며 조잡하다」

「그러므로 지식과 함께 계속 발달해가는 평화의 세상에 부합시키기 위해서는 별도로 그 결함을 보완할 만한 무엇인가가 필요하다. 그 요구에 대응할 수 있는 것은 유교인데, 유교 또한 그것을 실천적 가치가 있는 것으로 만들려고 한다면 나 자신부터가 현실사회의 풍조와 조화되어야 하며, 결합시켜야 한다. 그래서 야마가 소코와 같은 유학자의 견지에 서서 무사의 도를 말하는 자가 나오게 되었다.」(『文學に現はれたる我が國民思想の研究 4』)

무사도를 사상 면에서 유치, 조잡하다고 잘라 말했다는 점이 신선하다.

이미 지적한 바와 같이 『하가쿠레(葉隱)』와 요시다 쇼인(吉田松陰) 연구가 일반인들에게 널리 알려진 것은 1930년 대 부터이다. 아울러 1916년에 쓰여진 츠다 소키치의 『문학에 나타난 우리 국민사상 연구, 무사문학의 시대 (文學に現はれたる我が國民思想の研究 무사문학の時代)』에는 무사도에 관해서는 상세히 기술하고 있으나, 『葉隱』와 『五輪書』에 관해서는 언급하고 있지 않았던 것으로 기억하고 있다. 코바야시 히데오(小林秀雄)도 기꺼이 언급했던 『葉隱』, 그리고 요시다

쇼인 등의 영향이 커지는 데에도 시대가 작용하고 있음을 알 수 있다.

두 권의 책

지금, 나의 손에는 두 권의 책이 있다. 한권은 『야마가 소코의 국체관(山鹿素行の國體觀)』, 노후 야스유키(納富康之)著로 鶴書房刊에서 1943년 발행하여 1944년 4월 재판(再版)한 것. 다른 한권은 『요시다 쇼인(吉田松陰)』, 쿠무라 토시오(故玖村敏)著로 岩波書店 간행이다. 1936년 12월 20일 제 1쇄 발행인데, 지금 손에 들고 있는 것은 1944년 5월 10일 제 9쇄 발행이다. 따라서 지금 들고 있는 2권 모두 1944년 봄, 거의 같은 시기에 발행된 것이다. 이후 1년 만에 종전이 되었으므로 일본의 패색도 농후한 시기였다. 『山鹿素行의 國體觀』서문에서 당시의 상황을 잠시 들여다보도록 하자.

야마가 소코 선생은 兵學者이며 일본 中朝主義를 고창시킨 유학자로서 평소 존경하고 있었다.

선생의 병학이 더할 나위 없이 뛰어난 점은 단순히 전략 병법을 가르치는 것에 그치지 않고, 국민들 위에 있어야 하는 무사 신분을 가진 자의 일상의 수양 도덕을 가르치고 우리나라 3천년의 역사를 꿰뚫으며, 충성을 위해 값지게 죽는 무사도 정신을 고취시킨 것에 있다 하겠다.

선생이 말씀하신 무사도 정신이 후세에 남긴 영향은 실로 위대하다. 앞으로의 대동아전쟁에 있어서도 많은 황군 장병의 애국충렬의 공적에 의지하여 그 정신은 찬연히 빛날 것이다.

선생의 저서는 매우 많으나, 그 중 특히 뛰어난 것으로는 『츄초지지츠(中朝事實)』 2권을 들 수 있다. 이 책은 선생의 진수를 보여 준 불후의 명저이다.

故 노기(乃木)장군은 선생에게 매우 심취하였으며 스스로 『츄초지지츠』를 출판하여 明治천황의 죽음을 애타게 한탄하다가 순사하기 수일 전에 경외하는 황태자 전하에게 헌상했다……

1941년 6월 해군 대장 남작 아보 키요카즈(安保清種)」 제 2차 대전 末期의 山鹿素行론에는 당연히 있음직한 내용의 서문이다. 그와 함께 자서(自序)로 여겨지는 저자 자신의 서문도 있는데 흥미를 끄는 부분이 있다.

「……야마가 소코가 생을 보냈던 江戸時代 초기는 세상은 태평하고, 학문이 발달하여 유학이 크게 융성하였는데, 그 결과 가공할만한 지나(支那) 숭배사상이 일세를 풍미하여 支那가 있고나서 일본이 있음을 잊고 있는 俗學腐儒가 횡행하기에 이르렀다.

그것은 美英 숭배, 美英 의존의 풍습이 만연했던 대동아 전쟁 이전의 일본의 현상과 유사한 것이었다…… 이 졸저를 세상에 내는 저자의 작은 뜻도 야마가 소코가 『中朝事實』를 저술한 취지와 같아서 현대의 청년들에게 권하여 美英을 너무 숭배한 나머지 일본인으로서 그 책의 내용을 잊는 일이 없도록 하기 위한 마음에서이다…… 1943년 4월 칸무(神武)천황 기일(忌日) 노후 야스유키(納富康之)」

미국과 영국을 상대로 필사의 싸움을 하고 있는 중에 「美英 崇拜」에 관한 것을 이러한 어투로 말하고 있는 것이다. 전에 다른 졸저에서 지적했듯이 대전이 한참 진행일 때, 일본 정신이 매우 고취되어 있던 당시의 일본의 戰爭繪畵의 질에 대한 판정이 서양 회화의 가치 기준에 따라 정해지던 것과 축을 같이 한다. 明治 이래 서구화의 흐름의 크기와 깊이는 일본형 내셔널리즘에 의해서도 그 만큼 쉽게 넘을 수 있는 것이 아니었다. 그런데, 누가 전쟁 말기에 이 책을 산 것일까. 「잡

곡을 넣은 밥, 새로운 방식으로 짓고 쌀 한 되에, 물 한되 팔홉」「옥수수로 건강, 속 든든 영양 만점」 등의 신문 기사가 끼어져 있었다. 「山野草 가루는 어때? 쌀 절약하게 가져 와」라고 쓴 종이에는 「쌀이 1할 줄었다, 그로 인해 마음 약한 소리를 내서는 안된다, 푸념을 늘어놓기 전에……」라고 되어 있다.

쇼인(松陰) 연구의 고전

쿠무라 토시오(玖村敏雄)의 『요시다 쇼인(吉田松陰)』은 요시다 쇼인 연구의 고전이다. 이 책의 영향은 상당한 것이었다고 추정된다. 그 말미에 明治 천황, 大正 천황, 昭和 천황과 쇼인 신사(松陰神社)와 쇼카손주쿠(松下村塾)[29]와의 관계가 기록되어 있다. 결론은 요시다 쇼인의 국가 육성을 위한 교육 정신을 칭하며 다음과 같이 쓰고 있다.

「幕府末 유신 때에 얼마나 많은 사람들이 그 사상과 정신을 인도받고 감정을 고취시켰던가. 현재와 미래에도 그 열렬한 애국적 정신, 그 지순한 교육적 정신은 완전히는 실현되지 못하더라도, 그 웅대한 국책과 함께 이를 찬양하는 자의 마음에 영원히 지속적으로 이어질 것이며, 천지에 닿지 않는 곳 없이 皇運이 만고에 미칠 것이다.」

태평양 전쟁 말기에 이 책을 샀던 사람은 어떤 사람들이었을까. 어쩌면 학도병(出陣學徒)이었을지도 모르겠다.

우리 마을에 꽃이 지는 날은 마음도 진다

라고 책 표지 안에 전쟁기의 조잡한 종이에 검은 글씨로 적혀진 노래

---

29) 江戸時代 末期(幕府末期)에 쵸슈 번사(長州藩士) 요시다 쇼인(吉田松陰)이 강의한 사숙(私塾).

가 남아있다. 태평양 전쟁 말기, 패배의 기운이 감도는 중에 군국주의·파시즘·자유주의·공산주의 등의 주의를 문제로 삼기보다는, 일본인이라는 민족의 존속 자체가 가능할지 못할지, 그것이 눈앞에 닥쳐진 현실이 되었다. 학도병 중에는 군국주의적 프로파간다(propaganda)와는 다른 시점에서 자신에게 주어진 일본이라는 나라를 깊이 생각하고 일본적인 것을 이해하기 위해 만요(萬葉), 야마가 소코(山鹿素行), 모토오리 노리나가(本居宣長), 요시다 쇼인(吉田松陰)에서 니시다 키타로우(西田幾多郎) 등을 읽은 사람도 상당히 많았을 것이다.

여행을 끝내며

태평양 전쟁은 독일의 경우 등과는 다르게 군사적인 싸움에 머물지 않고 구미 문화와 일본 문화의 투쟁이라는 양상도 띠고 있었다. 「일본정신(和魂)」과 「서양정신(洋魂)」의 싸움이었기 때문이다. 특히 明治維新 전후부터 태평양 전쟁에 이르기까지 일본 내에 축적된 서구화의 요소와 일본적 문화의 특질이 전쟁터라고 하는 일체의 허식을 제거한 곳에서 검증받았다고 생각된다.

나의 水遊記, 무사도 내셔널리즘을 둘러싼 여행도 막바지에 달했다. 토파즈호도 6월 마지막 날에 알래스카의 스워드(Seward)를 출항해서 일본을 향했다. 7월 1일 목요일은 100일에 걸친 배 여행 중에서도 가장 바다가 사나웠던 날이었다. 거대한 고래도 보았다. 북쪽 바다의 맹렬한 기세의 파도가 배를 때리고, 안개인지 아지랑이인지 온통 회색빛 세상이었다. 7월 2일 금요일. 흔들림이 조금 잦아들며 알류샨(Aleutian)의 남쪽을 통과했다. 오후 5시를 지나서는 우현 갑판에 올라서서 자연스럽게 북쪽을 바라보며 묵도했다. 전쟁 중의 「앗트(Attu)섬의 옥쇄」[30)]

가 머릿속을 떠나지 않았다.

30) 북태평양 알류션 열도의 아투(Attu) 섬의 일본군 수비대가 전멸한 직후 생겨난 단어이다. 국력을 무시한 채 자포자기로 태평양 전쟁을 도발한 일본 육.해군은 서전에서의 빛나는 승리에 현혹되어 능력이상으로 전선을 확대, 한정된 병력을 광할한 태평양의 수많은 섬에 분산 배치했다. 이러한 분산 배치 방식은 제해권과 제공권이 뒷받침되어야 그 기능이 유지되는데 1942년 말부터 제해권과 제공권을 완전 상실, 섬에 고립된 병력은 자멸할 수 밖에 없었다. 미군은 대일 반공루트(Mac Arthur Line, Nimitz Line)를 설정, 그 루트상의 고립된 섬을 압도적인 화력과 병력으로 차례로 공략했다. 그 섬들의 일본군 수비대는 대부분 전멸하엿다. 전멸한 일본군들을 '옥처럼 아름답게 부서졌다.'고 해서 옥쇄한다고 표현했다.

2. 무사의 모습 : 왕조말에서 난세전국으로

꽃이 오늘밤의 주인이로구나

무사의 시대는 平安末期에서 江戶時代가 끝날 때까지로 약 700년에 걸쳐 계속되었다. 그것과 어떤 연관이 있는 것인지 노래와 춤을 배우기 시작한 지 몇 년이 지났다. 요(謠) 아츠모리(敦盛) 클라이맥스 부분의 춤동작은 어렵긴 했지만 미나모토 요시츠네(源義経)가 활약한 『헤이케모노가타리(平家物語)』의 첫 부분과 닮아서 마음이 끌리는 부분이 있다.

「그런데 헤이케(平家)가 천하에 군림하였던 것은 24년, 참으로 한 옛날이라고 할 만한 짧은 세월, 시간이 지난 것은 눈깜짝할만한 일로 확실히 꿈이었다. 쥬에이(壽永)의 가을, 나뭇잎이 사방에서 불어오는 광풍으로 뿔뿔이 흩어지듯이 수도가 함락되고 한 척의 작은 배로 바다에 떠서 파도를 베개 삼아 보내며 꿈속에서 조차 수도로 돌아가지 않고, 마치 새장속의 새가 하늘의 구름을 그리워하듯이 수도를 그리워하고 북으로 돌아가는 기러기가 대오를 흩트리듯이 따로 따로 떨어져 목적지를 정하지 않고 여행을 계속. 그런 날들도 흘러 새로운 봄(西國에서 돌아와), 이 계곡에 성을 쌓아 틀어 박혀 잠시 이곳 스마(須磨) 포구에 살게 되었지만,……」

교토 히가시야마(東山) 켄닌지(建仁寺)의 동서쪽에 위치한 로쿠하라미츠지(六波羅密寺)에는 생가 근처이기도 해서 몇 번인가 갔었다.

특히 대학에 들어가고 난 후에 더욱 자주 갔었다. 그 즈음 鎌倉 조각의 걸작 중 하나인 불경을 읽는 키요모리상(淸盛像)은 쿠야쇼닌상(空也上人像), 운케이(運慶), 탄케이상(湛慶像)이랑 엔라상(閻羅像)과 함께 본당에 있었던 것으로 기억한다. 지금처럼 寶藏館 안에는 없었다. 가까이 다가가 보니 설교를 하는 쿠야쇼닌의 입에서 뿜어져 나오는 설법이 귀에 들리는 듯하다. 조각된 키요모리상 뿐 아니라 타다모리(忠盛)나 시게모리(重盛)보다도, 그리고 요리토모(頼朝)와 요시츠네(義経)보다도 키요모리에게서는 인간적인 모습이 뿜어져 나와 흥미롭다. 상 자체에는 다이토쿠지 소켄인(大德寺總見院)에 있는 노부나가상(信長像)과 어딘가 통하는 듯한 면이 있다. 단 키요모리상에는 현세의 부귀 영화 뒤의 깊은 종교성이 있는데 비해 노부나가상은 오로지 현세에 정면으로 대처하는 무시무시한 기백이 겉에 드러나고 있다. 일본의 노부나가상 가운데 이것이 제일 걸출하다.

키요모리가 권력을 손에 쥐고 세상을 떠날 때까지는 겨우 20년 남짓. 그것이 노래가 되고 춤이 되어 「아츠모리(敦盛)」에 담겨져 있는데, 성자필쇠의 비참함을 다시 한 번 느끼게 된다. 노(能)와 요(謠)에 관해서는 많은 견해가 있다. 요를 같이 배운 동문인 야나이 하라이사쿠(矢內原伊作), 오오하시 켄자부로(大橋健三朗)선생의 이야기는 접어두고서라도 일본의 좌익에서부터 자유주의파에 이르기까지 아무래도 노를 경원시 한 것 같다. 일본 근대문학의 평론을 주된 업으로 삼으신 오다기리 히데오(小田切秀雄) 선생께 어느 날 노와 요의 학습으로 고민하고 있음을 상담한 적이 있었다. 노세계의 관례에 적응하기가 힘들었던 점 때문이었는데 명쾌한 어드바이스는 얻지 못했다.

스기우라 민페이(杉浦明平)는 전후 좌익 프랑스 문학자인 오바세타쿠조(小場瀬卓三)선생과 공통점이 있었던 것 같다. 스기우라 민페이는 단정적인 점이 오히려 재미있는『전국난세의 문학(戰國亂世の文學)』(岩波新書 1965) 속에서 제아미(世阿弥)의 노가쿠론(能樂論)을 높이 평가하고 있다. 하지만 요의 문학적 가치는 인정하지 않고 노를 멀리하는 경향이 있었다. 다만 조금 이상한 일이기는 한데 솔직히「나는 지금까지 노무대를 한 번도 본 적이 없다……」라고 했다. 노에서 어딘가 쉽게 다가갈 수 없는 고답적인 면을 느끼고 있었던 것일까? 江戶時代에는 노가 상층 무사 계급에게만 독점되는 경향이 있어서 상인은 오직 요에 한정될 수 밖에 없었는데 明治 이후에도 그러한 풍조가 남아 있었던 탓일까? 노가쿠는 확실히 서민적이라고는 할 수 없다. 그렇다고는 해도 제아미(世阿弥)와 칸아미(觀阿弥)의『후시카덴(風姿花伝)』이나『카쿄(花鏡)』는 일본 예술론의 백미이며, 요곡(謠曲)『츠즈레 니시키(つづれ綿)』의 문장도 그 나름의 맛을 지니고 있다.

무사문화의 생성으로

「아츠모리(敦盛)」나『헤이케모노가타리(平家物語)』와 당시의 軍記物에 등장하는 무사의 모습에 주목해 보자. 그들은 상층의 무사이므로 미천한 자의 손에 죽는 것보다는 자결을 선택한다. 무사이면서 平安王朝의 귀족적인 면도 지니고 있고, 귀족의 미적 감각을 지니면서 멸망해가는 무사의 풍취도 가지고 있다. 그런데 요, 노가쿠가 이 세상에 배출된 것은 제아미(世阿弥)의 시대라고 불릴 수 있는 室町幕府의 최전성기, 아시카가 요시미츠(足利義滿) 시대가 유일했다.

平安朝 말기로 부터 이미 3백년 가까운 세월이 흘렀다. 무사정권인

위: 타이라노 시게모리(平重盛, 1138~79) 平安末期의 武將. 키요모리의 장자. 성격은 온후하고 武勇으로 이름난 군인으로 충성심이 깊었다고 함.
아래: 미나모토 요시츠네(源義経, 1159~89). 平安末期의 武將. 요시토모(義朝)의 9번째 아들. 薄命의 영웅으로 전설화되어 있다.

鎌倉幕府가 성립된 지도 2백년 남짓한 시간이 경과했다.

그런데 요, 노가쿠에는 「토오루(融)」나 「유가오(夕顔)」처럼 『겐지모노가타리(源氏物語)』에 근거한 왕조 귀족문화를 강하게 의식하고 있는 부분이 있다. 平安朝의 왕조문화는 수도를 중심으로 한 일본 문화의 기반이 되었다. 『겐지모노가타리(源氏物語)』『마쿠라노소시(枕草子)』헤이케노쿄(平家納経), 그리고 우지(宇治)의 뵤도인(平等院), 뵤도인을 그린 이마이 케이넨(今井景年) 등이 상념으로 떠오른다. 이 시기는 일본 열도 자체가 미의 섬이었던 것 같다. 진보된 지금은 과연 어떤가?

무심코 이런 저런 것들을 떠올리며 무사문화의 변천까지 생각해 보았다. 平安末期부터 무사는 전장에 자주 등장하고, 마침내 천황가를 축으로 하는 귀족정치를 대신해 군사·정치의 주역이 되어 간다. 12세기 말 鎌倉幕府의 성립은 무사사회 도래의 표식이었다.

그로부터 3세기가 지난 15세기 초 요시미츠(義滿)의 시대는 어떠했을까? 무사 상층계급은 군사적으로나 정치·경제적으로 권력을 손에 쥐고 있었다. 그 배후에는 서민 문화의 오토기소시(お伽草紙)[1]라는 江戸時代에 개화한 새로운 세계의 發酵도 있다. 그러나 이 시기 역시 권력을 장악하고 있던 무사 상층 계급은 문화적으로는 왕조의 명령 시달, 궁정 귀족의 세계를 이상·이념으로 하는 회고의 심정을 가지고 있었다. 행동에서부터 일상의 작은 부분에 이르기까지 平安 귀족에게 배운 생활을 실천하려고 노력하고 있었던 것이다.

그들 대부분은 이미 귀족계급 출신이 아니라 고유의 무사 계급 출신자였다. 그러나 무사 고유의 문화를 가지고 있다는 의식은 결여되어 있었다. 江戸時代의 무사·사무라이 문화에 비견할 만한 것은 아직 생

1) 室町에서 江戸初期에 걸쳐 만들어진 아녀자와 노인을 위한 소박한 단편소설의 총칭

겨나지 않았다. 平安末期에서 室町初期에 걸친 문화는 귀족의 그것과 무사 본래의 문화인 2중 구조로 되어 있는 것처럼 느껴진다. 이 시기의 무사는 戰國大亂 時代의 무사와도 다른 정신 구조를 가지고 있다. 江戶時代가 되면 더 크게 달라진다. 무사가 사회에 출현한 平安末期에서 江戶時代에 이르기까지 무사문화의 변천을 시기 구별해 보면,

1. 平安末期에서 室町初期
2. 室町에서 戰國時代 末期까지
3. 德川幕府의 江戶時代

라고 해도 괜찮을 것 같다. 세 번째의 江戶時代 무사의 사상에 관해서는 「1 무사도 일본문화론」에서 나름대로 언급했으니 여기서는 첫 번째의 平安末期에서 室町初期와 두 번째의 戰國時代를 대상으로 해서 감상을 기록해 보려 한다. 우선 첫 번째의 시기에 관해 살펴보자.

지엔(慈圓)과 『구칸쇼(愚管抄)』

平安末期에서 鎌倉幕府 성립에 이르는 동란의 시기에 타이라 키요모리(平淸盛)와 吟遊歌人인 사이교(西行) 등과 동시대를 산 사람 중에 지엔(慈圓)이라는 사람이 있다.

지엔은 흥미로운 역사서 『구칸쇼(愚管抄)』의 저자이다. 지엔의 시대에 『호겐모노가타리(保元物語)』 『헤이지모노가타리(平治物語)』, 그리고 유명한 軍記物인 『헤이케모노가타리(平家物語)』 등이 쓰여졌다. 그 이후 『겐페이세이스이키(源平盛衰記)』 『타이헤이키(太平記)』 등으로 이어져 나오게 된다. 『太平記』의 전후에 요시다켄코(吉田兼好)의 『츠레즈레구사(徒然草)』 등이 등장하게 된다. 그리고 역사서로써 여러 측면에서 문제가 되었고 제2차 세계대전 중에는 지나치게

신성시되어 일본 울트라 내셔널리즘의 교과서처럼 되어 버린 키타바타케 치카후사(北畠親房)의 『진노쇼토키(神皇正統記)』도 있는데, 이 책은 『愚管抄』로부터 100년 정도 뒤에 쓰여 졌다.

지엔은 관백 후지와라 타다미치(藤原忠通)의 자식으로 『교쿠요(玉葉)』을 쓴 쿠죠오가(九條家)의 조상 카네자네(兼實)의 남동생이다. 11세에 히에이잔(比叡山) 엔랴쿠지(延歷寺)에 들어가 나중에 텐다이자스(天台座主)[2]에 4번이나 올랐다. 다작의 歌人으로 고토바 죠코(後鳥羽上皇)의 마음에 들어 『신코킨슈(新古今集)』에 91수를 수록했다. 작품 수는 사이교에 이어 두 번째로 많다.

무상의 마음을

어제 만났던 사람은 어째서 이처럼 덧없이 죽어버리는 것일까 하고 놀라지만, 역시 「긴밤의 꿈」이라고도 할 수 있는 오랜 생사의 헤매임 가운데 있는 것이로구나.

무상의 마음을

나도 언젠가 죽을까? 이 세상에 살아 있어 준다면 기쁠 텐데,
유감이라고 생각해 본 사람을 생각하고 그리워하면 그런 사람의
수가 점점 늘어간다.

등이 있다.

지엔은 출신부터가 전형적인 平安 귀족의 문화와 교양을 가지고 있는 인물이다. 그의 史書로 알려진 『愚管抄』는 그다지 많이 읽혀지지는 않았지만 무사의 출현, 무사 계급의 성립 과정을 이해하기에는 『平家物語』보다 더욱 직접적인 자료와 소재를 제공해 주는 부분도 있다. 가나(仮名)문자[3]와 야마토에(大和絵)[4] 등 國風文化의 계승자로서의

2) (佛)천태종의 수령, 히에이잔 엔랴쿠지의 주지를 겸함

지엔과, 시대의 기록자로서의 지엔, 이 두 가지의 모습이 『愚管抄』에 투영되어져 있는데 실제로 읽어 보면 매우 재미있다. 「第一次追記」로 여겨지는 부분에는 다음과 같은 글이 있는데, 장문의 인용이지만 소개해 보도록 하겠다.

「먼저 이 글을 이렇게 쓰겠다고 생각한 것은 세상사를 모르는 사람들을 위해서이다. 지금 세상의 모양새를 보면 문필에 관여하는 사람은 귀천(貴賤) 승속(僧俗)에 관계없이 드물게는 학문을 하는 것 같고 겨우 한문을 읽을 수는 있지만…… 『일본서기(日本書紀)』의 六國史와 율령은 우리나라 일본의 것인데도 불구하고 그것을 읽고 뜻을 이해하는 사람이 매우 드물다.…… 예를 들어 하타도(ハタト)[5], 무즈토(ムズト)[6], 도우토(ドウト)[7] 등이 그 예인데 우리들은 이 단어들이야말로 일본어 본래의 모습을 나타낸다고 생각한다. 이들 단어의 의미는 누구나 알고 있다. 미천한 인부나 야간 당직들도 이들 단어를 사용해서 많은 것들을 표현한다. 이와 같은 해학적인 단어는 문장에서 지속적으로 사용되어져야한다. 그렇지 않고 한자어만 사용할 경우에는 한문을 읽을 수 있는 사람이 적기 때문에……」(『日本の名著9 慈圓·北畠親房』中央公論社 1971)

『愚管抄』의 독자를 왕조 귀족에 한정하지 않고 「貴賤·僧俗」의 구별도 없앴으며, 폭넓게 일반인을 대상으로 하려 힘쓰고 있다. 문화의 영역에서 「천하다」고 여겨지는 서민의 모습도 부상하게 된다.

또한 『제 7권』에서는 平安末期의 학문의 모습과 지식수준에 관해

3) 한자의 일부를 빌려 그 음훈을 이용해서 만들어낸 일본의 표음문자, 히라가나·가타가나의 총칭

4) 일본화의 한 유파, 平安時代에 비롯된 「카라에(唐繪)」에서 벗어나 제재·수법이 일본풍인 그림을 말한다

5) 문득, 퍼뜩, 갑자기

6) 꽉, 덥석

7) 쿵, 털썩, 덜컥

서 말하고 있다.

「지금은 세상이 바뀌어 가는 순서와 그 이해 방법을 서술하기 위해 많은 문장들을 가나문자로 쓰고 있다. 그것은 우리가 다음과 같은 것을 생각하고 있기 때문이다. 오늘날의 세상은 승려·속인 할 것 없이 모두 전반적으로 학문을 하지 않게 되었고, 지혜로써 사물을 이해하는 힘이 현저히 저하되고 있다…… 학문의 대상이 되는 사물과 문장에 관해서 생각해보면 우선 불교의 경우, 원래는 범어(고대 인도어)로 쓰여 진 것을 한역한 것이므로 일본 사람이 그것을 쉬운 일본어로 고쳐 이해하려 하면 매우 풍부한 지식과 이해력이 필요하다…… 이들 중국 고전을 읽고 이해하려는 사람들은 쉬운 일본어로 번역해서 그 의미를 생각하려는 학문의 방법을 우스꽝스럽다고 문제로 삼지도 않았다.」

「이 책에는 지나치게 가벼운 단어가 많고 하타토, 무즈토 등의 표현 등을 많이 사용하고 있는데 나는 일본어의 본체는 이러한 단어에 있다고 생각한다.

한문의 훈은 그 글자의 의미를 추구해서 해석하여 나타낸 것이므로, 내포하는 의미의 확장에 있어서는 아무래도 부족함을 느끼게 된다. 한문으로 나타내면 돋보이지 않고 아무 가치도 없어져 버리는 단어야 말로 일본국 단어 본체일 것이다. 즉 사물을 설명해 나가는 동안 마음에 이야기하고 싶은 것이 쌓이고 쌓여서 때와 장소에 맞는 정황을 나타내는 단계가 되면, 이러한 단어들을 사용하여 말하고 싶은 것을 자연스럽게 술술 전할 수 있게 되기 때문이다……」

대략 천 년 전 동란의 시대에 일본 문화와 일본어의 모습에 관한 훌륭한 식견을 보여주고 있는 부분이다. 지극히 합리적이고 투명감이 느껴진다. 지엔(慈圓)의 노래를 사이교(西行)의 노래와 비교해서 가볍다고도 하지만 문화론 입장에서 『愚管抄』를 보면 논리의 명쾌함 탓인지는 몰라도 어딘지 모르게 昭和 時代의 쿠와바라 타케오(桑原武夫) 선생이 떠오른다.

천황론 등

『구칸쇼(愚管抄)』는 짧은 중국의 연대기로 시작해 계속되는 황제 연대기로써 일본 역대 천황에 관해 쓰여져 있다. 같은 황제 연대기라도 키타바타케 치카후사(北畠親房)의 『진노쇼토키(神皇正統記)』보다는 여유가 보인다. 『神皇正統記』 집필 당시의 치카후사는 정치·군사 문제로 절박한 상황이라 자료를 거의 사용할 수 없었던 사정도 있었을 것이다.

하지만 『愚管抄』와 『神皇正統記』의 천황론에 공통되는 점은 저자인 지엔과 기타바타케 치카후사가 각각의 시대에 천황가의 사람들과 일상적으로 접하며 극히 가까이 있었다는 점이다. 지엔과 치카후사는 천황가와 同心圓의 세계에 살고 있었다고 해도 좋을 것이다. 존황주의자로서의 야마가 소코(山鹿素行), 모토오리 노리나가(本居宣張), 요시다 쇼인(吉田松陰) 등은 지엔과 치카후사처럼 직접적으로 천황의 세계와 접하거나 그 내부에 있었던 적은 없다.

『愚管抄』에는 25대 부레츠(武烈) 천황에 관한 다음과 같은 기술도 있다.

「천황(부레츠)은 아주 나쁜 왕으로 사람을 죽이는 일을 놀이로 여겼다.…… 27대 케타이(継体) 천황이 즉위할 때도 부레츠 천황의 붕어로 황통이 끊어졌기 때문에 에치젠(越前國)에 계시던 이 천황을 모셔오게 되었다.…… 이 천황의 왕비는 9명, 자식은 21명, 그 중 남자 9명, 여자 12명이었다.」

「부레츠 천황은 닌켄(仁賢)천황의 황태자인데, 말로써는 표현할 수 없는 나쁜 왕이었다. 10세에 즉위해서 18세까지 재위하셨는데 그 기간 동안 군신은 모두 비탄에 빠져 있었다.」마찬가지로 부레츠 천황에 관해 치카후사는 「천황은 성질이 매우 난폭하고 모든 악행이라는 악행은 다 행하였는데, 재위 기간도 짧았다.」라고 했다.

덧붙여 제57대 요제이(陽成) 천황에 관해 『愚管抄』에는 특별한 것은 쓰여 있지 않으나 『神皇正統記』에는 「이 천황은 성격이 거칠고 제왕의 그릇이 못되기에 섭정 모토츠네(基経)는 폐위를 결단했다. …… 일가의 이해를 버리고 국가를 위해 이 천황을 폐위한 것은 매우 훌륭한 일이었다.……」라고 천황 폐위의 정치적 조치를 칭찬하고 있다. 여기에 천황 신격화는 전혀 없었으며 오히려 중국의 역성혁명에 가까웠던 것으로 기억된다.

사형 부활−무사의 상

무엇보다도 여기에서는 지엔(慈圓)의 눈에 비친 무사를 예로 들지 않을 수 없다. 지엔은 교토에서 태어나 자란 사람이다. 게다가 당시로서는 최고의 교양을 가진 인물이었다. 그러한 그가 왕조 귀족 사회에서 무사사회로의 변천을 스스로 경험한 것이다. 이 시대 무사는 교토가 아니라 오로지 반도(坂東)[8]의 땅에서 배출되었다. 덧붙여 무사 발생원의 하나였던 율령제하에서의 지방관인 고쿠시(國司) 아래에서 일하던 하역인이었던 在廳官人이 있었다. 그들은 平安末期부터 조금씩 역사 속에 모습을 드러내게 된다. 상하 귀천이 함께 섞이기 시작하는 시대의 개막이다.

---

8) 지금의 이바라키(茨城)현

시대의 관찰자로서의 지엔에게 있어서 무사사회의 도래는 호겐의 난(保元の乱, 1156)에서 시작된다. 그 이후를 「무사」의 시대라고 했다. 平安京로 수도가 옮겨진 이후 마사카도의 난(將門の乱)아베 사다토(安倍貞任)의 젠쿠넨의 난(前九年の役), 타카이에(隆家)의 토이(刀伊)국 정벌과 같은 전투는 모두 關東과 九州라는 수도 외부에서 이루어졌다. 수도는 지리적으로 보면 그다지 피냄새와는 연고가 없는 무풍지대였다.

하지만 지금이야말로 시대도 사람도 상황도 변했다. 「왕과 신하가 뒤섞인 수도 안」에서 전쟁이 일어나게 되었다. 지엔이 말한 「성하면 반드시 쇠하게 되어 있고, 사람은 만나면 반드시 헤어진다」라는 인간세계의 성쇠의 理法이 눈앞에서 전개되는 것이며, 지금까지 없었던 시대의 전환기가 되는 것이다. 지엔이 묘사한 대상은 다채롭다. 키요모리(清盛)의 처제였던 타이라 시게코(平滋子)는 켄슌몽인(建春門院)을 둘러싸고 「……(키요모리의 자식 시게모리(重盛)·무네모리(宗盛)는 左右의 대장이 되었다. 키요모리 자신은 태정대신(太政大臣), 시게모리는 내대신좌대장(內大臣左大將)이 되고 고시라카와(後白河) 천황은 켄슌몽인을 총애하시게 되었기 때문에) 일본국의 최후는 여인이 마무리를 한다는 것도 이것만 보면 진짜라고 생각할 수 있겠다.……」라는 현대의 페미니스트 논자의 서술도 있다.

무사사회 시작의 하나의 지표는 호겐의 난과 함께 부활된 사형이다. 부모를 죽였다고 세상의 비난을 받은 미나모토 요시토모(源義朝)도 고시라카와 천황의 명으로, 적인 스토쿠 상황(崇德上皇)의 편이 된 아버지 타메요시(爲義)의 목을 교토의 후나오카야마(船岡山)에서 베었다. 『구칸쇼(愚管抄)』에는 「810년 쿠스코의 난(薬子の乱) 이후 사형이 중지된 이래 정말 오랜만인데, 이 정도의 내란이라면 사형도 당연하다고 생각하게 되었던지 부활되었다. 하지만 당시에도 반대하고 비난하는 사람들이 있었던 것 같다」라고 기록되어 있다.

平安朝 초기, 헤이제이(平城) 천황 때부터 호겐의 난에 이르는 약 350년 간, 일본에서 공적인 의미의 사형이 없었던 것은 문화사적으로도 특필할 만한 현상이다. 세계사 속에서도 다른 예가 있었던 것 같지 않다.

불교 철학자 나카무라 하지메(中村元) 선생도 이 일본적인 특징을 불교와 관련해서 주목하고 있다. 사형 제도의 재등장이라기보다는 오랫동안 그것을 몰랐던 당시의 사람들에게는 단지 새로운 창설이라는 감각이었던 것 같다. 심리적으로도 큰 충격이었을 것이다. 사람들의 사생관도 변하여 우지(宇治)의 뵤도인(平等院)으로 상징되는 平安 귀족의 來迎思想을 간파하게끔 정적이고 수동인 채로 멈춰 있을 수는 없었다. 淨土宗, 淨土眞宗, 禪宗, 그리고 日蓮宗과 같은 현격하게 동적이고 힘찬 불교 사상의 도래가 준비되었다.

무사사회 개시의 또 다른 하나의 지표는 반도(板東) 무사가 교토에 모습을 드러내기 시작한 것이다. 호겐의 난 때도 스토쿠 상황(崇德上皇)쪽에 섰던 미나모토 타메요시는 반도 무사를 노리고 있었다. 「토고쿠(東國)는 미나모토 요리요시(賴義)·요시이에(義家) 이후의 유대관계로 타메요시를 따르지 않는 사람은 없었습니다.」(『愚管抄』)라고 上皇에게 말했다.

헤이지의 난(平治の乱)에서도 반도 무사는 실제로는 교토에 모습을 드러내지 않았지만 미나모토 요시토모(源義朝)에게 의지하고 있었다. 이 반도 무사에 대해서 지엔은 그 존재를 신선하게 느끼고 있었다. 때로는 두려움과 경탄의 마음으로 보고 있었다. 특히 토고쿠, 이즈(伊豆)에 흘러들어간 요리토모(賴朝)를 둘러싼 글에 지엔의 반응이 잘 나타나 있다. 지엔의 요리토모에 관한 글은 키요모리(淸盛)와 요시츠네(義經)에 치우쳐 있는 것이 아니라 더 호감이 간다.

켄큐(建久) 6년(1195), 토다이지(東大寺)의 落慶供養이 행해졌을 때 지엔은 요리토모와 대화를 나누고 다음과 같이 기록하고 있다.

「이 날의 기후는 大風大雨였다. 요리토모 쇼군은 토다이지 공양에 출석하기 위해 3월 4일에 다시 상경하셨다. 공양하는 날, 요리토모는 토다이지에 참배하고 무사들에게 둘러 싸여 있었다. 때마침 내리는 큰 비에도 무사들은 비에 젖는 것 따위는 전혀 신경 쓰지 않고 빈틈없이 단결된 모습으로 대기하고 있었는데 그것은 세상 물정을 아는 사람에게는 정말 경이로운 마음을 금할 수가 없는 장면이었다.」

무사의 모습은 이러한 형태로 왕조문화가 남아 있는 首都에 투영되어 있었다. 지엔은 한 시대의 저변에 깔려있는 무엇인가를 보고 있었던 것 같다. 큐주(久壽) 2년(1155)에 태어난 지엔은 죠큐의 난(承久の変) 4년 뒤, 카로쿠(嘉祿) 원년(1225)에 오오츠(大津) 근처의 히가시사카모토(東坂本)에서 죽는다. 그 생애는 平家物語와 함께 그 속에 있다. 『愚管抄』도 일본 문화사에 있어서 무사 등장을 알리는 하나의 극명한 기념비가 되고 있다. 『愚管抄』에는 다이켄몽인(待賢門院)과 스토쿠(崇德) 천황의 두 사람의 자식에 관해 걱정한 글도 있는데 이것은 나중에 노가쿠(能樂) 「세미마루(蟬丸)」를 예로 들 때 언급하겠다.

우로코가타(鱗形)－武道伝說靈驗 能

「우로코가타(鱗型)」라는 노(能)가 있다. 『타이헤이키(太平記)』가 그 원본인데 내용은 단순하다.」 호죠가(北條家) 初代 도키마사(時政)

노 「우로코가타(鱗形)」에서

이마이 케이넨(今井景年) 그림, 우지 뵤도인(宇治平等院). 교토부(京都府) 우지시(宇治市)에 있는 天台·淨土系 사원. 1052년 후지와라 요리미치(藤原賴通)창건.

가 가문의 휘장(紋章, 旗の定紋)[9]을 찾고 있었다. 당시의 무사는 휘장을 지키기 위해 목숨을 걸 만큼 중히 여겼다.

어느 날, 거의 인간의 모습이 아닌 한 여인이 뜻밖에도 「도키마사(時政)에게 할 말이 있사옵니다」라며 도키마사 앞에 나타났다. 이 여인은 도키마사의 진심과 성실함에 감동받아 소원을 이루고 도키마사에게 호죠(北條)의 휘장을 주려 한다. 「타다노리(忠度)」「아츠모리(敦盛)」「츠네마사(經政)」같은 노는 주로 『헤이케모노가타리』를 출전으로 한다. 하지만 요리토모(賴朝)에 의해 鎌倉幕府가 성립된 후, 호죠가의 도키마사 시대가 되면서부터는 달라졌다. 시대를 조금 거슬러 『太平記』가 쓰여 질 무렵의 것이 그 출전이 된다. 사이묘오지(最明寺) 즉 호죠 도키요리(北條時賴)의 「하치노키(鉢木)」도 그 출전은 『太平記』라고 한다.

한편 도키마사의 깊은 신심에 감동하여 호죠가에 휘장을 주는 여인은 실은 에노시마(江ノ島)로 오신 타이조카이(胎藏界)의 벤자이텐(弁財天)이다. 벤자이텐은 원래 인도의 신으로 강과 호수, 바다 등 물과 관계가 깊다. 일본에서도 하천, 호수와 늪, 바다 근처에 있는 센다이(仙台) 근처의 금화산 황금신사(金華山 黃金神社), 비와코(琵琶湖)의 치쿠후시마(竹生島), 요시노(吉野)의 아마노가와(天の河), 기타큐슈의 무나카타다이샤(宗像大社), 세토나이(瀨戶內)의 이츠쿠시마 신사(嚴島神社) 등이 벤자이텐을 숭배의 대상으로 하고 있다. 인도 이름은 사라스와티(saraswati)이며 갠지즈강 주변뿐 아니라 인도 각지에서 빈번하게 볼 수 있다. 나 역시 뭄바이(mumbai)의 남쪽에 있는 첨단도시 코오치(kochi)에 입항했을 때 항구에 있는 매점에서 나무를 깎아 만든 벤자이텐을 보았다.

---

9) 문장·씨족·가문·국가·단체 등의 표시로 쓰는 무늬

노 「우로코가타(鱗型)」는 짧고 단순한 이야기이지만 화려하고 아름답다. 작자는 확실하지 않다. 도키마사의 존재가 나타내고 있는 것처럼 주인공은 예를들면 노 「토오루(融)」처럼 귀족이 아니다.

주인공은 예상대로 무사이다. 무사이기는 하지만『平家物語』당시처럼 왕조 귀족에 물든 무사가 아니다. 平安朝의 왕조 귀족 문화의 후광은 더더욱 미약해져 있었다. 鎌倉幕府가 성립되고 무사 정권이 확립되어 있었으므로 당연한 일이다. 미나모토(源氏)에서 호죠(北條)로 정권을 장악한 사람은 바뀌었지만, 이 노는 武道伝説靈驗能의 하나로 여겨지고 있다.

「우로코가타(鱗型)」에 다음과 같은 부분이 있다.

「그러므로 神農이 만들었던 뽕나무로 만든 활, 원한이 있는 적을 파괴. 멸망시키고 …… 국가를 위해서 하고 ……또는 佛法王法의 …… 신을 공경하고 …… 나라도 풍요로워지고 …… 백성이 번영하고 천황치세의 증거도 지금 …… 보이고 번영하는 갈대밭의……」

神佛混交, 本地垂迹 사상도 있지만 애국과 존황으로 이어지는 사상도 있다. 또 활과 화살을 특히 의식하고 있다는 점에서 그것들을 중시하는 「인도 무사도」의 영향도 느껴진다. 그런데 여기에 표현되어 있는 무사는 어떠한 용모를 하고 있을까? 무사시대 제 2기라고 해도 좋을 이 시대의 대표적인 서적으로는『츠레즈레구사(徒然草)』, 그리고『진노쇼토키(神皇正統記)』『타이헤이기(太平記)』등이 있다.

건무중흥(建武中興) 시기

「우로코가타(鱗形)」의 출전으로 여겨지는『타이헤이키(太平記)』가 쓰여진 14세기 후반은 사가미 타로(相模太郎)로 불리던 호죠 도키무네(北條時宗) 등 鎌倉 무사들의 분투로 겐코의 난(元寇の難)을 극복한 지 이미 100년 정도가 지나 있었다.

南朝의 키타바타케 치카후사(北畠親房)가 『진노쇼토키(神皇正統記)』를 저술하고 나서도 약 30여년의 세월이 지나 있었다. 불안정한 정권이기는 하지만 室町幕府의 시대를 맞이하려 하고 있던 때였다. 이 시기를 한 단어로 표현하기는 어렵다. 하지만 平安朝의 귀족 문화에서 무사문화, 서민문화로 이행되는 시대였다는 것은 일반적으로 알려져 있는 사실이다.

종교 면에서는 호넨(法然)의 淨土宗, 신란(親鸞)의 淨土眞宗, 니치렌(日蓮)의 日蓮宗, 잇벤 쇼오닝(一遍上人)의 時宗에 이르는 서민불교의 전성기였다. 불교의 본가인 인도에서 13세기에 이슬람교에 의해 명실 공히 불교의 모습이 거의 없어져 버린 시기에, 일본에서는 거의 전 국토에 걸쳐서 불교가 침투된 것이다. 오늘날 인도에서의 불교는 힌두교와 이슬람교 때문에 그 존재가 미약하다. 겨우 루피 지폐에 그려진 4개의 기둥에서 포효하는 사자 머리가 아쇼카 왕의 관용적이고 열려 있는 불교의 흔적을 나타내고 있는 정도이다. 이에 비해 일본의 불교는 거의 의식적인 형태로 21세기 현재에도 일본인의 일상생활에 깊이 관여하고 있다. 조금 기묘한 느낌도 든다. 여기서는 불교는 일단 접어 두고 당시의 무사와 애국심과 존황사상에 대해 조금 살펴보도록 하자.

이 시기는 켄무(建武)의 중흥을 시대의 큰 지표로 하는 시기이다. 중세 문학으로서는 요시다 켄코(吉田兼好)의 『츠레즈레구사(徒然草)』가 있는데, 『徒然草』는 『神皇正統記』와 비교한다면 지극히 탈정치적이다. 개인적으로는 그렇게 재미있다고는 생각하지 않는다.

중학 시절에도 그러했고, 지금 다시 읽어봐도 즐거움이나 흥분 같은 것은 없다. 호죠 도키요리(北條時頼)의 등장 부분만 보아도 마츠시다 젠니(松下禪尼)를 둘러싼 일화에 그쳐 있다.

이에 비해 『神皇正統記』에는 감각을 자극하는 것이 있다. 예를 들면 고다이고(後醍醐) 천황을 둘러싼 서술도 극히 정치적이어서 상상의 나래를 펼치게 된다. 江戸時代의 천부적인 화가 소가 쇼오하쿠(曾我蕭白)가 그린 요시노(吉野)에 遁走하고 있던 고다이고 천황의 풀이 죽은 모습과 노 「쿠즈(國栖)」등을 떠올리게 된다. 또한 무사 그 자체에 대한 견해와 판단도 재미있다. 황국 사관론자와 일부 내셔널리스트가 말하는 것과는 다른 치카후사상이 떠오른다. 여기서는 주로 키타바타케 치카후사의 무사관을 보도록 하는데 그 전에 키타바타케 치카후사와 그의 『神皇正統記』에 관해서 약간 언급하고자 한다.

황국사관의 키타바타케 치카후사(北畠親房)

제2차 대전 중의 황국사관을 대표하는 저서로 키타바타케 치카후사(北畠親房)의 『진노쇼토키(神皇正統記)』가 있는데, 구름 속에서의 천손 강림이라든가 奉安殿의 고신에이(御眞影)[10]같은 종류의 광기 섞인 말들이 등장한다. 개인적으로는 이러한 분위기에 강한 거부감을 가지고 있으며 그것이 주위와의 위화감을 증폭시키고 있다고 생각한다.

『神皇正統記』는 요시다 켄코(吉田兼好)의 『츠레즈레구사(徒然草)』와 거의 같은 시기에 쓰여 졌다. 하지만 隱者文學인 『徒然草』에는 없는 일종의 독특한 박력도 가지고 있다. 취급하는 대상과 南朝 유지를 위해 현실 정치 속에서 싸우고 있던 키타바타케 치카후사가 놓여

10) 고귀한 사람의 사진이나 초상을 존경하여 이르는 말

졌던 상황을 보면 그것은 지극히 당연한 것이었다.

『神皇正統記』를 쓴 키타바타케 치카후사와 요시다 켄코는 같은 교토에서 태어나 자라고 동시대를 살았는데도 전혀 다른 세계의 가인(佳人)으로서의 정취를 풍긴다.

제2차 대전 중에는 키타바타케 치카후사의 이름이 초등학교 교과서에도 실려 있었다. 천황=신의 이미지가 지배하고 있던 제2차 대전 중이었지만, 『神皇正統記』에 관해서는 간단한 해설 이외에는 읽은 기억이 없다. 읽을 마음도 생기지 않았다. 전후에는 더욱 멀리 하여 손에 잡지도 않았다. 하지만 최근에는 『神皇正統記』를 의식하면서 『徒然草』를 읽는 것도 괜찮겠다고 생각했다.

키타바타케 치카후사는 에이닌(永仁) 원년(1293)에 태어나 쇼오헤이(正平) 9년(1354), 62세로 세상을 떴다. 무라카미 겐지(村上源氏)와 흐름을 같이하는 궁정귀족(公家)이었다. 키타바타케 치카후사는 극히 세련된 천황가 측근의 귀족·지식인이었다. 가인이기도 하고 음악에도 재능이 있었다고 한다. 요즘 표현으로 말하자면 멀티인간인 셈이다. 『神皇正統記』는 다음과 같은 글로 시작되고 있다.

「大日本은 神國이다. 아마츠미오야쿠니노토코타치노미코토(天祖國常立尊)가 처음으로 이 나라의 근본을 열고 태양신, 즉 아마테라스오오미카미(天照大神)가 그 혈통을 전하고 군림하셨다. 이는 우리나라 일본에서만 일어난 일이며 타국에는 이런 예가 없다. 그래서 우리나라를 神國이라 한다.」『日本の名著9慈圓·北畠親房)』中央公論社 1971)

「아마츠가미(天神)의 혈통을 이어받아 세상을 세움으로써 우리나라가 시작되었다고 하는 점은 천축(天竺)의 설과 다소 닮은 점도 있다. 하지만 우리나라는 天祖 이래 황위의 계승에 혼란이 없고 황통이 한

줄기였다. 이 점은 천축과 다른 점이다.」

「중국은 특히 질서가 없으며 반역의 나라이다. 그 옛날 세상이 순수하고 도리가 올바르던 요순 시대에도 현자를 골라 왕위를 계승하도록 한 적이 있었으며 황통이 한줄기로 정해져 있지 않다……」

이 부분은 江戸初期의 야마가 소코(山鹿素行)의 『츄쵸지지츠(中朝事實)』에서 말하는 것과 기본적으로는 변함이 없다. 단 키타바타케 치카후사는 유학적 요소가 야마가 소코 만큼 많지는 않았다는 것 뿐이다. 하지만 키타바타케 치카후사에게는 야마가 소코와 요시다 쇼인 그리고 근대 일본의 사상 일부에서 보여 지는 초국가주의적이고 감성적, 비합리주의적이고 때로는 요기마저 감도는 광기는 느낄 수 없다. 그것은 후세가 필요에 의해 만든 것일 것이다. 전체적인 기술은 담백한 맛이 있다. 뿐만 아니라 「제 57대 요제이(陽成)천황」에 관해서는 「이 천황은 성격이 거칠고 제왕의 그릇이 못되기에 섭정 모토츠네(基経)는 폐위를 결단했다…… 국가를 위해 이 천황을 폐위한 것은 매우 훌륭한 일이었다……」라고 했다. 텐지(天智) 천황에서 텐무(天武) 천황, 오토모 노미코(大友皇子)에 이르는 사건에 관해서도 경과를 간결하게 나타내고 있다. 치카후사 자신이 살았던 「제 95대 고다이고(後醍醐)천황」부분에서는 현실을 정확히 파악한 냉정한 서술을 하고 있다.

비현실적인 것은 없다. 전에도 말한 것처럼 키타바타케 치카후사는 적합하지 않은 천황에 대해서는 퇴위를 요청했으며, 어딘가 역성혁명과 상통하는 발상까지도 보여주고 있다. 천황도 일개 개인의 시선으로 보고 있었던 것이다.

키타바타케 치카후사(北畠親房)가 본 무사

江戸時代의 야마가 소코(山鹿素行)나 요시다 쇼인(吉田松陰) 등은 오로지 천황 숭배와 존황을 믿는 무사, 사무라이였다. 무사로서의 그들은 천황가를 일본 역사의 중심에 두고 있다. 앞에 예로 든 지엔(慈円)의 『구칸쇼(愚管抄)』에서는 천황 숭배와 존황은 눈에 띄지 않았다. 정신적으로는 새로운 시대의 담당자로서의 무사, 특히 요리토모를 필두로 한 반도(坂東) 무사에 대해서 두려움과 존경의 마음까지를 모두 가지고 있었으며 그것에 중점을 두고 있다.

하지만 요리토모 이후, 무가정권 자체가 有爲轉變하는 동안 사태는 변하게 되었다. 키타바타케 치카후사라는 인격에 그것이 상징적으로 나타나게 된다. 南朝의 이데올로기 창시자로서 전장의 한가운데에 있으며 실제로 동쪽으로 건너가 반도 무사와도 가까이 접촉하고 있던 치카후사였다. 그가 반도 무사를 보는 눈은 귀족의 시선이며, 도회인이 지방을 보는 눈이며, 즉물적이고 깨어 있었다. 반도 무사뿐 아니라 요시노(吉野)에서 고다이고 천황을 지지한 쿠스노기 마사시게(楠正成) 등 無位無冠 쿠스노기 일당에 대해서도 그러했다. 냉정하다. 21세기인 지금도 교토의 신사와 절 관계자들에게서 자주 보이는 시선이다. 정신적 내지는 종교적인 곳에 있으면서도 극히 세상을 아래로 보는 현실주의적인 자세, 감각에 의해 움직이는 시선이다.

수도에 군림하는 「정신적」 세계의 세속성이라고 해도 좋을 것이다. 『타이헤이키(太平記)』에는 죠큐의 변((承久の変) 이후 역대 천황과 궁정귀족들 중심으로 정권 탈환의 움직임이 일었으며, 호죠가(北條家)를 중심으로 한 반도(坂東) 세력을 「동이(東夷)」라고 경멸했던 것이 기록되어 있다. 치카후사에게서도 같은 심정이 읽혀진다. 전쟁 전

위: 후지와라 후지후사(藤原藤房, 1295?-?). 南北朝 時代, 고다이고(後醍醐) 천황 측근의 궁정귀족(公卿)
아래: 쿠스노기 마사시게(楠正成, 1294-1336). 南北朝 時代의 무장

우익 보수파 사이에서의 분열 현상이라고 해도 좋을 일본 낭만파 야스다 요쥬로(保田與重郎)가 생각난다. 치카후사는 쿠스노키(楠) 일당의 서민적 성격과 지방성, 하층 무사로서의 존재를 멸시하고 있었다. 그런 키타바타케 치카후사에 대해 야스다 요쥬로는 많은 우익 사상가와 역사가와는 대립적으로 비판적이었다. 비합리성을 입각점으로 하는 우익이 합리성을 추구하려 할 때, 이러한 우익성 분열 현상이 일어나기 쉽다.*

* 注
昭和 45년(1970)에 히라이즈미 키요시(平泉澄) 『소년일본사(少年日本史)』가 時事通信社에서 간행되었다. 히라이즈미는 『나의 역사관(わが歷史觀)』『무사도의 부활(무사도の復活)』 등도 썼다. 전쟁 전 동경대 교수로써 황국사관의 대표적인 1인이었다. 「50 쿠스노기 마사시게(五十 楠正成)」에 있는 글이다.

「고다이고 천황이 오키(隱岐)[11]로 귀양을 가게 되고, 스케토모(資朝)·토시모토(俊基)·토모유키(具行) 등은 살해당하고, 모로카타(師賢)·후지후사(藤房) 등은 귀양갔으며, 일본국 중흥의 계획이 이제는 절망적이라고 생각되었을 때 다행스럽게도 두 사람의 위대한 인물이 남아 있어 回天[12]의 위업을 달성했습니다. 위대한 두 사람이 누구인가 하면 다이토노미야 모리요시신노(大塔宮護良親王)와 쿠스노키 마사시게(楠正成)입니다.」

또 「55 요시노 57년(五十五 吉野五十七年)」에는 아래와 같은 내용이 있다.

「제일 중대한 것은 진노쇼토키(神皇正統記)입니다...... 일본이라는 나라는 왜 건설되었을까, 이 나라의 이상은 무엇이며 본질은 무엇

11) 현재 시마네(島根)현의 일부
12) 쇠한 세력을 만회함

일까, 건국 이래 2000년을 통해 그 바닥에 흐르고 있는 정신은 무엇일까? 그것을 설명한 책입니다.…… 이것은 매우 귀하게 여겨졌으며, 곧바로 江戸時代가 되자 훌륭한 학자들은 이 책으로 일본국의 본질을 이해하고 그것이 明治維新을 이끌어 내게 된 것입니다. 한권의 책이 한 나라의 운명을 짊어지다니, 때때로 사람을 놀라게 합니다. 독일의 피히테(Johann Gottlieb Fichte) 등도 그러한 예인데, 우리나라의 神皇正統記는 가장 눈부신 예입니다.」덧붙여 『소년일본사』의 결론 부분은 전쟁 중 일본 해군의 인간어뢰 「카이텐(回天)」을 둘러싼 기록이 있으며, 「천황폐하만세(天皇陛下万歳)」 「신국불멸(神國不滅)」 「충효일본(忠孝一本)」 「신국의 남아, 끝까지 굴하지 않고(神州男兒[13]遂に屈せず)」 등의 문장들이 연이어 씌어져 있다. 또한 이 책은 昭和 45년(1970)11월 초판 2만부, 46년 2월에 이미 5판까지, 합계 7만부를 찍었다. 히라이즈미에게 있어서는 키타바타케 치카후사의 쿠스노기 멸시는 이미 증발되어 있었다. 「무사는 본래 조정의 적이다」라는 치카후사의 모습은 사라졌다.

「무사는 모두 조정의 적이다」

키타바타케 치카후사(北畠親房)는 아시카가 타카우지(足利尊氏)가 겐코의 난(元弘の乱) 당시의 활동으로 고다이고(後醍醐) 천황으로 부터 과도한 은상(恩賞)을 받은 대목에서 다음과 같이 말하고 있다.

「극단적으로 말하면 무사는 모두 장기간에 걸친 국적이라고 해도 좋다. 그 무사가 皇威에 따라 아군이 되어 그 집안과 몸을 안주시키는 것만으로도 충분한 皇恩이라고 할 수 있다.」(『진노쇼토키(神皇正統

13) 日本男兒의 의미, 일본 군국주의·민족주의적인 뉘앙스가 담긴 단어

記)』). 치카후사는 무사가 고위 고관의 지위에 오르는 것은 「정치의 문란함」이라 하고 아시카가(足利) 가문에 관해서도 단순히 「고케닌(御家人)」, 즉 고위 신분의 사람을 섬기는 아래 신분의 인간으로 보고 있다. 그는 쿠스노기 마사시게(楠正成)에 대해서도 기본적으로는 같이 생각했다. 치카후사의 엔겐(延元) 3년(1338) 11월 26일 편지에도 「무릇 무사는 칼과 활로 조정을 섬겨야 하는 혈통인데도 불구하고……」라는 말이 있다.

키타바타케 치카후사는 전쟁 중에 현재의 이바라키현(茨城縣) 츠쿠바군(筑波郡) 츠쿠바마치(筑波町) 오다(小田)에 있었던 오다성(小田城)에서 『神皇正統記』를 썼다.

직접적으로는 고다이고 천황을 뒤이은 젊은 고무라카미(後村上) 천황을 의식하고 있었던 듯하다. 치카후사에게는 무사를 둘러 싼 은상 문제와 요제이(陽成) 천황론 등을 봐도 알 수 있듯이 천황가·조정에 대해서도 그다지 거리가 없다. 대등한 시선으로 조정을 보고 있다. 아래로 보고 있는 것은 상승하려는 무사 계급에 대해서이다. 서민은 문제시 하지도 않았다.

치카후사가 의도한 것은 천황을 축으로 하는 궁정귀족(公家)들의 사회, 귀족 사회라는 이전의 왕조적 권위·권력 집단 지배의 부활과 유지에 있었던 것은 아닐까? 치카후사는 시대의 소용돌이에 휘말리면서도 기본적으로 그 자세와 생각을 무너뜨리지 않았다. 44세가 되어서 배운 이세신도(伊勢神道)와 「대일본은 신국이다」라고 하는 『神皇正統記』는 치카후사의 본심을 흔드는 일종의 장식품 같은 역할을 하고 있었던 것은 아닐까 생각해 본다.

이런 치카후사를 보면 『츄쵸지지츠(中朝事實)』를 쓴 야마가 소코(山鹿素行)에까지 생각이 미친다. 나의 素行論을 봐 줬으면 하는데,

야마가 소코의 깊은 속마음에 있었던 정치적으로 가장 중요한 점은 德川幕府 체제 비판이 아니었을까. 야마가 소코에게 죽음까지 각오시키고 아코(赤穗)로 귀양 보내서 10년이나 붙잡아 둔 아이즈번주(會津藩主)이자 실질적으로 당시 막부의 그림자 쇼군이라 불렸던 호시나 마사유키(保科正之)는 그것을 예민하게 느끼고 있었던 것은 아닐까.

무사와 은상

키타바타케 치카후사(北畠親房)는 고다이고(後醍醐) 천황의 무사에 대한 恩賞이 과도하며 잘못되었다고 반복해서 말하고 있다. 이 점에 관해서는 앞에서 츠다 소키치(津田左右吉)에 의한 지적을 인용해 두었다. 다시 한 번 더 보아두자.

츠다 소키치는 주종 관계로 무사사회가 성립되어 있다는 것을 전제한 후, 무사적 심성 형성에 있어서 은상이 주종 관계를 잇는 끈이 되고 있다는 사실을 지적하고 있었다. 그러나 은상만으로는 주인을 위해 목숨을 걸지 않는다. 은상을 받아도 목숨을 잃는다면 그것으로 끝이다. 이런 무사의 은상 개념을 보강하는 것이 주종 관계의 후다이성(譜代性)이라고 했다. 「자신은 깨끗이 죽지만 은상은 자손을 위해서라는 개념이다.」(『文學に現はれたる我が國民思想の研究』)

이렇게 선조가 전장에서 세운 공적이 자손에게 전해지고, 자손에게는 은상개념과 결합된 家名의 존중을 위한 수치(부끄러움)의 개념, 조상 숭배, 또 그와 관련해 아버지의 원수를 갚는다는 복수 개념이 생겨난다. 노가쿠(能樂) 「호카조(放下僧)」 등이 그러한 예이다.

츠다 소키치는 다시 지적하고 있다. 「주종 관계의 기초가 은상인 이상, 그것이 종래의 주가에 의해 유지될 수 없게 되었을 때, 즉 주가와의 관계가 자신과 자손의 생활을 맡길 수 없을 정도가 되었을 때, 많은 무사는 주가에 등을 돌리게 된다.」라고.

덧붙여 江戸時代의 『하가쿠레(葉隱)』에 일관된 것도 역시 은상 개념을 기반으로 한 주종의 관계이다. 하지만 그것은 江戸時代라는 나라(國와) 토지를 점유하고 있는 영주밑에서 봉록제라는 일종의 고정급여 즉, 월급제의 은상 개념에 의한 주종 관계이다. 보다 정적이고 고정적인 주종 관계가 태어나게 된 것이다. 하극상 와중인 전국난세의 유동적인 주종 관계와는 또 다르다. 그것을 주자학 유교라는 체제유지 개념이 보강하고 있다. 아코로시(赤穗浪士)도 그렇지 않은가.

존황주의

이 南北朝에서 室町에 걸친 시기에 애국주의나 존황주의는 있었을까? 明治維新 이후 일본에서 보여 진 일신교적 초애국주의나 보불전쟁(普佛戰爭)패배 후 프랑스에서 출현한 배외주의, Chauvinism은 있었을까? 江戸時代 주자학 유교에 의해 여과된 무사도를 배후에 가진 애국주의와 존황주의 시작의 조짐은 어디에 있었을까?

황국사관의 역사가와 우익 역사가가 빈번하게 의지하는 것이 14세기에서 15세기에 걸친 일본의 애국사상과 존황주의이다. 대표적인 인물로는 쿠스노키 마사시게(楠正成)가 있다. 그것은 도대체 어떤 성격을 가지고 있는 것일까? 이 시기로 부터 2세기쯤 전인 平安末期에서 鎌倉 初期의 무사의 애국심과 존황심에서 찾아보도록 하자. 『호겐모노가타리(保元物語)』『헤이지모노가타리(平治物語)』 그리고 무엇보다 『구칸쇼(愚管抄)』와 『헤이케모노가타리(平家物語)』의 세계와 관련해서 츠다 소키치(津田左右吉)는 다음과 같이 말했다.

「외국과의 관계없이 국내의 분쟁에만 온통 힘을 쏟고 있던 당시의 무사에게서 애국심이 발동하지 않았다는 것은 말할 필요도 없다. 뿐만 아니라 더 좁은 범위에서도 공공적정신이라는 것은 그들의 가슴속에 싹트지 않았다.」(『文學に現はれたる我が國民思想の硏究』)

「여기서 한마디 해 두고 싶은 것은 당시 무사의 존황심에 관해서이다. 죠큐의 난(承久の役)때는 막부가 황군을 향해 활을 당겼다. 그리고 토고쿠(東國)의 무사들은 모두 막부의 명령에 따랐지만 그로 인해 그들 자신은 하등의 양심의 가책도 느끼지 않았다…… 물론 황위가 한 혈통이라는 것은 철저히 믿고 있었으며, 존왕사상이 존재하고 있는 것도 말할 필요 없지만, 호겐의 난(保元の乱)도 쥬에이의 난(壽英の乱)도 죠큐의 난(承久の役)도 존황심에 입각한 것은 아니었다. 이것 또한 후지와라씨(藤原氏)가 황실을 굳건히 존숭하면서 황위를 좌우했다는 것과 동일하다.」(同前掲書)

츠다(津田)의 표현에는 그것이 쓰여 진 당시의 일본 상황도 나타나 있는데, 요약하면 당시의 무사에게는 애국심도 천황 숭배도 없었다는 것이다.

애국주의는 분에이·코안노에키(文永·弘安の役, 1274·1281), 두 차례에 걸쳐 元의 습격을 받았을 때에 발휘되었다. 하지만 그것은 존황이나 천황 숭배와 결부된 것은 아니었다. 때는 이미 사가미 타로(相模太郎)·호죠 도키무네(北條時宗)의 시대, 즉 무사의 시대이다. 그 뒤 建武中興이라는 천황문화 부흥의 시도, 그리고 그 좌절로부터 南北朝의 종언을 맞이할 무렵에는 천황가도 그 존재가 희미해지게 되었다.

전국난세인 室町時代에 이르면 천황가는 완전히 몰락하여 세상을 살아가는 것도 힘들게 되었다. 江戶時代의 稀有의 수필가 『오키나구사(翁草)』의 저자인 칸자와 테이칸(神澤貞幹)은 담도 울타리도 무너지고 황폐해 진 천황의 집에 대해 쓰고 있다. 오다 노부나가(織田信長)가 이 천황가에 어느 정도의 금을 제공하고 있었다.*

＊注
전국난세의 시기 이후의 천황가와 천황의 존재 문제에 관해서는 『천황과 중세문화(天皇と中世文化)』(와키다 하루꼬(脇田晴子) 吉川 弘文館 2003年)가 중세 이후에 절과 신사로 부터의 천황 권위의 침투 과정을 구체적으로 나타내고 있다.

부레이코(無礼講)14)의 세계

室町時代를 싫어하는 역사가와 문학사가가 있다. 明治 38년 당시 제3고등학교 교수였던 하야시 신타로(林森太郎)라는 사람이 자신의 『일본문학사(日本文學史)』제 1절 「제5기 무로마치시대의 문학(第五期 室町時代の文學)」에 쓴 글이다.

이 시대는 室町幕府의 치세가 대략 70년간의 소강상태였던 것을 제외하고는 거의 전란이 끊임없이 이어지고 학문은 일반적으로 쇠퇴가 극에 달하고 황실의 피폐도 실로 심각한 상태였다…… 요컨대 室町時代에는 縉神公卿이 지속되는 전쟁, 특히 오닌의 난(應仁の乱)에 휩쓸리어 유리되고, 무인과 평민이 뒤섞여 세상이 돌아가고 귀천 계급의 붕괴로 귀족문학이 쇠퇴한 반면에 평민문학의 서광이 비친 것은 깊이 주의를 기울일만한 일이다

이 책이 발행된 것은 1905년 러일 전쟁 종결 직후이다. 비교적 객관적으로 室町時代의 특징을 표현하고 있다.

---

14) 지위나 신분의 고하를 가리지 않고 어울려 즐기는 술자리

황국사관의 소유자라면 이렇게 표현하지 않았을 것이다. 室町 멸시라기보다는 室町 혐오감이 있는 듯하다. 황실의 쇠퇴를 주된 요인으로 하고 있다.

역사에 대해 호오의 마음이 있는 것도 재미있다. 개인적으로 일본사 안에서는 室町에서 모모야마(桃山)에 이르는 시대가 가장 끌린다. 노(能)의 천재 제아미(世阿弥)도 室町期의 산물이다. 제아미의 「유야(熊野)」라는 곡에는 수도의 봄을 묘사한 부분이 있다.

사람이 즐거워하고 근심하는 것 모두가 세상의 모습이다. 누군가 말했던 봄빛이 매우 화창한 히가시야마(東山), 시죠(四條), 고죠(五條)의 다리 위에 노인과 젊은이, 남녀노소, 귀천, 도시와 시골 등 여러 종류의 사람들이 화려한 외출복 차림으로 줄지어 가는 끝에 구름처럼 보이는 야에히토에[15], 궁중의 꽃이 한창 피는 유명한 봄의 경치로구나, 봄의 경치로구나....

제목은 잊어 버렸지만 아코로시(赤穗浪士)를 소재로 한 영화로 하세가와 카즈오(長谷川一夫)가 오오이시 요시오(大石良雄)역으로 출연한 작품이 있다. 그는 「시죠의 다리에서 등불이 하나 보인다……」라는 옛날 노래를 흥얼거렸는데 그 정경과도 겹친다. 가모가와(鴨川)에 있는 시죠오오하시(四條大橋) 근처는 교토에서도 유난히 화려한 곳이다. 수많은 노가 시죠가와라(四條河原)에서 상연되었고 가부키도 이 근처를 발상지로 하고 있다. 초등학교 때는 이 카모가와에서 자주 초원을 달리며 놀기도 하고 여름이 되면 수영도 했다. 지금은 제방이 만들어져 지나치게 깔끔해졌다. 게다가 전쟁 전, 홍수가 난 뒤에 만들어

15) 벚꽃의 한 품종

진 지금의 시죠오오하시는 난간이 낮아 안정감이 없다. 산죠오오하시(三條大橋)에 비해서도 그렇게 미적이지 않다. 멋이 없어 그것이 늘 마음에 걸린다.

고다이고(後醍醐) 천황을 이은 南朝의 고무라카미(後村上)천황이 죽은 것은 오안(應安, 1368-75) 원년이다.

『타이헤이키(太平記)』는 오안에서 에이와(永和, 1375-79)에 걸쳐 완성되었다고 한다. 『太平記』 1권에 히노 스케토모(日野資朝)가 미노노쿠니(美農國)에서 부레이코(無礼講)를 베푸는 이야기가 있다. 『코지엔(広辞苑)』의 부레이코의 뜻을 보면 「귀천·상하의 차별없이 예의를 버리고 개최하는 酒宴. 破禮講. 隨意講. 太平記(1) 「그 마음을 살피기 위해 부레이코 라고 하는 것을 시작해 보았다」[16]라고 되어 있다.

히노 스케토모는 고다이고 천황의 뜻을 받아 들여 鎌倉幕府 타도를 위한 군사를 모으려 했다. 이 때 진심으로 찬성하고 있는지 어떤지를 밝히기 위하여 『헤이케모노가타리(平家物語)』에서는 생각도 할 수 없었던 왕조 귀족과 무사와 승려를 한데 모아서 연회를 주최했다. 무사는 두건을 벗고, 법사는 법복을 벗었다. 20명 정도의 젊은 여자는 흰 피부가 비치는 속옷에 가까운 옷만 걸쳤다. 그리고 상하·귀천의 구별없이 마시고 노래하고 사람들이 뒤엉킨 술자리가 만들어졌다. 키타바타케 치카후사 등이 고집스럽게 주장했다고도 하는 신분 관계는 이 술자리에서는 소멸되었다. 부레이코도 하나의 시대적 징후였다.

하극상의 소용돌이

신분 관계의 소멸은 커녕 역전도 있다. 그것은 모두가 알고 있는 하

16) (その心をうかがひ見むために、無礼講といふことをぞ始められける)

극상이라는 단어로 표현된다. 하극상은 『코지엔(広辞苑)』을 보면 다음과 같다. 「(下, 上に剋『か』つの意)[17]」아랫사람이 윗사람의 지위나 권력을 거역하는 일. 南北朝時代부터 시작된 하층계급 대두의 사회 풍조를 말하며, 室町中期부터 전국시대에 걸쳐 특히 과격했다.

타이헤이키(太平記)(27) 「신하가 임금을 죽이고, 자식이 아버지를 죽인다. 힘으로 싸우기 때문에 하극의 일단이다」[18]라고.

하극상이라는 말 자체는 『太平記』보다 40년쯤 전에 기록된 키타바타케 치카후사(北畠親房)의 『진노쇼토키(神皇正統記)』에도 보인다. 죠큐의 난(承久の乱)을 둘러 싼 일이다.

「그런데 이처럼 한심한 세상의 혼란에 관해서는 사건의 발단을 잘 이해해 둘 필요가 있다. 그렇지 않으면 다음 세상에서 잘못된 평가를 받거나 잘못하면 하극상의 구실로도 이용될지 모른다.」

南北朝時代에도 그랬지만 이미 그 이전부터 신하가 임금을 죽이고, 요시토모(義朝)처럼 아들이 부모를 죽인 일도 있었다. 무사 사이의 배반도 빈번하게 일어나고 있었다. 南北朝時代를 거친 하극상은 고다이고 천황에 대한 타카우지(尊氏)의 「배반」 「망은(忘恩)」에 의해 아시카가(足利) 막부가 성립된다. 하지만 이 아시카가 막부는 취약했으며 쇼군의 위치는 늘 불안정했다. 과도기적 정권이었다.

전쟁물로는 『겐페이세이스이키(源平盛衰記)』와 『타이헤이키(太平記)』이후에는 요곡(謠曲)의 일부에도 있는 『요시츠네기(義経記)』 『소가모노가타리(曾我物語)』 등이 이어진다. 츠다 소키치(津田左右吉)는 이 시대에 관해 이렇게 말하고 있다.

「천하를 무대로 한 성쇠기와 太平記 같은 전쟁물이 만들어지지 않게 됨과 동시에 세상의 治亂 보다는 개인의 성패를 주로 생각하게 된

---

17) 아래가 위를 이긴다는 뜻
18) (神君を殺し子父を殺す。力を以って爭ふ可き故に下克上の一端あり)

시대 추세의 한 현상이다.……

한편으로는 쇼군의 권위가 견실하지 않고 끊임없이 천하가 동요하고 있어, 모든 무사는 스스로의 힘으로 자신을 보호하지 않으면 안 되었으므로, 모든 것을 자기 중심, 자기 본위로 행동하게 되었다.…… 어느 정도 천하가 통일되어 있었으므로 천하를 노리려는 생각도 일어나지 않았고, 이러한 시대의 추세 속에서 일반 무사에게 정치사상이 결핍되는 것은 당연한 것이다.」(『文學に現はれたる我が國民思想の研究』)

15세기 초두, 오에이(應永)의 아시카가 요시미츠(足利義滿)시절에는 킨가꾸지(金閣寺)의 조영에서 보여 지는 것처럼 교토도 나름대로 안정되고 번영하게 되었다. 교토의 중심부인 시죠(四條), 고죠(五條)의 다리 위에서는 상하, 귀천의 차별은 없었다. 또 교토 사람이 東夷라고 무시한 지방의 시골 사람들과 수도 주민들과의 구별도 없었다. 왕래하는 사람들 속에는 선인과 악인이 섞여 있었다. 平安 귀족이 가마를 타고 건넜던 당시의 카모가와(加茂川)의 풍경은 이미 볼 수 없었다. 일종의 평등의 세계가 출현한 것이다. 저 멀리 자유도시의 모습도 보이는 듯하다.

하지만 그것은 머지않아 보다 깊은 동란의 세상에 이르는 한때의 번영 같은 것이기도 했다. 부레이코(無礼講)가 일반화되고 하극상이 당연해지는 오닌(応仁)의 전국대란의 시기와도 가깝다. 그 뒤에는 「뭘까, 심각한 체 해보았자 사람의 일생이란 꿈에 불과하다. 단지 오로지 놀고 지내는 게 좋다」라는 『칸긴슈우(閑吟集)』의 세계가 德川·江戸時代에로의 중개 역할을 해 준다.

노가쿠(能樂) 「세미마루(蟬丸)」

교토의 산죠케이한(三條京阪)에서 케이신(京津) 전철로 오오츠(大津)로 향한다. 오오츠의 어느 정거장 앞에서 내려 교토 쪽으로 조금만 되돌아가면 산 끝에 오래되고 작은, 어딘가 요기마저 느껴지는 신사가 있다. 세미마루(蟬丸)신사이다. 어느 날 세미마루 신사를 방문한 적이 있는데 노가쿠 「세미마루(蟬丸)」 때문이었다. 「세미마루」는 노가쿠의 가장 전형적인 것인데, 노가쿠의 내용에는 천황가의 비극을 그린 것과 천황가의 좋지 않은 상황을 그린 것이 꽤 많다. 「세미마루(蟬丸)」 「오하라 고코(大原御幸)」 「쿠즈(國栖)」 「하나가타미(花筐)」 「마츠야마 텐구(松山天狗)」 등등.

게다가 태평양 전쟁 발발 직전인 昭和 15년(1940년) 당시 「시국을 감안하여 요본(謠本)중의 부적절한 문구를 개정한다」라며 노가쿠 오류종가(五流宗家)가 성명을 내고 요의 단어 일부를 바꾼 것도 있다.*

*注
『노가쿠의 과거 현재 이야기(能樂今昔ものがたり)』후지시로 기오(藤城継夫)著, 츠구마 쇼보(筑摩書房) 1993參照. 이 책에는 도조 히데키(東條英機)가 南部藩의 노가쿠 관계자의 친척이며, 태평양 전쟁 중에도 노를 관람했다는 이야기도 적혀 있다.

대상이 된 것은 「카네히라(兼平)」 「요리마사(賴政)」 「오시오(小塩)」 「가키츠바타(杜若)」 「코카지(小鍛冶)」 「운린인(雲林院)」 「후타리 시즈카(二人靜)」 「코고(小督)」 「하나(花)」 「하나가타미(花筐)」 「다이부츠쿠요(大佛供養)」 「타이마(當麻)」 「후나벤케이(船辯慶)」 「이쿠타아츠모리(生田敦盛)」 등등.

예를 들어 「요리마사(賴政)」의 「よしなき御謀反をすすめ申し」는

「よしなきことをすすめ申し」로 바꾼다[19]. 「후타리 시즈카(二人靜)」의 「벗 황태자에게 습격당하고(大友皇子に襲はれて)」의 부분을 생략하는 등이다. 「쿠즈(國栖)」는 오오아마노미코(大海人皇子), 그 뒤의 텐무(天武) 천황이 오오토모노미코(大友皇子), 그 뒤의 코오분(弘文) 천황이 군사에게 습격당하는 이야기, 즉 천황가 내부에서 피에 피를 부르는 항쟁이었던 진신의 난(壬申の乱)에 근거한 것으로 이것도 경원시 되었다.

곡목 자체를 피하거나 요곡의 단어와 내용을 「시국의 요청에 의해」 의도적으로 바꾼 선례는 江戸時代에도 있었다. 8대 쇼군 요시무네(吉宗)의 아들로 카모노 마부치(賀茂眞淵)의 제자, 가인이면서 국학자이기도 했던 타야스 무네타케(田安宗武, 1715-1771) 등이 후원을 한 『명화개정요본(明和改正謠本)』의 경우가 그것이다. 이것은 오래가지는 않았지만, 『오키나구사(翁草)』의 저자 칸자와 테이칸(神澤貞幹) 등도 비꼬는 어조로 『明和改正謠本』에 비판적이었다. 이 개정에 카모노 마부치도 조력했다는 설이 있기는 하지만 확실하지는 않다.

「세미마루(蟬丸)」(제아미(世阿弥)작, 출전 『헤이케모노가타리(平家物語)』), 「오하라 고코(大原御幸)」(제아미(世阿弥)작, 출전 『헤이케모노가타리(平家物語)』), 「마츠야마 텐구(松山天狗)」(작자미상), 「쿠즈(國栖)」(작자미상, 출전 『겐페이세이스이키(源平盛衰記)』 『우지슈이모노가타리(宇治拾遺物語)』), 「하나가타미(花筐)」(제아미(世阿弥)) 등의 노가쿠를 보면 제아미(世阿弥, 1363?-1443?)에 의한 室町初期의 작품이 대부분이다. 작자미상의 「마츠야마텐구(松山天狗)」 「쿠즈(國栖)」 등도 제아미와 거의 동시대의 것으로 보여 진다. 이러한 시대적 배경도 생각하면서 노카구 「세미마루」를 살펴보도록 하자.

19) 반역의 뜻을 가진 謀反을 ことを 바꿈

다이고(醍醐) 천황의 넷째 皇子로 태어난 세미마루는 눈이 보이지 않았다. 천황은 신하 키요츠라(淸貫)에게 눈이 보이지 않는 아들 세미마루를 도시밖에 버리라고 명했다. 세미마루는 비와 이슬조차 피할 수 없는 수도 동쪽의 오사카산(逢坂山) 길가에 방치되었다.

세미마루 - 그래서 나를 이 산에 버려두기로 되어 있는가?

키요츠라 - 그러하옵니다. 천황폐하의 명령이기 때문에 여기까지 동행해 왔습니다만 어디에 버려두고 가면 좋을런지....

라는 대화가 있다. 세미마루에게는 누이가 하나 있었다. 이 누이도 세미마루처럼 불행했다. 「전생의 악업」때문일까, 광인이 되어 머리털은 거꾸로 서 있었다. 그리고 세미마루와 마찬가지로 다이고 천황의 명령으로 궁중에서 버려져 도시 주변을 배회하는 운명이 된다. 비참하기 짝이 없는 천황가의 버려진 아이들 이야기이다.

「어느 때의 업보 때문일까? 마음부터 미치고, 벽촌 먼 국경의 광인이 되어 삼단 같은 머리는 위쪽으로 올라가 쓰다듬어도 내려오지 않는다……」 라고 말한다.

세미마루와 그 누이는 어딘가 『구칸쇼(愚管抄)』에 나오는 스도쿠(崇德) 천황의 두 형제를 상기시킨다.

「이 분이 낳으신 자손은 수가 적다. 첫째는 스도쿠(崇德) 천황이며, 다음 두 분은 나에미야(萎宮, 이 분은 일어서지를 못했다)와 메미야(目宮, 이 분은 눈이 보이지 않았다)인데 성장도 못하고 돌아가셨다.」

천황 대역의 진짜 연인

「코고(小督)」라는 노교쿠(能曲)가 있다. 원래는 『헤이케모노가타리 1권(平家物語 巻一)』에 의한 것이다. 다카쿠라인(高倉院)이 숨어버린 사랑하는 코고를 찾아 宣旨를 내려 미나모토 나카구니(源仲國)라는 무사에게 탐색을 의뢰한다. 의뢰를 받은 나카구니는 달빛 아래의 자주색 담벼락에서 새어나오는 「소후렌(想夫戀)」을 연주하는 소리를 듣는다.

코고의 모습이 그곳에 있었다. 다카쿠라 천황의 연문을 건네는 나카구니. 임무를 마친 나카구니는 돌아가려했지만 코고가 그를 붙잡아서 함께 술을 마신다.

「달빛이 멋진 밤, 초겨울에 부는 바람에 맞추는 듯한 당신의 세찬 피리소리를 좀처럼 나의 거문고로는 멈추게 할 수가 없습니다. 우리들의 몸까지 걱정으로 움직이지 못하는 마음……」

이 곡의 주인공은 나카구니이다. 곡의 뒤편에 숨어 있기는 하지만 코고의 진짜 연인은 다카쿠라 천황이라는 귀족이 아니라, 무사 나카구니이다. 노교쿠에는 언뜻 보면 이치에 맞지 않고 또 다른 의미가 숨어 있는 경우가 있다. 「코고」도 그 하나의 예이다. 이렇게 그려진 천황과 천황가는 세상 사람들의 시선과 같은 수준에 있다. 지엔(慈圓)이나 키타바타케 치카후사(北畠親房)가 그린 일상 속에서의 천황, 신격화되어 있지 않은 천황과 천황가의 모습과 비슷하다.

이 점과 관련해서 츠다 소키치(津田左右吉)의 다음과 같은 지적이 떠오른다.

「德川氏가 황실을 높게 속계의 위에 두고, 일절 정치와의 관계를 없애고, 모든 다이묘(大名)와의 왕래도 단절 시킨 것은 아시카가(足利)

시대부터 내려온 풍습을 계승함이다. 그와 함께 노부나가(信長)와 히데요시(秀吉)처럼 황실의 정신적 위력을 이용해 직접적으로 칙명을 표방해서 사건을 일으키고 떠나는 것을 방지하기 위해 필요한 수단이었다.……결과적으로 말하자면……스스로 황실의 정신을 유지하는 좋은 방편이 되었으며 그로 인해 국민으로 하여금 모든 정치상의 책임을 막부에게 지도록 함과 동시에 궁정을 더러움과는 멀리 떨어진 구름 위 신의 궁궐로 우러러보게 되었다.」(『文學に現はれたる我が國民思想の研究』)

츠다는 「현대」에도 그러한 풍습이 남아 있다고도 했다.

이렇게 본다면 室町 초기, 내지는 노부나가 등의 전국 말기에도 일상화되어 있던 천황상이 江戸時代에 德川 정권의 필요성이라는 테두리 안에서 신성화 또는 재신성화 되게 된다. 현대는 과연 어떠할까?

중첩, 또는 이중사(二重寫)의 기술

『대일본 지명 사전(大日本地名辭書)』으로 유명한 요시다 토고(吉田東伍)박사의 『제아미 16부집(世阿弥十六部集)』에 의해 明治時代가 되고 나서 『후시카덴(風姿花伝)』 등이 부활했다. 現行曲의 3분의 1이 제아미 모토키요(世阿弥元淸)의 작 또는 개작이라고 하는데, 그 정교한 감성은 도대체 어디에서 나온 것일까? 어느 날 노의 발상지로 여겨지는 교토의 이마구마노(今熊野) 일대를 걸어 본 적이 있는데 그 조금 남쪽에 천황가의 보다이지(菩提寺), 센뉴우지(泉涌寺)가 있다. 기묘한 연상일지는 모르겠지만 男色을 좋아했다는 아시카가 요시미츠(足利義滿)의 대상이 되었을지도 모를 제아미를 떠올려본다. 제아미는 서민 출신이다. 무사이기는 해도 공경도 귀족도 아니다. 그럼에도 불구하고 왕조 귀족 문화를 소화해서 하나의 예술의 경지에까지 이르게 했다. 많은 노교쿠는 국가나 권력자의 시선을 그 감상자에게 맞추고 있다. 좀 전에 예로 든 「세미마루(蟬丸)」「쿠즈(國栖)」 등은 예외이며 대부분은 천황 숭배와 국가 중심주의적이다. 제2차 대전 중의 신작 노에도 다음과 같은 것이 있다.

昭和 16년(1941)11월, 야스쿠니(靖國)신사 노무대 초연의 「츄레이(忠靈)」, 昭和 18년(1943) 5월, 화족회관(華族會館) 은사(恩賜) 노무대 초연의 「미구사부네(皇軍艦)」. 그리고 그 이전 大正 天皇 즉위를 기념하여 皇居 안 무대에서 大正 4년(1915) 「다이텐(大典)」.

江戶時代에는 德川幕府의 정치적 사상적 기반을 견고히 한 2대 쇼군 히데타다(秀忠)와 3대 쇼군 이에미츠(家光)도 노를 좋아해 노는 幕府의 式樂[20]이 되었다. 모든 다이묘가 그것을 따랐으므로 노는 무가의 式樂으로써 서민과는 멀어지게 된다. 그렇다면 서민 출신인 제아미의 고유 인격은 어디에 표현되는 것일까? 제아미의 감성은 예리하며 동시에 여러 개의 파장을 가지고 있고, 지극히 중층적이고 복잡하다고 생각된다.

권력자의 눈도 요시미츠(義滿)로부터 시작되어 히데요시(秀吉), 이에야스(家康), 히데타다(秀忠) 등 평범하지 않다. 그 기호와 취향에 역행하여 작자 고유의 기분과 의도가 드러나게 하는 일은 쉽지 않다. 말과 행동 하나하나에 세심한 주의를 기울이지 않으면 안된다. 때로는 한 때 유행한 표현인데 「노예의 단어」에 가까운 것을 쓰지 않으면 안되는 경우도 있었다. 그런데도 노교쿠 「오오에야마(大江山)」의 슈텐토지(酒呑童子)나 「츠지구모(土蜘蛛)」처럼 귀과 마성이 느껴지는 작품에서는 복종하지 않는 사람이나 반체제파의 흔적 같은 것을 느낄 수

20) 의식에 쓰이는 음악이나 춤

가 있다. 거기에는 적당히 얼버무려진 권력 비판 지향이 있으며, 주제가 2중으로 겹쳐 보이는 것도 있다. 이 중첩 기술이라고 하는 것은 오늘날에도 지식인들에 의해서 이용되고 있을지도 모르겠다.

후쿠치야마(福知山)에서 오오에야마의 鬼박물관에 간 것도 꽤 오래전 일이다. 산속 박물관에서 되돌아오는 교통수단이 완전히 끊겨 버려 관장을 비롯한 관원의 도움으로 鬼瓦가 정렬된 역에 겨우 당도한 적이 있었다. 이것도 노가쿠 속의 혼을 찾아 떠난 여행이었다.

무사문화의 개성

室町期를 어떻게 보느냐에 따라 일본의 역사를 파악하는 입장이 크게 달라진다. 예를 들면 히라이즈미 키요시(平泉澄)는「室町 182년은 분란의 연속이었으며 그 분란은 사리사욕을 채우기 위한 것으로 이상도 없고 도의도 망각되었었다……室町時代가 얼마나 보잘 것 없는 시대인가를 이해하기 위해서는……」라며 室町時代에 대한 애상이 전혀 없다고 했다. (平泉澄『少年日本史』). 하지만 스기우라 민페이(杉浦明平) 등은「일본사 속에서 室町時代, 특히 중기 이후만큼 흥미진진한 시대는 없다.」(前揭 杉浦明平『戰國乱世の文學』라고 하며 室町時代에 대한 큰 관심을 표현했다.

제아미(世阿弥)의『후시카덴(風姿花伝)』『카쿄(花鏡)』등에 나타나 있는 室町前期에는 무사 사이에서도 왕조문화에 대한 향수가 감돌고 있었다. 그것은 노「유가오(夕顔)」「토오루(融)」「아오이노우에(葵上)」등의 곡목을 보아도 역력히 드러난다. 그 후 셋슈(雪舟)[21]에서 카노 에이도쿠(狩野永德), 하세가와 토하쿠(長谷川等伯) 등의 모모야

21) 室町時代에 활동한 수묵화가, 선승(禪僧)

마(桃山)의 障壁畵에 이르는 시기에는 이미 그렇지 않았다. 이 시기에는 문학작품은 불충분했지만 문화 전체적으로는 다도를 포함한 기존과는 전혀 다른 새로운 시대의 막이 오르게 된다. 그 중에서 무사가 역사의 전면으로 나타나게 된다.

戰國末期가 되면 武道, 武者道, 武篇道, 士道 그리고 무사도라는 거의 같은 내용과 의미를 가진 단어가 종종 보여 진다. 이렇게 하나의 집단처럼 이 시기에 나타난 무사를 둘러싼 용어의 빈도 자체가 왕조귀족 문화에서 벗어난 무사문화의 도래를 계시하고 있다.

서민, 지하 문화로

그리고 무사문화와 섞여서 서민문화도 형성되어 간다. 江戶初期에 완성되었다는 『코요군칸(甲陽軍鑑)』의 첫머리, 「기권제1(起卷第一)」 부분은 전형적인 예다. 저자라고 자칭하는 코사카 단죠(高坂彈正)는 서민, 즉 농민이었는데 16세가 되던 봄에 다케다 신겐(武田信玄)에게 발탁되어 무사가 되었다고 한다. 반대로 역시 江戶初期의 『죠효모노가타리(雜兵物語)』에는 무사에서 전락하여 마부가 되었다는 이야기도 등장한다. 전국대란의 세상은 하극상의 세상이며 힘을 가진 무사, 사무라이를 축으로 하는 신분 관계는 아주 복잡했다. 모든 것은 유동적이었다.

노가쿠가 만들어져 가는 과정에도 이미 서민의 참가가 있었고 또 거의 같은 시기의 『오토기조시(御伽草子)』에는 지금까지 없었던 서민의 그림자가 있었다. 江戶時代 일본 서민의 識字率이 높았다고 하는데, 그것은 室町時代에 준비되어 江戶時代에 발효가 된 것 때문이 아닐까. 조금 전에 언급한 『甲陽軍鑑』에는 농민 출신 저자가 글을 쓸 때

주로 가나문자를 쓴다고 하며 「세상에는 학문이 있는데 문장을 읽을 수 있는 사람은 100명에 한두 명. 하지만 문학이라도 가나문자라면 읽을 수 있다.」 「무사에게는 학문이 매우 중요하다. 일국의 다이묘(大名)에 가까운 大將은 학문을 깊이 하고 렌쿠(連句)[22]도 소중히 여겨야 한다.」라고 했다. 일본인의 학문에 대한 관심, 그리고 서민의 높은 識字率이 추측. 가능해서 흥미롭다.

한편 戰國時代에 활기가 넘쳐흘렀던 무사들도 무사도가 세상의 표면에 나타나면서 변화하기 시작한다. 덧붙여 말하면 스기우라 민페이(杉浦明平)는 무사도라는 말이 『甲陽軍鑑』에서 처음으로 발견되었다고 했는데, 3번 정도 사용되었다. (『戰國亂世の文學』). 단, 무사도라는 단어는 「품제사십(品弟四十)」 병법 사용 부분에 있는 것처럼 武道와 다르지 않다. 戰國에서 江戶初期까지는 歌道와 같은 道가 가지고 있는 아취는 없었다.

이 제도는 德川 2대 쇼군 히데타다(秀忠)의 힘이 크게 작용했다고 생각되는데, 江戶時代에는 켄무(建武)정권과 室町막부의 은상대신에 모든 다이묘에게 봉록제, 다시 말해 제2차 대전 후부터 최근까지 계속된 무사-샐러리맨 제도화가 성립된다. 즉 무사가 샐러리맨이 된 것이었다. 주인과 주인을 섬기는 사람의 관계가 긴밀해진 것이다. 또 전국시대부터 桃山時代까지와 같은 상황이 없었으므로 언론통제 경향도 심해진다. 『코슈핫토 30(甲州法度 三十)』에 의하면 主君近習을 행하는 사람은 세상을 논평하는 행위가 금지 되어 있었다. 전국시대의 『칸긴슈(閑吟集)』에서 보여지는 비판 정신과 언론의 자유에 가까운 것은 봉쇄되어 갔다.

---

22) 「俳諧連歌(はいかいれんが)」의 딴이름. 連歌와 마찬가지로, 몇 사람이 5·7·5의 장구(長句)와 7·7의 단구(短句)를 번갈아 읊어 나간다.

이렇게 볼 때 최근 平成時代의 샐러리맨의 세계는 일면, 경쟁 원리가 지배적이라는 관점에서는 江戶時代의 무사, 그리고 室町時代의 전형적인 하극상인 은상제 시대와는 역행하는 양상도 드러내고 있다.

미국이 주도하는 현시대의 글로버리제이션(globalization)은 오로지 경쟁 원리에 의해서 제도화된 현대의 봉록제를 유동적인 은상제로 변경시킨 것일 것이다.

그러나 室町時代와 크게 다른 점도 있다. 室町時代에는 하극상이 극심하였다. 하지만 21세기의 초두는 그렇지 않았다. 최근 세상은 대란의 전조를 보이면서 언론은 텔레비전과 그 외 매스컴 조작으로 직접·간접으로 봉쇄되는 상황도 생겨나고 있다. 지구상에서 소수에게 허락된 부의 집중 현상은 하극상이 아니라 상극하의 양상을 더욱 심하게 만들고 있다. 시라카와 시즈카(白川靜)선생의 『字通』에 나오는, 「剋薄」, 「剋讓」이라는 상반되는 두 개의 단어를 떠올리게 된다. 『甲州法度』에 다음과 같은 부분이 있었다.

14 풍류에서 지나치지 말아야 할 것 ……술이 지나치면 냉정을 잃고, 지나치게 즐기면 슬퍼진다. 좋은 것은 좋게 여기고 현덕을 존중하여 정욕을 억제할 것

59 말수가 많으면 쓸데없는 말을 하거나 손해되는 말을 하게 되므로 궁지에 빠지는 결과로 이어지는 경우가 많다

62 귀천을 불문하고 노인을 멸시하지 말 것. 옛말에 '노인을 공경하는 것은 부모를 공경하는 것과 같다'고 말하고 있다

79 天台山中에서 나오는 지팡이를 사용하지 않고 몸을 감춘다. 또 선악을 제기하여 자신을 식별하는 것은 하지 않았으면 한다. 그러한 속세의 비평 같은 것이 상관없는 것이다

93 선을 칭찬하고 악을 말하지 말 것

노(能)의 운명

노는 江戶時代가 되면서 많은 신작이 있었다고 하지만 현재는 거의 알려져 있지 않고 연주되는 일도 없다. 그리고 오로지 무사계급이 노를 점유했다. 일부 상인들은 감히 노에는 근접하지 못하는 대신 요에 열중하기도 했다.

한편의 노 무대를 가만히 상상해 본다. 平安末期에서 鎌倉期에 걸쳐 무사시대의 막이 곡절을 거치면서 천천히 올라간다. 왕조의 잔광을 받으며 하시가카리[23]를 헤이케(平家)와 겐지(源氏)의 무사들이 전진한다. 상좌(常座)[24]에 이르러 제아미(世阿弥)의 꿈같은 모습을 본다. 무대 위에서 전개되는 광경이 있다. 鎌倉와 室町무사들의 움직임, 남녀노소 귀천의 왕래. 그리고 이윽고 천하의 대란, 하극상 와중의 피투성이 무사와 잡병, 지하 서민의 우왕좌왕하는 모습.

그러는 사이에 江戶·德川時代를 맞이하고 하나의 계절이 끝나고 등장인물은 시간의 흐름에 따라 하시가카리와 함께 막 안으로 물러난다. 江戶時代는 노가 보존되던 시기이다. 창조의 시기가 아니다. 개성적인 노멘(能面)과 제아미 같은 극작가를 생산해 낸 정신적인 상황은 변화하고 상실되었다.

그런 江戶時代를 거쳐 노는 지금에 와서도 사라지지 않는 존재감을 가지고 있다. 그것은 전국난세의 일본 역사상 보기 드문 전환기로서의 室町時代에 약간의 사람들이 이른바, 일본열도의 가장 밑바닥에 있는 하나의 문화가 가진 정신을 주시하고 있음으로 인해 이루어졌는지도 모른다.

---

23) 대기실과 무대 사이에 좁은 난간이 있는 다리 모양의 통로
24) 무대에서 연기자가 등장하여 우선 멈춰 서는 일정한 거리, 연기 동작의 기점과 종점이 되는 곳

3. 토미나가 나카모토(富永仲基)－공상의 일본사

청춘의 단면

『일본의 명저18, 토미나가 나카모토, 이시다 바이간(日本の名著18 富永仲基 石田梅岩)』(가토 슈이치(加藤周一)責任編集, 中央公論社, 1997 再版)를 읽기 시작했다. 그 전에 마음이 끌리기도 했고 어딘가 늘 마음에 걸리는 이름을 이 책에 끼워져 있던 종이 쪽지에서 찾아냈다. 「바이칸과 텟사이(梅岩と鐵齋)」라는 글을 쓴 스기모토 히데타로(杉本秀太郎)

이시다 바이칸을 언급하면서 오타가키 렌게츠(太田垣蓮月尼)와 텟사이를 논하는데, 단문이면서 실제적인 내용은 일종의 텟사이론이다. 「텟사이는 먼 훗날 대기만성 하기까지 書畵不亂一體의 바람으로 일관했다.」 「신가쿠(心學)[1]는 텟사이를 중간에 둠으로써 렌게츠의 마음에 흔들림 없는 뿌리를 내리고 있었다. 이윽고 이 나무는 미증유의 꽃을 피운다. 만개한 꽃은 말할 것도 없이 텟사이의 마음의 至藝, 즉 텟사이 89년 생애에서 만년에 실현된 그림과 글을 말한다.」

스기모토와는 오랫동안 만나지는 않았지만 텟사이에 관해서는 나도

---

1) 江戸中期, 교토의 이시다 바이간(石田梅岩)이 제창한 평이한 실천도덕의 가르침, 신도·유교·불교의 3교를 융합시켜 인간의 본성을 설명하고 선을 갈고 닦아 마음을 바르게 할 것을 권한다

스기모토와 거의 똑같이 생각하고 있다. 나에게 텟사이는 글의 세계에서도 그림의 세계에서도 중요한 사람이다. 어느 시기부터는 어울리지 않게 텟사이의 글과 그림이 조금씩 손에 들어오게 되었다.

오키나와(沖縄)의 츠보야야키(壺屋焼き) 가네시로 지로(金城次郎)의 말차 찻잔이 텟사이의 그림과 위화감 없이 잘 어울린다는 것도 언제부터인지 알게 되었다. 텟사이의 서화는 75세부터 83, 84세 즈음의 것이 가장 끌린다. 덧붙여 텟사이의 스승이었던 오타가키 렌게츠도 같은 라인으로서 카모노 마부치(賀茂眞淵)의 제자였다. 또 마부치 제자의 한사람으로 우치야마 마타츠(內山眞龍)라는 화가가 있다. 우치야마의 그림은 텟사이의 그림과 많이 닮아 있다. 텟사이 자신은 신류우(眞龍)가 그린 신류조(眞龍像)를 애장하고 있었다. 이것은 졸저『일본 심층 문화를 걷는 여행(日本深層文化を步く旅)』에도 언급해 두었다. 어쨌든 스기모토의 텟사이론에서는 코바야시 히데오(小林秀雄)와 카와카미 테츠타로(河上徹太郎)의 그것보다도 고급스러움이 느껴진다. 문화론으로서는 그렇다.

하지만 스기모토 히데타로의 이시다 바이간의 心學을 통한 텟사이론에도 역사성과 시대가 가진 혼돈과 복잡한 배경 등은 누락되어 있다. 이시다 바이간에게도 체제파적인 주자학 유교의 보수적이고 정적인 시점이 있었다. 대학 시절부터 스기모토가 좋아했던 아란(Alain)[2]에게도 주자학 유교의 세상과 유사한 보수성이 있었다. 한 시대 속에는 흐름이 있으며 그것은 사람의 마음에 침투되기 마련이다. 하지만 스기모토의 경우 그의 문학론도 마키노 신이치(牧野信一)를 다룬 경우도 불가사의라고 표현해도 좋을 만큼 전후의 昭和를 전체의 흐름 속에서 느낄 수는 없다.『헤이케모노가타리(平家物語)』 또는『츠레즈레구사

---

2) 프랑스인, 생철학자(生哲學者), 모랄리스트

(徒然草)』를 다룬 경우에도 그러하다.

스기모토에게서는 코바야시 히데오(小林秀雄)와 카와카미 테츠타로(河上徹太郎)와 동질의 것, 말하자면 그 시대로부터의 유리, 내지는 시대의 바램에 대한 결락증과 같은 것을 늘 느낀다. 그래도 스기모토의 사물의 세세한 부분에 대한 관찰의 면밀함과 하나의 범위 안에서 사물을 보는 안목에는 경의를 표한다. 그는 오랫동안 나로서는 넘지 않으면 안 되는 먼 구름 속에 솟아 있는 높은 봉우리 같은 존재였다.

다카하시 카즈미(高橋和已)가 그려준 포스터를 함께 붙이고 서당 같은 프랑스어 교실을 열었던 적도 있었다. 오랫동안 만나지 않았으며 앞으로도 만날 기회가 오지 않을지도 모른다. 그와는 교토의 日佛會館에서 처음 만났다. 그 즈음의 스기모토의 프랑스어 실력은 대단하지 않았지만 사물을 보는 시선과 깊이에는 존경을 금할 수 없다. 어느 날 교토의 시죠가와라마치(四條河原町)에서 스기모토가 나에게 「너에게는 定見이 없어」라고 말했다. 그 즈음 하루에 열대여섯 시간씩 프랑스어 원서를 읽고, 남는 시간에는 이와나미 신서 등 일본어 책을 훑어보는 습관이 들어 있던 나에게는 충격이었다. 스기모토의 말은 옳았다. 스기모토는 어딘지 노인 같은 면도 있었고, 침착한 시선과 완성된 판단력을 가지고 있었다. 사물을 보는 견해와 어투에도 다소 설교하는 듯한 느낌이 있었다. 그 뒤에 츠쿠마(筑摩)의 편집부에 가서 그의 주선으로 잡지 『텐보(展望)』에도 원고를 쓰게 된 나카지마 다이키츠로(中島大吉朗) 등과 웃곤 했던 것도 떠오른다. 70세가 넘은 지금은 더더욱 노인풍이 되어 있겠지. 그에 비해 나의 마음속에는 아직도 유치하고 젊은 치기가 남아 있는데, 거기서 빠져 나올 수가 없을 것 같다. 토미나가 나카모토(富永仲基)로 돌아가 보자.

카이토쿠도(懷德堂)와 오사카대학(大阪大學)

20대 후반의 한 때, 오사카 대학원의 불문과에 재학한 적이 있다. 1년 위에는 2년쯤 전에 작고한 문예평론가 무카이 사토시(向井敏)가 있었다. 평생 그러했던 괴로운 듯 찡그린 표정은 그 때부터였다. 카이코 타케시(開高健) 등과 무카이가 친하게 지냈다는 것은 훨씬 뒤에 알았다. 카이코 타케시는 샤르트르가 처음 일본을 방문했을 때 처음 만났다. 그 후 오랜 세월이 흘러 카이코 타케시가 치가사키(茅ヶ崎)에 온 후부터 자주 보았다. 하지만 카이코와는 왠지 사이가 나빴다. 카이코 만년의 이야기다.

한 때 적을 두었던 오사카 대학의 이야기로 돌아가 보자. 현재 오사카 대학이 관리·운영하고 있는 조직의 하나로 가이토쿠도(懷德堂) 기념회가 있다. 그 내용은 인터넷으로도 쉽게 알 수 있을 것이므로 기념회 홈페이지를 참조하면서 카이토쿠도에 대해 조금 살펴보도록 하자.

카이토쿠도는 쿄호(享保) 9년-1724년에 오사카의 마을 유지에 의해 만들어진 학문소(學問所)이다. 2년 후인 쿄호 11년에는 막부 공인의 학문소가 되었다. 시대적으로는 카모노 마부치(賀茂眞淵)와 모토오리 노리나가(本居宣張) 등의 國學이 모습을 드러내고 蘭學도 아시아 타국에서는 볼 수 없는 일본 독자의 전개를 시작하려는 즈음이었다. 카이토쿠도의 부지와 건물도 막부가 제공했다.

건물은 정면 폭 11간(약 20미터), 안길이 20간(약 36미터)이었던 걸로 봐서 그렇게 큰 규모는 아니었다. 카이토쿠도의 학문의 축은 일단은 주자학 유교로 막부의 뜻에 따른 것이었다.

오사카는 당시의 일본 내에서 가장 경제 감각이 발달하고 독자의 현실주의 즉, 돈의 위력을 일본 어느 지역에서 보다도 잘 알고 있던 도시였다. 그런 도시에 있는 카이토쿠도라는 작은 장소에서 몇 명의 뛰어난 인재가 배출된 것이다. 오사카에 소용돌이치는 미래를 머금은 동적인 경제와, 江戶 통치를 위한 보수적이고 정적인 주자학 유교로 집약되는 정치와의 갈등에서 배출된 인물들이라고 해도 괜찮을 듯싶다. 토미나가 나카모토(富永仲基), 야마가타 반토(山片蟠桃) 등이 대표적 인물들이다. 카이토쿠도는 明治 2년(1869)까지 약 140년에 걸쳐 존속했다. 그 사이 많은 인물들이 배출되었고 또 조선통신사와 러시아 군함 디아나호와의 관계도 있었다. 그곳에는 지극히 흥미로운, 중층적인 역사가 있다. 하지만 여기에서는 우선 토미나가 나카모토에 초점을 맞추겠다.

「江戶 사상의 가능성과 현실 - 쿄호(享保)의 두 가문에 대해」(가토 슈이치(加藤周一))

『일본문학연구서설(日本文學硏究序說)』을 비롯해서 가토 슈이치(加藤周一)의 책에는 언제나 끌린다. 그 명석한 분석 방법은 의리의 세계, 인정의 세계라는 무대 위에서 회전하며 일찍이 사쿠다 케이이치(作田啓一)가 wholeness-전체일치성이라고 표현한 일본열도에서는 드물며 이질적이다. 서구 내지는 그리스의 합리성과 분석 방법이 있는데, 가토 슈이치가 만들어 낸 지적 공간도 매력적이다.

하지만 예를 들면 홋타 요시에(堀田善衛)의 소설과 평론에서 뿜어져 나오는 듯한 토지의 혼과의 갈등, 모순, 혼돈과는 너무나 동떨어져 있으며, 지나치게 아름답고 산뜻하게 정리 되어 있다는 인상을 받을 때가 있다. 감성보다도 합리성을 추구하는 경향이 강하기 때문일까. 일본적인 것을 서구적인 것으로 비판적 분석을 행하려 하는 끈질긴 경향이 있기 때문일까. 몇 십년 전 학생 시절에 오다기리 히데오(小田切秀雄) 선생과 동석한 프랑스 파리 카페에서의 모리 아리마사(森有正)의 담화속에서도 같은 것이 있었다. 가토 슈이치의 이러한 경향이 무엇에 의해 형성되었는지 자세히는 모르겠다.

주제넘을지 모르겠지만 나 자신 속에도 가토와 닮은 부분이 있는 것처럼 느껴질 때가 있다. 그것은 무의식적인 동기라기보다는 대학원 시절에 다녔던 교토 日佛會館의 당시 관장이셨던 샤를·그로보와 선생의 지도와 영향에 의한 것이라고 생각한다. 그 때까지 일본에 있는 몇 개의 대학에서 몇 분의 교수님을 만나 나름 지도를 받았다. 하지만 나의 스승으로 생각되는 인물은 나의 부족함 탓인지 만나지 못했다. 언제나 마음속에는 갈증이 있었다.

스기모토 히데타로(杉本秀太郎)라는 존재가 일본적인 상황을 비추는 하나의 표식의 역할을 다하고 있었다. 한편 아란(Alain)의 제자이기도 했던 샤를·그로보와 관장은 처음으로 그리스적 내지는 서구적 합리성, 분석 방법을 미술·문학의 해박한 지식과 함께 교시해 주셨다.

그로보와 관장의 강의는 매우 열심히 들었다. 1주일에 한 번 프랑스어로 소논문을 제출했다. 논문 제출은 적어도 2년은 계속 되었던 것 같다. 그로보와 선생으로부터는 야유를 당하기도 하고 신랄한 비판을 받기도 했지만 전혀 질리지 않았다. 그것은 지극히 서투르고 초보적인 단계이기는 했지만, 나 자신 안에 즉자적으로 있었던 일본적인 것에 대한 프랑스적·서구적 방식의 분석이며 비판이었다. 나는 약간 과장해서 말하자면 그 때 까지 있었던 나 안의 일본적인 감성에 의해 여과된 서구라는, 질적으로 다른 서구와 처음으로 접했던 것 같다. 서구적인 정신, 그것이야말로 「유럽 의식」이라는 세계가 펼쳐지는 것이었다. 후일 스기모토는 그로보와 선생의 이면을 언급한 어느 여학생을 둘러싼 글을 썼는데 그는 그로보와 관장을 충분히 이해하지 못했다는 인상을 받았다.

본론으로 돌아가자. 가토 슈이치가 지나치게 서구에 치우쳤을 때에는 일종의 환상도 생겨났다. 제2차 대전 직후에 쓰여진 프랑스·레지스탕스를 둘러싼 논고가 그러하며, 몇 안 되는 소설에서도 같은 경향을 느낀 적이 있었다. 피렌체에 있는 미켈란젤로의 다비드 조각상과도 관련이 있었음을 확실히 기억하고 있다.

드디어 본론이다. 가토 슈이치의 「에도사상의 가능성과 현실－쿄호(享保)의 두 가문에 대해」는 토미나가 나카모토(富永仲基), 이시다 바이간(石田梅岩)이라는 두 사람의 사상가를 예로 들면서 18세기의 일본, 江戸期의 사상의 흐름에 대한 훌륭한 분석이 되었다. 「그 시대의 정치적 권력은 지리적으로는 江戸에 집중되어 있었으며 신분적으로는 관료화된 무사에게 독점 되어 있었으며, 사상적으로는 주자학에 의해 유지되고 있었다. 그들(나카모토, 바이간)은 지리적으로도 신분적으로도 권력의 중심에서 떨어진 곳에서 관제 이데올로기로서의 주자학으로 부터 비교적 자유로운 입장을 취했다는 점에서 공통된다.」는 지적에는 전적으로 동의한다. 그 논고의 진행 방법에 감복하고 몇 개의 논점에 관해서도 찬성한다.

하지만 「『양학(洋學)』은 아직 일어나지 않았으며 洋書解禁(1720)의 광범위한 영향이 나타나기까지는 아직 반세기를 기다리지 않으면 안되었다……」 「토미나가 나카모토는 다른 유교 국가들로부터 지리적으로나 사상적으로나 완전히 고립된 상태의 유교가 일본 속에서 발생된 특이 현상이었다.」라고 한 부분에는 의문이 생긴다. 이 점에 관련해서 나카무라 하지메(中村元)는 다음과 같이 지적하고 있다.

「근세 초기 서양의 휴머니즘은 전통적인 교회 권위의 질고에서 탈

피하고 인간성 그 자체의 존엄을 자각한 것으로부터 나타난 것인데, 때마침 이에 대응하는 자각이 일본에서는 토미나가 나카모토에 의해 나타났다.」(「近世日本の批判的精神」『中村元 選集 決定版 別卷7』 春秋社 1998).

나는 토미나가 나카모토를 가토처럼 유교 일본의 고립된 사상가로는 생각하지 않는다. 오히려 나카무라설에 가깝다.

하지만 나카무라설도 충분하게 느껴지지는 않는다. 결론부터 말하자면 토미나가 나카모토나 근세 초기의 서양 휴머니즘이나 이미 16세기부터 본격적으로 개시된 서양 주도의 제1기 글로버리제이션(globalization)의 파도에서 밀려나 있었던 것은 아닐까? 이 문제가 충분히 인식되어 있지 않았던 것은 아닐까 하는 것이다.

16세기 중엽에 철포가 전래되고 사비엘이 일본에 온 후, 일본 열도는 서양의 정치적, 사상적 그리고 군사적인 파도에 끊임없이 흔들렸다. 군사 면에서는 히데요시(秀吉)와 도쿠가와(德川)같은 위정자도 서양의 압력을 충분히 인식하고 있었으며 그것은 쇄국에 이르는 길이 되기도 했다. 서양에서 가져 온 철포는 일본 병법의 혁명이 되었다. 사상 면에서는 크리스트교가 다도같은 문화의 영역에도 영향을 끼치며 일본 열도에 깊고 넓은 파문을 그리고 있었다. 내가 말하고 싶은 것은 이 모모야마기(桃山期)에 밖으로부터 들어온 글로버리제이션을 제1기로 취해야 하는가, 취하지 말아야 하는가이다.(관련된 문제는 다른 졸저를 참고할 것)

제1기 글로버리제이션의 파도는 江戶時代에 접어든 17세기, 그리고 토미나가 나카모토 등이 모습을 드러낸 18세기 초두에도 그 여파를 충분히 가지고 있었다. 중국에 있었던 마테오·리치의 세계지도는 江戶時代 일본인의 세계관에 깊은 영향을 끼쳤다. 국수주의자의 일면을 농후하게 지닌 모토오리 노리나가(本居宣長) 조차도 마테오·리치 등에게서 유래된 세계지도를 보고 있었다. 그것은 지금도 마츠사카(松阪)의 모토오리 노리나가 기념관에 남아 있다. 마츠사카에서 그 세계지도를 보면서 어떻게 해석하는 것이 좋을지 당황스러웠던 기억도 있다.

18세기 전반 토미나가 나카모토의 시대에도 서양의 영향이 중국을 경유해서 일본에 온 것도 있었다. 동시에 일본에서도 8대 쇼군 요시무네(吉宗)때에 민감하게 인식되어지며, 마침내 비서구 세계 굴지의 蘭學인 양학의 전개를 보게 된다. 아라이 하쿠세키(新井白石)는 시돗치 신부를 만난 것을 계기로 『세이요키분(西洋紀聞)』을 남기게 되었다. 하지만 일반에 대한 공개는 明治時代가 되고 나서였다고 기억한다.

가토 슈이치는 「토미나가 나카모토는 다른 유교 국가들로부터 지리적으로도 사상적으로도 완전히 고립된 상태의 유교 일본에 발생한 특이 현상」이라고 했는데, 「유교국가」라는 표현도 의심이 가지만 나는 가토처럼 토미나가 나카모토라는 사람의 존재를 「고립」이라고도 「특이 현상」이라고도 생각하지 않는다. 폴·아자르(Paul Hazard)가 『유럽의식의 위기』에서 밝힌 것처럼 서양에서의 종교적 중세 의식의 변혁과 거의 동질의 것인데, 그것이 일본이라는 열도에서도 진행되고 있었다고 생각된다.

토미나가 나카모토는 이 세상의 「특이 현상」이 아니다. 제1기 글로버리제이션의 파도에 밀린 세계적 현상의 하나의 요소 중 하나였다고 생각한다. 단지, 그 학문과 사고의 대상이 일본의 전통을 배경으로 하고 있었던 것일 뿐 의식은 그렇지 않았다.

잠시 시간을 두고 토미나가 나카모토가 소속해 있던 카이토쿠도에서는 이러한 세계적 동향을 단적으로 언급한 야마가타 반토(山片蟠桃)라는 개성적인 인물도 배출되었다.

토미나가 나카모토에게는 야마가타의 일부가 이미 존재하고 명확히 표현되어 있었다. 그는 과연 지리적으로나 사상적으로나 고립되어 있었을까? 江戶時代의 주자학 유교, 불교, 신도, 그리고 카모노 마부치, 모토오리 노리나가 등이 모습을 드러내기 시작한 國學을 일본의 사상적인 풍토에 한정한다면 확실히 그러한 면이 강할지도 모르겠다. 하지만 세계 사상의 큰 조류 속에서 일본을 보면 그렇지 않았을 것이다.

가토 슈이치는 그 논고의 결론 부분에 다음과 같이 기록하고 있다.

「내부와 외부를 극명하게 구별하면서 초월적 제 3자를 매개로 해서 내외를 통일하려는 해결법은 극단적인 예외를 제외하고(13세기 불교) 일본에는 나타나지 않았다. 그 초월자는 근대 서양의 프로테스탄티즘에서는 인격신이며, 중국 송대 이후의 유교에서는 비인격적인 하늘(天)이다. 프로테스탄티즘의 신은 내부를 절대화하고 외부를 상대화하는 경향을 가지며, 유교의 하늘(天)은 내부를 상대화하고 외부를 절대화하는 경향을 가지고 있다.(역점을 두는 방법이 다르다) 근대 서양이 무정부주의적 개인주의로의 치우침을 보이고, 송 이후의 전통적 중국이 독특한 집단주의로 치우치는 경향을 보이는 것은 아마도 그 때문일 것이다.」(『江戶思想の可能性と現實-享保の二家について』).

단정적으로 보이는 이러한 가토의 결론을 읽으면 시원시원함에 감탄을 하게 되지만 어딘가 전면적으로 납득할 수 없는 곳을 느낀다. 「어딘가」라는 애매한 표현을 기억해 두자.

서양과 관련된 예를 들어 보겠다. 「그 초월자는 근대 서양의 프로테스탄티즘에서는 인격신이며……프로테스탄티즘의 신은 내부를 절대화하고 외부를 상대화하는 경향을 가지며……근대 서양이 무정부주의적 개인주의로의 치우침을 보이고……」라고 가토는 쓰고 있다.

하지만 이러한 가토의 주장에도 불구하고 파스칼(Blaise pascal)[3)]

등의 얀세니즘(jansenism)[4]과 캘빈(Jean Calvin)[5]의 종파에도 카톨릭적 경향과 개인주의적 기질과 시대 혼돈의 부분이 들어 있다. 가토의 단정은 간략하고 지나치게 쉽다. 예를 들면 「서양의 프로테스탄티즘」이라고 한마디로 할 수 없는 이유는 거기에는 여러 종파가 있으며 다양한 경향이 있기 때문이다. 또 근대 서양은 무정부주의적 개인주의를 전적으로 프로테스탄티즘 내부의 심리 작용으로 돌리고 있는데 그것도 우습다.

우선, 서양 근대는 무정부주의적 개인주의가 과연 지배적이었던것일까. 예를 들면, 프랑스인은 지극히 「개인주의적」이다. 일본인과 비교하면 그 경향이 더욱 확실해 진다. 하지만 그것은 근대의 특이 현상이 아니다. 중세 프랑스에 「Maitre Pathelin」의 일화가 있다. 무엇이든 반대하는 파토란 선생은 어느 날 강에 빠져 익사할 지경에 이르렀다. 사람들은 그를 도와주려고 강 상류를 향해 일제히 뛰었다. 언제나 무슨 일이든지 반대만 하는 파토란 선생이었기에 강 상류로 올라갈 것이라고 생각하거나, 또는 생각하는 척 하며 달린 것이다. 프랑스의 중세 설화 파브리오에서는 빈번히 보여 지는 성격이다. 일본의 풍토에 이런 개성은 적다. 지금은 「벌레를 사랑하는 아가씨[6]」밖에 떠오르지 않는다. 서양에 개인주의적 경향이 강하다는 것에는 동의한다.

하지만 근대 서양을 한마디로 「무정부주의적 개인주의으로의 쏠림을 나타내고」라고 한 것은 옳지 않다. 예를 들면, 독일, 프랑스, 이탈리아, 스페인 등 일일이 열거할 필요도 없는 각각의 나라들은 국가 특유

---

3) 프랑스의 철학자·수학자·물리학자
4) 17세기 중엽 얀센에 의해 창시된 교의(敎義). 1713년 교황에 의해 금지, 얀센 주의
5) 프랑스의 종교개혁자
6) 平安末期의 소설집 중에 「堤中納言物語」(작자 · 연대 미상의 가나 문학) 안에 「虫めづる姬君(벌레를 사랑하는 아가씨」라는, 안찰사 大納言의 딸의 모습을 생생하게 그린 재미있는 이야기

의 감성과 습관이 있다. 독일인의 집단성은 프랑스의 개인주의와는 많이 다르다. 근대 스페인은 도저히 무정부주의적 개인주의가 지배할 상황이 아니었다.

또 「개인주의」를 취해도 범신론과 무신론에서 유래한 조류도 있다. 프로테스탄티즘에도 타문화·문명에 대해 모멸적이며, 백인에 의한 질서 유지적이고 억압적 심성을 가진 안드레·지크프리트(Andre Siegfried)와 같은 경우도 있다. 안드레·지크프리트(Andre Siegfried)는 프랑스에서도 대표적인 프로테스탄트 지식인이었다. 그것은 「무정부주의」와는 전혀 인연이 먼 것이다. 안드레·지크프리트(Andre Siegfried)는 명석한 「프로테스탄티즘」론을 쓰고 있다. 그것은 가토가 말하는 프로테스탄티즘의 모습과는 많이 다르다.

그리고 유교적인 「하늘(天)」에 관한 부분이다. 이것도 유교라는 공통항이 있지만 중국과 일본은 크게 다르다(자세한 것은 졸저 『일본 심층 문화를 걷는 여행(日本深層文化を歩く旅)』을 참조 바란다). 일본에서는 유교도 중국, 즉 외국으로부터의 전래 사상이기 때문에 나름대로의 「권위」를 가진다. 중국에서는 만리장성 안쪽의 농경민족이 바깥쪽의 유목·기마 민족에 대항하는 사상으로서의 토착적인 성격을 기본적으로 가지고 있다.

밖으로부터의 윤리 규제의 틀이라고 해야 할 것이다. 일본의 경우는 그렇지 않았다. 사람들에 의한 합리적인 성격이 농후하다. 그것이 기본 성격이기도 하다. 같은 「칙천거사(則天去私)[7)]」라 해도 그것을 받아들이는 「풍토(風土)」에는 큰 차이가 있다.

가토 슈이치는 이 「풍토」의 문제에 그다지 유의하지 않았다. 「풍토」뿐 아니라 그의 논리의 추출에는 사회적, 경제적 배경으로의 배려도

---

7) 작은 나를 버리고 자연에 의탁하여 살아감

나름대로 있기는 하지만 부족하다. 결론적으로 말하면 하나의 논리를 다른 선행하는 논리로 조금 추상적으로 만들어내는 경향이 있다. 아이러니하게도 그것은 토미나가 나카모토가 비판하는 부분에도 있었다.

「근세 일본의 비판적 정신」(나카무라 하지메(中村元))

토미나가 나카모토(富永仲基) 관련 자료는 비교적 적다. 주된 것으로는 「富永仲基の人文主義精神」『中村元 選集 決定版 別卷7』所收(春秋社 1998)과 가토 슈이치(加藤周一) 「江戶思想の可能性と現實」, 『日本の名著18 富永仲基 石田梅岩』(中央公論社 1997), 역시 가토 슈이치(加藤周一)의 『(富永仲基異聞)』(かもがわ出版 1998), 「富永仲基と山片蟠桃ーその懷德堂との關係など」, 「『出定後語』と富永仲基の思想史硏究法」(『日本思想大系43 富永仲基·山片蟠桃)』岩波書店 1973) 등. 이들 논문과 논고에 의해 카모노 마부치(賀茂眞淵)와 모토오리 노리나가(本居宣長)와 거의 같은 시기에 日本思想史 속에서도 특이한 상인(町人)학자·사상가로써 유명한 오사카 출신인 토미나가 나카모토의 모습이 떠오른다.

우선 「근세 일본의 비판적 정신(近世 日本の批判的 精神)」(中村元)부터 보도록 하자. 이 논고는 당초, 1949년에 「근세 일본의 비판적 정신 일고찰(近世 日本の批判的 精神の一考察)」로 세상에 나왔다. 그것은 「스즈키 쇼산(鈴木正三)·토미나가 나카모토(富永仲基)라는 두 사람의 인물에 초점을 맞추어」 논해지고 있다. 여기에서는 토미나가 나카모토만을 대상으로 하고 있는데 나카무라 하지메의 토미나가 나카모토론은 다음과 같은 말로 시작되어 있다.

「과거로부터 내려오는 전통적 권위가 이미 붕괴된 지금, 우리들이 과거의 일본 문화를 비판적으로 고찰하고 그와 동시에 외국의 문화에 대해서도 비판적인 태도를 취하기 위해서 과거의 전통적 사상에 대한 비판적 연구자로서 제일 먼저 들 수 있는 과거의 사상가는 토미나가 나카모토일 것이다.」

「토미나가 나카모토는 일본사상사 역사상 가장 중대한 영향을 후세에 남긴 인물이다. 그의 저서 『슈츠죠 고고(出定後語)』는 종래의 佛教教學의 구조, 즉 『교조판석(教祖判釋)』 또는 『교판(教判)』을 벗어나 실증적·비판적으로 불교사상사 발달의 자취를 명확히 한 세계 최초의 저작이다.」

「그가 이끈 연구 성과 가운데 하나인 대승비불설론(大乘非佛說論)은 기성 불교 각 파의 교학을 근본부터 파괴하는 것이었으므로 이 책을 중심으로 국학자와 불교자와의 사이에 논쟁이 일어났는데 그 영향은 지대하여 오늘에까지 미치고 있다. 따라서 토미나가 나카모토라고 하면 사람들은 바로 대승비불설론를 떠올릴 정도이다.……그가 제기한 각 종 문제는 아직도 완전히 해결되지 않았다. 그는 지금도 여전히 문제의 사상가이다.」

「토미나가 나카모토의 사상에 대해서 우선 주목해야 할 것은 그는 인도·중국·일본에 걸친 동양의 모든 사상 대계를 역사적으로 연구한 최초의 사람이라는 점이다.」

「토미나가 나카모토의 윤리 사상은 특히 『오키나노후미(翁の文)』에 잘 나타나 있다. 그는 神儒仏의 3교를 초월한 것으로 스스로 『참된 길(誠の道)』또는 『길의 길(道の道)』을 앞장서서 주장했다.」

장문의 인용이 되어 버렸지만, 나카무라 하지메에 의한 토미나가 나카모토론의 기본적 입장 내지는 본질적 요소가 여기에 나타나 있다. 석학에 의한 이러한 논고가 있는 것은 크게 도움이 된다. 토미나가 나

카모토가 남긴 『出定後語』 『翁の文』에 논하기 전에 그의 인물상을 보아 두자.

토미나가 나카모토(富永仲基)의 경력

토미나가 나카모토는 오사카의 간장 공장 집에서 태어났다. 대대로 토미나가 가문은 도오묘지야(道明寺屋)라 불리고, 아마가사키쬬(尼ケ崎町)—히가시 구(東區)—요도야바시(淀屋橋)에 살고 있었다. 토미나가 가문의 선산 주소는 오사카시 텐노지구(天王寺區) 시타데라마치(下寺町) 욘쵸메(四丁目) 사이쇼지(西照寺). 여기에 「토미나가 나카모토 초혼갈(富永仲基招魂碣)」이라는 돌기둥이 있다. 아버지는 德通, 통칭 키치자에몬(吉左衛門), 호는 요시하루(芳春)이며 카이토쿠도(현재의 일본 생명 빌딩 자리. 카이토쿠도의 刻銘이 있다)의 창설에 참가했다. 나카모토는 요시하루의 두번째 처의 아들로 쇼토쿠(正德) 5년(1715)에 태어났다. 요시하루에게는 세 번째 자식이었다. 아명은 幾三朗, 통칭 三朗兵衛. 첫 이름은 德基로 20세가 지나고 나서 나카모토로 되었다.

자(字)는 仲子 또는 子仲, 호는 처음에는 南關, 나중에는 藍關, 그 뒤에 兼齋. 장남 穀齋와의 사이가 좋지 않아 생모와 함께 분가, 고향의 유학자로서 제자를 키웠다 한다. 폐병에 걸렸다는 이야기도 있으며 엔쿄(延享) 2년에 『슈츠죠고고(出定後語)』, 3년에 『오키나노후미(翁の文)』를 출판. 같은 해(1746) 8월 28일, 32세로 별세.

덧붙여 칸세이(寬政) 4년(1792) 간행된 『제가인물지(諸家人物誌)』(岩波書店)에는 다음과 같은 글이 있다.

「富永仲基, 字는 某, 속칭 屋號는 道明寺屋, 吉右衛門이라고 불

리고 오사카의 상인이다. 처음에는 스승 三宅萬年에게 배웠다. 유교를 배우고 후에 세츠헤이(說蔽)를 저술하여 諸子를 비판하였다. 이로 인해 스승인 萬年과 인연을 끊었다. 또 出定後語를 저술하여 부처에 대해서 논하였다. 그 책 서문에서 바라기는 오랑캐가 사는 땅에 가서 석가모니가 신으로 내려온 땅에 전하려고 한다 등등. 난 이것을 읽을 때마다 이 뜻을 개탄한다. 說蔽는 아직 출판되지 않고 있다. 大意는 이 사람이 저술한 오키나노후미(翁の文)에 있다」.

나카모토(仲基)가 남긴 것

우선 쿄호(享保) 15년, 16세에 『세츠헤이(說蔽)』를 저술하고 그 때문에 스승 미야케 세키안(三宅石庵)으로 부터 파문당했다고 한다. 이 『說蔽』는 남아 있지 않다. 20세에 「불전을 거의 다 독파하고 인도 불교사의 큰 줄거리를 생각하며 구상을 다듬었다고 한다.」(前掲 『日本の名著18 富永仲基 石田梅岩』). 그는 조숙한 천재였다. 겐분(元文) 3년(1738), 토미나가 나카모토 20세에 『오키나노후미(翁の文)』탈고. 11월 自序를 추가. 토미나가 나카모토 30세. 딸 에이(榮)가 태어나고, 10월, 林師良, 川井立牧가 『翁の文』 서문을 보내온다. 엔쿄(延享) 2년(1745), 토미나가 나카모토는 31세. 11월에 『슈츠죠고고(出定後語)』 간행. 「새로운 구상을 기본으로 일본 역사의 저술에 착수하지만 미완성(『日本春秋』50권에 계승된다.)」(『日本の名著18 富永仲基 石田梅岩』).

『오키나노후미(翁の文)』

나카모토가 후세에 남긴 『出定後語』와 『翁の文』를 언급하는 것은 당연한 일일 것이다. 또한 그가 만년에 일본 역사 저술을 시작하려고 했던 것을 자연스럽게 떠올려 본다. 그 구상에까지 생각이 이르자 무엇인가 복잡한 마음이 든다. 만약 그 일본 역사서가 쓰여졌다면 토미나가 나카모토는 일본형의, 일본이 낳은 실증주의적인 역사가, 사상가로서 모토오리 노리나가(本居宣長)에 필적하여 대항하고, 나아가 모토오리 노리나가를 합리성으로 훨씬 능가하는 거대한 존재가 되지는 않았을까. 그 뿐만이 아니다. 정신주의적이며 유아독존적인 경향을 보인 일본 국학의 흐름과는 별개로, 일본 독자의 실증주의적 학문 흐름이 토미나가 나카모토라는 사상가의 존재를 계기로 출현될 수 있었을지도 모른다. 일본 근대사상의 모습이 근본적으로 바뀌었을 가능성도 있다. 이 문제는 나중에 다시 거론하기로 하고, 먼저 토미나가 나카모토의 저작 중 남겨져 있는 것 중에서 가장 오래 된 『翁の文』부터 보도록 하자. 현대어문 인용은 모두 앞에서 게시한 『일본의 명저18(日本の名著18)』에 의거한다.

『翁の文』는 다른 사람에 의해 쓰인 형식을 취하고 있으나 실제는 토미나가 나카모토에 의해 쓰였다고 추측되고 있다. 「이 책은 『어떤 늙은이(翁)가 쓴 것인데』라며 친구가 나에게 빌려준 것이다. 이렇게 부패 타락한 말세라고는 하지만, 역시 재주와 지혜와 사고가 풍부한 늙은이는 있기 마련이다.」라는 문장으로 시작하고 있다. 『翁の文』의 본질적인 점들을 생각해보자.

「지금 세간에서는 신·유·불의 도(道)를 3교라 하며, 인도·중국·일본의 각각 삼국에서 나란히 행해지고 있는 것으로 생각하고 있다.」

「……이 3교의 도라는 것도 모두 진실 된 도라는 점에서는 결코 들어맞지 않는다는 것을 알아야 한다. 왜냐면 불교는 인도의 도, 유교는 중국의 도이며 일본의 도가 아니다. 신도는 일본의 도이기는 하지만, 시대가 다르기 때문에 지금 시대의 일본의 도는 아니다」

토미나가 나카모토의 의식 속에서 내셔널리즘으로 기우는 경향을 먼저 이러한 표현에서 감지해보자. 카모노 마부치나 모토오리 노리나가 등의 국학의 흐름과 같은 시대를 호흡하고 있던 토미나가 나카모토를 여기서 발견할 수 있다. 그러나 토미나가 나카모토는 그 객관성에 있어서 국학자보다 훨씬 뛰어나며 시야나 판단의 폭도 훨씬 넓다.

계속해서 토미나가 나카모토의 주장을 보자. 거기서는 스타르 부인[8]의 『독일론』보다 앞설 뿐 아니라, 그것보다 더 뛰어나고 우수한 비교문화론을 발견할 수 있을 것이다. 먼저 인도와 관련하여 「승려의 할 일은 모두 인도에서 배웠다. 자신의 몸을 닦고, 또한 사람을 교화하는 것이나 특히 범어를 사용하여 설법 등을 하기 때문에, 아무도 이것을 깨닫고 터득한 전례가 없었다.……그러나 일본의 승려는 무슨 일이든지 전부 인도를 배우려고 하여 이 나라에 맞지 않는 일들만 하고 있다. 이것들은 모두 그 도에서 벗어나는 것이다. 늙은이는 이것을 싫어하여 조롱한 것이다.」

계속해서 중국과 관련해서는 「또 중국에서는 육식을 주로 하기 때문에 우리나라의 유학자들도 소나 양 등을 자신이 사육하여 언제나 그것을 요리하여 먹어야만 한다.……무엇보다 우선, 유학자는 중국어 발음에 따라 중국의 문자를 써야만 한다. 중국어 발음에도 여러 가지가 있으나, 먼저 주(周)나라 시대의 산동성(魯國)의 발음을 배우는 것이 좋다. 중국의 문자는, 그 종류가 많기 때문에 古文, 주문(籀文), 科斗

8) Anne Louise Germaine de Staël, 1766-1817, 프랑스의 비평가, 소설가

등의 중국 고대의 문자체를 사용해야만 한다. ……중국과 완전히 똑같이 흉내를 내라고 중국의 유학자들도 말하고 있는 것은 아니다. 그러나 일본의 유학자는 모든 것을 중국의 풍속과 닮으려고 하여, 우리나라에서는 도저히 통용되지 않는 것만 행하고 있다.」

그리고 신도(神道)에 대해서 「……지금 세간에서 사용되어지고 있는 금은이나 돈도 원래 신대(神代)에는 없었던 것이기 때문에 신도를 배우고 있는 사람은 이러한 것을 버리고 일절 사용하지 않는 것이 당연할 것이다. ……그런데 지금의 신도는 모두 옛날 것을 형식적 본보기로만 하고 본래의 도리에 벗어난 수상한 짓만 행하고 있으니, 이것 또한 본래의 神道의 도에는 어긋나는 것이다.」

이렇게 토미나가 나카모토는 기성의 신도·유교·불교를 비판하면서 당시로서는 드문, 독창적인 비교 문화론의 방법을 펼쳐내 日本流의 고금논쟁을 전개하고 있다.

나카모토(富永仲基)의 비교 문화론과 고금논쟁

비교 문화론으로서는 「오리나 십리 정도 떨어진 가까운 나라의 풍속조차 똑같이 흉내 내기는 힘들다. 그런데 하물며 중국이나 인도라는 멀리 떨어진 나라의 풍속을 일본에서도 배워 그대로 받아들이려하는 것은 정말 어리석은 짓이다.」라고 하고 있다.

일본류 고금논쟁으로서는 「최근의 일이나 또는 5년이나 10년 쯤 전의 일조차 그것을 기억하고 있는 사람은 드물다. 하물며 신대의 일을 오늘날 세간에서 그대로 흉내 내려고 하는 것은 전혀 현실 불가능한 것이며 굉장히 어리석은 짓이다.」

「현대의 문자를 쓰고, 현대의 단어를 쓰고, 현대의 식물을 먹으며,

현대의 의복을 입고, 현대의 도구를 이용하고, 현대의 집에서 살고, 현대의 관습을 따르며, 현대의 규칙을 지키며, 현대의 사람과 교제하고, 여러 가지 나쁜 일을 행하지 않고, 여러 가지 좋은 일을 실천하려고 하는 것을 진실 된 길이라고도 하며 그것은 또 현대의 일본에서 실천되어야 할 길이라고도 말할 수 있을 것이다.」

이러한 토미나가 나카모토의 말은 프랑스에서 고금논쟁에 참가한 파스칼, 데카르트의 주장과 겹친다. 파스칼(1623-62)은 「고대인은 인간의 유년기에 있다」라고 말하였으며, 데카르트(1596-1650)는 「그리스어나 라틴어는 배울 필요가 없다」고 말했다 (拙著 『日本深層文化を歩く旅』). 단지 토미나가 나카모토는 일본에서는 지극히 고독한— 카토 슈이치(加藤周一)가 말한 부분과는 다른 의미로—고금논쟁을 전개하였다.

『오키나노후미(翁の文)』의 중심 사상

『슈츠죠고고(出定後語)』의 내용으로 가기 전에 『오키나노후미(翁の文)』에서 흥미로운 부분을 조금 보도록 하자. 나중에 기술할 나카모토(富永仲基)의 「카죠(加上)」론의 원형이 거기에 있을 것이다.

「신도 역시 모두 中古時代[9] 사람들이 신대였던 옛날을 핑계 삼아 이것이 일본의 길이라고 명명하여 유교나 불교 위에 만든 것이다.……이 佛도 儒도 모두 후세 사람들이 일부러 가정해서 만들어낸 것이기 때문에 신도라 해도 그것은 어느 것도 신대인 옛날에 존재했던 것은 아니다.」

9) 일본의 역사 시대 구분의 하나, 上古時代와 近古時代 사이, 흔히 平安時代를 이름

더욱이 신도를 둘러싸고 「그 최초에 구전되었던 것을 료부슈고(兩部習合)[10]이라 한다. 유교와 불교의 도를 합쳐 딱 맞는 상태로 가감하여 만들어낸 것이다. 그 다음에 나온 것이 혼쟈쿠엔기(本迹緣起)[11]이다. 이것은 그 시대에 신도가 흥했던 것을 시기하여 불교신도들이 표면적으로는 신도를 설교하면서 사실은 그 이면에서는 신도를 불도안에 넣어버린 것이다. 그 다음에 나타난 것이 유잇지소겐(唯一宗源)[12]이다. 이것은 유교나 불교의 도에서 벗어나 단지 순수한 신도에 관해서 설파한 것이다.……또 최근 들어서 나타난 것을 王道신도라 한다.」

그리고 불교, 유교, 신도 각각의 특징에 관해서는 다음과 같이 기술하고 있다.

「불도의 특징은 환술이다. 환술이라고 하는 것은 지금의 묘술(飯繩)[13]이다. 인도는 환술을 좋아하는 나라로……이것은 인도 사람들을 이끄는 방법이며 일본에서는 그렇게 필요한 것은 아니다.」

「또 유교도의 특징은 문사(文辭)이다. 문사라는 것은 소위 지금의 언변이다. 중국은 이 문사를 좋아하는 나라로 도를 설파하고 사람을 이끌 때에도 이것을 잘 사용하면 모두는 그것을 믿고 따르게 된다.」

「공자가 『인(仁)』을 주장하고, 증자(曾子)가 『인의(仁義)』를 주장하고, 자사(子思)가 『성(誠)』을 주장하고, 맹자가 『사단성선(四端性善)』을 설파하고, 순자가 『성악(性惡)』을 설파하고, 『대학(大學)』이 『호오(好惡)』를 설파하고, 『역경(易經)』이 『건곤(乾坤)』을 설파한 것 등은 사실은 그렇게 대단한 것은 아니다. 극히 쉬운 것을 언변을 과장되게 설파하여 사람들에게 재미있게 생각되게 하여 따르도록 하는 방편이

10) 불교(佛敎)와 신도(神道)를 하나로 한 것
11) 신사의 유래에 입각하여 전개된 신사 중심의 신도론(神道論)
12) 요시다 신도(吉田神道), 일본의 전통적인 길은 神道만이 궁극이며 유일(唯一)이라고 한다
13) 이즈나(飯綱)의 법, 이즈나츠카이(飯綱使い)의 약자. 요술, 요술사.

었던 것이다. 그러니 중국의 문사는 즉, 인도의 묘술(飯縄)이며, 이것도 일본에서는 그다지 필요한 것이 아니다.」

「한편, 신도의 특징은 神秘·秘傳·傳授라 하여 단지 사물을 숨기는 것뿐이다. 대체적으로 숨긴다는 것은 거짓이나 도둑질의 근본이 되는 것이다. 환술이나 문사는 보고 있어도 재미있고 또 듣고 있어도 듣는 보람이 있는 것이기 때문에 그것은 그 나름대로 용서될 수 있는 점이 있다. 그런데 단지 이 신도의 특징만큼은 아무리 비교를 해 봐도 전혀 뒤떨어진다고 할 수 밖에 없을 것이다.」

「그 저속한 사루가쿠(猿樂)나 다도에 이르기까지 모두 이 숨기는 것의 결점을 보고 배우며 전수인가(면허장)란 것을 만들고 게다가 가격을 정해 생계만을 위한 것으로 삼고 있다.……여기에도 일리는 있는 듯하나, 오로지 감추고 순수하게 전수하지 않고 또 가격을 정해 전수하는 것과 같은 길은 모두 진실한 길이 아닌 것을 잘 명심해야 할 것이다.」

『슈츠조고고(出定後語)』

토미나가 나카모토의 주된 저서이며 나이토 코난(內藤湖南)에게 영향을 준 「카죠(加上)」론 등이 정리된 형태로 나타난 것이 『出定後語』이다. 『出定後語』의 원문은 한문이다. 『出定後語 序』는 다음과 같이 시작하고 있다.

「基幻而間暇, 擭讀儒之籍, 以及少長, 亦間暇, 擭讀仏籍, 以休……」

그 현대어 역은 「나 (富永仲基)는 어렸을 적 한가하였기 때문에 유교 서책을 읽을 수 있었다. 그리고 조금 성장하자 다시 여유가 생겨 불교 서책을 읽을 수 있었는데……」

이 현대어 역에서 신경 쓰이는 부분은 원문의 「이큐(以休)」가 빠져 있는 점이다. 『일본사상대계 43, 토미나가 나카모토, 야마가타 반토(日本思想大系 43 富永仲基 山片蟠桃)』(岩波書店)의 주석에 의하면 「이큐(以休)」는 「일단 끝내다」 「일단락 되었다」로 되어 있다. 짧은 단어로 현대어 역에서는 간과되고 있으나 토미나가 나카모토의 심정을 생각할 때 역시 일단락되었다는 쪽이 좋을 것이다. 유교도 불교도 그의 앞에 버티고 서서 앞길을 가로막고 있던 큰 장벽이었기 때문이다. 그의 사상과 인생에 있어서 피할 수 없는 문제였기 때문이다. 그것을 읽고 터득했다. 읽고 납득하여 내 것으로 만들었다라는 자신감, 조숙한 천재 토미나가 나카모토의 출발점이 이 한마디에 나타나 있는 것은 아닐까.

『出定後語』는 상권, 하권으로 나뉘어 전체가 25개의 장으로 구성되어있다. 주된 점만을 보도록 하자. 「교기전후 제일(教起前後 第一)」의 「제1장 불교 흥기 전후(第一章 佛教 興期の前後)」에는 다음과 같이 언급되어있다.

「지금, 먼저 教記의 전후를 생각해 보건데 확실히 外道에서 시작된다.」라고. 결국 토미나가 나카모토는 불교는 그 출현에 있어 「外道」, 즉 불교 이외의 사상, 여러 설로부터 영향을 받았다고 생각하고 있다. 이들 인도 사상이랄까, 제종교론은 하늘에서 태어나는 것을 이상으로 여기고 있다. 여기에는 히말라야라는 풍토도 영향을 끼치고 있다. 예를 들어 남태평양에 떠있는 작은 島嶼群에서는 생겨나기 어려운 발상이다. 인도 사상에서 히말라야라는 높은 봉우리들은 갠지스 강과 함께 빼놓을 수 없다. 그리고 이러한 원초적 인도 사상은 「히히소오(非非想)[14]를 지니고 극을 이룬다.」고 하고 있다.

(참고로 「히히소오(非非想)」라는 것은 통상 「히소히히소(非想非非

---

14) [불교] '비상 비비상처'를 달리 이르는 말, 번뇌를 완전히 떠나지 못하였다

想)」로 사용되고 있다. 보다 알기 쉬운 설명을 참고로 해 보자. 요곡(謠曲) 관계의 문헌에 다음과 같은 것이 있다. 「非想非非—非想非非想天. 無想도 없고 有想도 없는 세계에서 三界의 최상위이며, 有頂天[15]이라고도 한다.」(佐藤謙太郎 著 『謠曲大觀 第2卷』菊慈童). 즉 원초적 인도 사상은 몽상도 유상도 없는 천상 세계에서 태어나는 것을 궁극의 이상 내지는 목적으로 했다.

토미나가 나카모토에 의하면 이러한 원초적 인도 사상을 배경으로 하여 이들 원초적 인도 사상을 능가하려고 하는 시도로부터 불교와 석가불이 탄생 된 것이다.

「석가모니 여기에 오르려고 원해도 천계(天界)에 다시 태어남으로서 이것을 이기기 어렵다. 여기에서 위(上), 칠불(七佛)을 종교로 하여 생사의 바탕을 벗어나고, 여기에 더하여 대신변불가사의력(大神変不可思議力)을 지니고 나타내기에는 참으로 어려운 일이다. 그러므로 불교이외의 사상(外道)을 지니고 인도인으로 돌아간다. 이것이 석가모니의 도가 되는 것이다」

토미나가 나카모토는 불교 탄생의 유래를 오로지 일본에 있는 관련 문헌을 정밀하고 철저하게 읽어내는 것으로 선명하게 부각시켰다. 즉, 불교는 단지 「하늘에서 태어난다」라는 것을 주장하는 것만으로 다른 원초적 인도 여러 사상을 이길 수 없었다. 그래서 일종의 권위적이고 모순된 이론이긴 하지만, 불교 탄생 이전의 불교적 존재로서의 「칠불(七佛)」이라는 존재를 만들어낸다. 그리고 신비로운 환술이라는 방법을 사용한다. 「석가는 生天設로서는 外道에 이길 수 없기 때문에 칠

---

15) 9천(九天)중 가장 높은 하늘, 형체 있는 세계의 가장 높은 곳

불을 제창하여 생사를 초월하여 신비성으로 外道와 인도인을 귀의시켰다.」라는 것이다. (前揭『日本思想大系 43 富永仲基 山片蟠桃)』

참고로 「칠불」이란 「일명 과거 七佛. 석가불 이전의 부처를 말하는 것으로, 비바시불(毘婆尸仏)·시기불(尸棄仏)·비사불(毘舍仏)·구루손불(拘留孫仏)·구나곤니무불(拘那含牟尼仏)·가쇼우불(迦葉仏)의 여섯 부처에 석가모니불(釋迦牟尼仏)을 더해 칠불이라 한 것」(前揭『日本の名著 富永仲基 石田梅岩)』).

이러한 석가와 불교 탄생을 설명하는데 있어 토미나가 나카모토는 아래와 같은 논리를 전개하고 있다.

「에세이시외도(衛世師外道)는 부처보다 800년이나 앞서 존재하였던 가장 오래된 신이다. 나중에 나오는 것이 아라라(阿羅羅)·우츠라타(鬱羅陀)이다. 생각컨대 28天, 히히소(非非想)를 가지고 극을 이룬다. 이 우츠타(鬱陀)의 궁극이 되는 곳, 무소유를 넘어 여기에 살게 된다. 이것 또한 아라(阿羅)의 무소유를 가지고 극을 이루도록 상정한다. 그리하여 무소유는 지식의 근거(識處)로 삼는다. 식처(識處)는 원래 공처(空處)에 올린다. 공처는 즉 원래 색계에 올린다. 공처·색계·욕계·육천 모두 카죠(加上)하여 설을 이룬다. 그 열매는 곧 막연하고 왠지 그 진위를 모른다. 따라서 외도(外道)가 설명하는 바(所說), 히히소오를 가지고 극을 이룬다. 석가모니는 여기에 오르려고 해도……」(前揭『日本思想大系43』)

사적해석

내 나름대로 나카모토의 문장을 해석해 보았다. 원초적 인도의 사상가인 에세이(衛世, 중국어로는 無勝)는 석가보다 800년 전의 가장 오래된 사상가이다. 그 후에 나온 원초적 인도의 사상가(석가 출현 전의 사상가)로 가장 새로운 사람은 아라라(阿羅羅), 뒤에 나온 우츠타(鬱陀)이다. 우츠타는 아라라가 전개한 사상을 가장 올바른 것으로 삼고 거기에 자신의 사상을 더하였다. 위에 올렸다고나 할까 덧붙였다. 그것을 나카모토는 「카죠(加上)」라고 표현했다. 우츠타 직전의 사람, 아라라는 자신의 사상을 바로 직전의 원초적 인도 사상의 산물 중의 하나, 식처(識處)라는 사상 위에 자기의 사상을 가장 최선으로 올려놓고 있다. 이하 같은 식으로 「카죠」라는 논리 전개를 펼치고 있다. 이렇게 가장 오래된 사상으로서의 에세이부터 석가가 출현하기 전의 가장 새로운 사상가로서의 우츠타에 이르기까지의 사상가의 사상적 움직임을 검증한다면, 모두 그 시기에 가장 새로운 사람은 직전 사상가의 사상적 산물 위에 자기의 설을 올려 놓거나 더하고 있다. 그러나 이러한 덧붙인데 덧붙이는 방법을 취한 원초적 인도 사상의 어느 것이 과연 사실인 것일까. 전부 막연하다. 그렇게 본다면 결론적으로, 원초적 인도의 모든 사상은 히소히히소(非想非非想)라고 하는 사고방식을 가장 존중하고 있는 것은 아닐까.

관련하여 「대담 말하는 사람 — 유카와 히데키(湯川秀樹)씨와」(카토 슈이치(加藤周一) 『사라진 판목 토미나가 나카모토이분(消えた版木 富永仲基異聞)』카모가와출판, 1998)에서 유카와 히데키 박사의 토미나가 나카모토론의 일부를 인용해보자.

「……나카무라 하지메가 쓴 책을 보면……꽤 독창적인 학자임을 알 수 있으며……토미나가 나카모토란 사람은 특히 독창적인 학자로서, 지극히 드문 인물 중 한명임에도 불구하고 그다지 널리 알려져 있지 않습니다.」

「……불교와 관련된 넓은 의미의 경전, 거기에 주석이나 해석한 것을 포함하면 전체적으로 아주 많은 양이 됩니다. 아주 오래된 것만을 모으는 것 또한 매우 힘든 일입니다. 그것을 계속 조사하고 거기에 불교의 역사를 「카죠」란 관념으로 정리하였습니다. 이것은 굉장한 일입니다. 불교란 것은 이미 많은 종파로 나뉘어져 있어 각각 종파의 경전이라는 것이 몇 가지나 되기 때문이지요. 그것을 독파하는 것만으로도 대단한 일이겠지요. 그것들을 비교하여 읽고 역사적 발전의 순서를 고증한 것이지요. ……불교 사상의 역사를 마련한 것입니다. 이러한 굉장한 일을 30살에 생을 마감한 사람이 어느 틈에 이뤄 낸 것인지, 정말 놀랄만한 일입니다.」

「일본은 중국, 인도로부터 많은 영향을 받았지만, 그와 동시에 예로부터 일본에서의 독창적인 학자, 사상가도 있었습니다. 그러나 예술 방면에 비하면 현저히 떨어집니다. 예를 들어 弘法大師는 발군의 인물이긴 하지만 이것은 조금 예외이고, 일반적으로 일본의 사상이 빈약한 이유는 밖에서 권위를 구하고 거기에 기대려고 하는 약한 모습을 일본 사상가들 거의 대부분이 가지고 있었던 점이었습니다. 그것은 현재도 마찬가지입니다. (웃음). ……제 생각에 불교의 가장 큰 특색은 불교는 종교이고 최초의 발단인 석가는 대단한 사람이며 그 가르침에 깊은 의미가 담겨져 있습니다. 하지만 그뿐만이 아니라, 그 후 수백 년에 걸쳐서 그것을 더욱 발전시켜 내용을 풍성하게 하여 체계를 만들어 나가며 또 몇 번이고 새로운 것이 더해져 전체적으로 보면 다른 종교와 크게 다른 점이 있다고 생각됩니다. 즉 과학에 가까운 성격을 가지고 있다고 저는 생각합니다.」

「원래의 석가의 사상 안에 포함되어 있었는지 어땠는지 잘 모르겠지만, 후세에 나온 사람이 그것을 여러 가지 방향으로 점점 발전시켜

나가고 거기에 새로운 것이 더해져 왔다고 생각하고 있습니다. 이것을 토미나가 나카모토는 「카죠」라 부르고 있지만 「카죠」라는 생각을 좀 전에 물리학에 관해서 말한 것처럼 학문의 진화와 비슷하게 이해해 보면, 불교란 것은 굉장히 독창적인 사상가가 오랜 시간에 걸쳐서 계속 나타나며 굉장히 큰 체계, 상당한 다양성과 깊이를 가진 체계가 형성되게 되었다고 저는 생각하는 것입니다.」

유카와 박사에 의한 토미나가 나카모토의 「카죠」론의 설명은 여기서 맺기로 한다.

「카죠(加上)」론

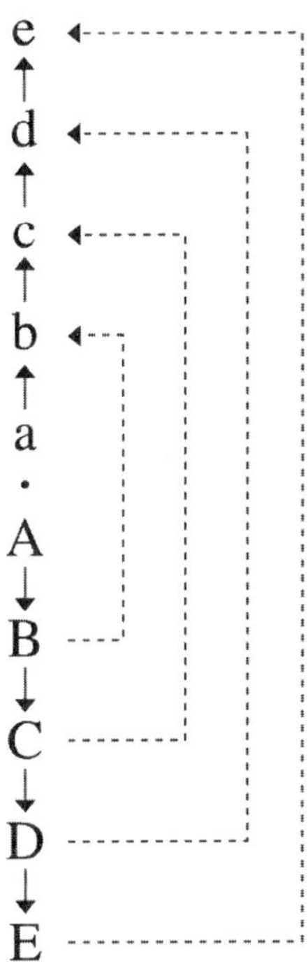

조금 다른 각도에서 「카죠(加上)」론에 대한 견해를 살펴보기로 하자. 미즈다 노리히사(水田紀久)에 의한 다음과 같은 도표와 설명이 있다. 『日本思想大系43』

사상가 A가 주장하는 논지 a에 관해서 A보다 후에 나온 B는 그 주장 b를 a보다도 선행하는 것처럼 설명하고, B보다 후에 나온 C는 또 그의 주장 c를 a·b보다도 더 더욱 오래된 것으로 설파하였다.

이 원칙을 따르다 보면, 보다 더 오래되고 보다 더 순수한 것으로 설명하고 있는 사상 이야말로 사실은 후세 E에 의해서 새롭게 작위된 카죠요레이(加上拗戾)의 설이 된다. 오래되고 예스러운 설법을 논하였던 사상일수록,

그 주창자는 후대에 나오는 것이다.

「불교 사상에 관해서는 『슈츠죠고고(出定後語)』「쿄키노젠고다이이치(教起の前後第一)」와 『오키나노후미(翁の文)』 제10절에서, 유교 사상에 관해서는 『翁の文』제11절에서, 또 신도 사상에 대해서는 제12절에서 각각 논해지고 있다.」

미즈다 노리히사(水田紀久)를 따라서 먼저 『翁の文』제9, 10, 11, 12절을 보도록 하자. (岩波-補注「加上」)

「그러나 여기에 늙은이(翁)가 말한다. 대개 예부터 도를 묻고 설법을 시작할 때 반드시 어떤 이유를 대서 선조라 하는 것이 있고, 나보다 앞서 세운 것의 위에 올리려고 하는 것이 그 정해진 습관이지만 후세대 사람들은 이것을 하나도 모르기에 헤매게 되는 것이다. 오른쪽은 제 9절이로다.」

이 『翁の文』의 제9절에 있는 「……위를 오르려고 하지만 그 정해진……」이 나중의 「出定後語」의 제목 일부가 된 것은 쉽게 이해할 수 있다. 「이전에 정해진 것은 실은 실제로는 후세가 되고나서 이야기 되어 진 것」이란 뜻이다. 계속해서 제10절.

「석가의 6불을 선조로 하여 연등을 추억하고 생사를 떠나려고 한 것은 그보다 앞선 외도의 것, 하늘을 선조로 하여 이것을 원인(인과응보)으로 닦는다면 하늘에 올라가 태어난다고 설파한다. 그 위를 오르는 것이 된다.……오른쪽은 제 10절이로다.」

「또 공자의 요순을 선조로 설법하고 문무를 헌장하고 왕도를 설법한 것은, 이것은 그 시기에 제(齊), 환(桓) 진(晉)나라의 글을 읽고, 오로지 오백(五伯)의 길을 숭상하며 그 위에 나온 것이 된다.……가까운 시기의 진사이(仁齊)는 맹자만이 공자의 혈맥을 얻었다고 해서 여타의 설은 모두 잡설이라고 하고, 또 소라이(荻生徂徠)는 공자의 도는 곧 선왕의 도이며 子思·孟子 등은 여기로 되돌아간다고 말하는 것은 모두 착각이다. 이 전말을 모른다고 생각하면 셋페이(說蔽)라고 하는 글을 봐야만 한다. 오른쪽은 제 11절이로다.」

「자 다시 신도에서도 모두 中古의 사람들이 신대의 옛날을 핑계로, 일본의 도를 명명하여 유불 위에 올려놓은 것이다.……오른쪽은 12절이로다.」

환상 그리고 공상의 일본사

『오키나노후미(翁の文)』, 『슈츠죠고고(出定後語)』를 쓴 뒤 나카모토는 일본사에 착수하려고 하였다.

江戶期의 일본사에 관해서는 메이레키(明曆) 3년-1657년에 미토 미츠쿠니(水戶光圀)가 시작한 『다이니혼시(大日本史)』, 그리고 막부 말기에 가까워지자 아키(安芸) 사람인 라이 산요(賴山陽, 1780-1832)가 쓴 『니혼가이시(日本外史)』가 먼저 떠오른다. 江戶期의 일본에서 일본 역사가 어떻게 다루어지고 어떻게 읽혀졌는가도 흥미를 끈다. 이 문제를 다루기 전에 토미나가 나카모토의 『出定後語』에 대한 당시의 반응을 봐 두자.

먼저 국학자 측면에서는 모토오리 노리나가(本居宣長)가 『타마가츠마(玉勝間)』에서 1장 「出定後語 라는 문장(出定後語といふ文)에서 보고 깨닫는 것이 많다」고 했다. 격찬이라고 해도 좋을 표현이다. 더욱이 모토오리 노리나가는 토미나가 나카모토의 궤적을 밟은 적은 없다. 모토오리 노리나가는 토미나가 나카모토가 일본 사상사 속에서 아주 새롭고 게다가 독창적이며 또 고독한 작업을 하고 있다는 것은 깨닫지 못하고 있었다. 토미나가 나카모토에게는 모토오리 노리나가에

있어서의 카모노 마부치(賀茂眞淵)나 키쿠치 케이츄(菊池契沖)와 같은 동일 흐름 속에서의 선배는 없었다. 토미나가 나카모토의 고고함이라고 해도 좋을 지적인 작업이 그 「공상의 일본사(空想の日本史)」로 결실을 맺었다면 솔직하게 말해 모토오리 노리나가의—또 근년에는 코바야시 히데오(小林秀雄) 등의—입장의 취약함, 협소함을 백주에 드러내어 햇볕을 쬐인 결과가 되었을 것이다. 그것에 의해 모토오리 노리나가의 문화적 배경의 주요한 일부가 전면적으로 붕괴에 이르게 되었다고도 상정할 수 있다. 피상적이고 모순 되어있으며 아마도 외래 한자 문화의 영향도 있었다고 생각되어지는 기묘한 난해함과 일본 찬미의 전통적인 풍조에도 변화가 있었을 것이다.

히라타 아츠타네(平田篤胤)에게

『슈츠죠고고(出定後語)』를 노리나가와 같이 평가한 사람이 히라타 아츠타네(平田篤胤)이다. 제2차 세계대전 발발 전과 전쟁 중에 걸친 비현실적인 국수주의는 주로 모토오리 노리나가와 아츠타네로부터 흘러오고 있다는 것을 작금의 현황에서 다시 상기하며……히라타 아츠타네는 그의 『타마가츠마(玉勝間)』를 『슈츠죠쇼고(出定笑語)』로서 세상에 냈다. 히라타 아츠타네의 『出定笑語』는 단적으로 말하자면 시종일관 불교를 비판한 것이다. 토미나가 나카모토처럼 유학, 신도를 포함한 깊은 고찰은 없다. 일부를 요약해서 소개해 본다.

「天竺國은 누구나 알고 있듯이 일본에서 보면 중국을 거쳐 서쪽에 있다. 어리석은 무리는 그 나라를 뭔가 근사한 곳처럼 잘못 생각하고 있다. 실은 중국보다도 훨씬 좋지 못하다. 그곳에 관해 스님들은 자주 이렇게 말한다. 한학자가 중국을 좋게 말하는 것과 마찬가지로 그들이 본존 釋迦法師의 나라이기 때문에 좋다고 말하고 있다. 그 가르침, 도리를 알기위해서는 인도의 국풍, 나라의 성립 구조를 알 필요가 있다.」(『出定笑語』平田篤胤全集) 第10卷』平文社 昭和 52年)

아츠타네의 원문은 강연의 형태를 취하고 있으며 어딘지 유머도 있다. 아츠타네의 강연은 아마도 일본 최초의 그 나름대로 정리된 인도론 일지도 모른다. 인도인의 피부색에서부터 죽은 자를 화장하여 강에 흘려보내는 혹은, 짐승에게 먹인다는 野葬[16]에 관해서도 자세하게 이야기하고 있다.

크샤트리아=왕족·무사계급을 바라문=승려 위에 둔다는 착각도 하고 있으나, 카스트제의 근간이 되는 4가지 혹은 5가지의 사회적 구조에 대해서도 다루고 있다.

게다가 토미나가 나카모토가 환술을 좋아하는 인도 불교라고 말한 부분에서 대해 아츠타네는 여러 가지 예를 들고 있다. 현대어 풍으로 요약하자면 예를 들어 죠아곤쿄(長阿含經)에 있다고 말하고 있다.

「……이 세상이 생겨나고 홀연히 나타난 사람이 벌레가 끓듯이 많이 생겨, 몸에 빛이 나고 비행이 자유롭고, 남녀의 형태가 없고, 존비친소의 차별도 없고 또한 환희를 먹는다. 기쁨, 즐거움을 먹는다는 것은 엉뚱한 일이기는 하지만 불경에는 이런 묘한 일이 일어난다. 왜 기쁨을 먹었던 것일까? 저 전설 속의 악몽을 먹고 산다는 짐승이 꿈을 먹었다는 것과 같은 것이다. 또 우글우글하게 한 곳에서 생겨났기 때문에 중생이다. 중인을 넓게 중생이라고 하는 불교 용어의 출처 근거가 된다.……」

또 후한의 明帝가 하남성 낙양의 동쪽에 중국 건국 초의 佛寺로서 건립한 白馬寺에서 도교의 선인과 불법을 겨루게 한 것에 대해서도

16) 송장을 들에 버리는 장례

말하고 있다. 도교의 仙術이 지자「인도의 불승이며 불교를 번역하고 있던 카쇼마토(迦葉摩騰)는 너무 기쁜 나머지 하늘을 날고 각종 변신을 부려 불도의 덕을 펴고 하늘에서 꽃을 뿌렸다. 이 때 대다수의 사람이 불교에 귀의했고 그 중에는 도교의 도사도 있었다.……」라고. 꽤 흥미로운 불교와 도교의 본연의 발생 분위기를 접하는 듯한 느낌이다.

히라타 아츠타네는 연장자(翁)로서 존경하고 있던 모토오리 노리나가의 수필『玉勝間』에 의해 토미나가 나카모토의『出定後語』가 명저임을 알게 되었는데 에도, 교토, 오사카의 서점에서 이것을 구하려했으나 손에 넣기 어려웠다고 한다.

『出定後語』의 의미는「규정(定)이 나온 후에 이야기 한다(定ヲ出テ後カタル)」이며 (前揭『出定笑語 中』), 토미나가 나카모토에 관한 기술도 있다.「1740년대(寬保延享)에 오사카(津國難破)에 토미나가 나카모토라는 사람이 있어」라고 하여 비범한 인물이며 불법의 경론을 30세 정도에 읽어낸 인물이라 감탄하고 있다. 모토오리 노리나가도 히라타 아츠타네도 불교의 경전은 나카모토만큼 접하지 않았기 때문에 히라타 아츠타네도 모토오리 노리나가처럼 토미나가 나카모토의 出定後語에 의해서 불교라는 것을 그 나름대로 이해한 것 같다.

이러한 히라타 아츠타네에 관해서는 다음과 같은 평가도 있다.

「모토오리도 히라타도 편협한 폐불론자이며 그 입장에서『出定後語』를 이용한 것에 지나지 않았다. 불교의 경전이 모두 여래의 설법에서 나온 것이 아니라고 하는 토미나가 나카모토의 설은 그야말로 그들이 생각했던 바였으나,『出定後語』의 진의를 잘 이해한 것이라고는 할 수 없는 것이다.『出定後語』의 진의를 파악했다고는 조금도 인정되지 않는다.」(「神田喜一郎『出定後語』と『夢の代』」『日本思想史大系 月報35』). 이러한 견해에는 동의 할 수 없다.

나이토 코난(内藤湖南) 그리고 카이토쿠도(懷德堂)

시대는 大正期, 나이토 코난(内藤湖南)은 나카모토에 대해서 이렇게 말했다.

「……옛날부터 승려 중에 장경 전부를 읽은 사람은 결코 적지 않았다. 하지만 나카모토 정도의 탁견을 가지고 있던 사람은 한사람도 없었고 장경을 전부 읽은 덕분에 슈츠죠고고(出定後語)와 같은 훌륭한 책이 만들어졌다는 것은 승려의 지나친 자만심으로 말한 것으로 문제시 할 가치도 없는 망언이다.

대개 인도의 불전은 시간과 공간의 관념이 없는 것처럼 써내려갔으나, 토미나가 나카모토의 出定後語에서는 그것을 역사에 맞춘 듯이 기록해 나갔다. 심히 감복할 수밖에 없기에 결국 토미나가 나카모토는 불교 발전의 역사적 연구를 한 사람이라고 해도 좋을 것이다.」(「大阪の町人と學問」大正10年 『日本文化史研究)』弘文堂 昭和 21年 所收).

코난의 말을 떠올리면서 어느 날, 이케다(池田)에서 시작해서 오사카시(大阪市)안을 걸어 봐야겠다고 생각하였다. 토미나가 나카모토의 무덤을 찾아가며 오사카에서 카이토쿠도(懷德堂)를 조사해 보려고 생각했다. 그러나 뜻하지 않은 곳에서 「프랑스에서의 18세기 일본 정신사 연구의 현황」이란 논고를 보게 되었다. (中川久定 編 『ディドロー[17]十八世紀ヨーロッパと日本』岩波書店 1991年 所收). 필자는 유벨·듈트(ユベール·デュルト). 이 논고에 다음과 같은 글이 있다.

17) 프랑스의 철학자·문학자(1713-84). '백과전서'의 편집 책임자로서 18세기 계몽사상과 사회 변혁에 큰 영향을 끼쳤음.

「토미나가 나카모토의 보기 드물게 학승들을 능가하는 경전에 관한 지식과 유학이 뒷받침이 된 날카로운 불교 비판이 주목됩니다. ……『出定後語』는 『現代佛教全集』의 제1권 첫머리를 장식하고 있습니다. 그것은 토미나가 나카모토의 적절한 경전 분석이 현대 불교관의 기원으로 보여질수 밖에 없다는 이야기가 됩니다. 토미나가 나카모토의 종교 비판은 충분히 현대적입니다. ……독일의 유명한 마르브르크 대학에 『종교학의 아버지』로서의 『토미나가 나카모토 종교학 연구소』가 최근에 생겼습니다.」

필자인 유벨·듈트와는 토미나가 나카모토를 보는 시점에서 상이점은 있으나, 그의 이름을 토미나가 나카모토와 함께 접하니 조금 놀랍고 기묘한 감개에 젖었던 기억이 난다.

50년 쯤 전, 프랑스 유학에서의 귀국 도중에 그와는 우연히 같은 프랑스 배를 타게 되었다. 그는 교토에 살며 불교 연구를 계속하게 되었다. 출신은 벨기에였다. 그는 교토 도심에 있는 나의 생가를 가끔 찾아왔다. 「主なき家」라는 기온(祇園)일대에 있는 술집 등에서 종종 함께 마셨다. 신기하다고 하자면 신기한 재회였다.

4. 그리스·인도를 돌아 일본으로

첫 만남

코친 시내의 토산품 가게 본점은 정박된 배 정면 바로 앞에 있었다. 잠깐 쇼핑하고 항구로 돌아오자 피부가 희고 몸집이 작은 인도인 안내원이 끈질기게 팁을 요구했다. 시내의 본점에서는 나름대로 그의 체면을 세워주었기 때문에 이러한 팁 요구는 예기치 못한 일이었다. 그러나 여기는 인도이다. 더위와 습도에 신절머리가 나고 버티기를 계속할 기력이 없어 가격을 깍은 다음 약간의 팁을 줬다. 그 인도인은 이야기를 하다 보니 의외로 기독교도인 그리스인이었다. 순간 왜 그리스인이 새삼 인도의 토산품점에서 심부름꾼을 하고 있을까 궁금했는데, 잘 생각해보니 인도와 그리스의 관계는 실로 깊은 것이다.

2004년 5월 21일 아침, 승선해 있던 피스보트의 토파즈호는 인도 서남부 뭄바이의 남쪽에 있는 케랄라 주의 코친에 입항하였다. 그리스계 인도인을 만난 것은 그 날 오후의 일이었다.

오랜만의 인도이다. 최초로 인도와 직접 만난 것은 1958년의 늦은 여름. 프랑스 우편선인 messageries maritimes 캄봇쥬의 4등 선객 즉 가장 싼 뱃삯의 승객이었다. 프랑스 유학 도중이었다. 그때까지 인도에 대해서 알고 있었던 것이라면 존경하는 선배인 홋타 요시에(堀田善衛)의 『인도에서 생각한 것(インドで考えたこと)』(岩波新書 1957)과

이시다(石田保昭)씨의 저서(『인도에서 살다(インドで暮す)』1963)로 한정되어 있었다.

나를 비롯한 패전 직후의 일본인에게 당시의 인도는 동양의 스위스와 같은 곳으로 네루수상의 지도하에 있는 평화로운 국가의 이미지로 비쳐져 있었다. 무저항주의 영웅 간디와 전후의 살벌하고 국가적으로도 심리적으로도 고립되었던 일본인에게 인디라라는 새끼 코끼리를 보내준 네루의 다정한 풍모가 눈에 선하다.

그러나 이시다씨의 인도 체험에는 극히 부정적이며 비관적인 인도가 묘사되어 있었다고 기억한다. 하지만 그 보다도 도쿄 재판에서 미국. 구 소련과는 독자적으로, 일찍이 영국 식민지로서의 고난의 역사를 걸어왔던 인도라는 이미지가 크게 클로즈업되었다. 당시는 도쿄 재판이 한창 진행되고 있었는데 도죠 히데키(東條英機)의 대머리를 찰싹 때렸던 우익 사상가, 오오카와 슈메이(大川周明)가 전후 인도 독립을 지원했다고 해서 인도 정부로부터 초청받은 것은 전혀 몰랐었다. 오오카와 슈메이의 그 전체적인 우익적 사상에는 찬성할 수 없으나 일본의 구미 식민지주의 연구에 있어서의 선구자로서는 탄복하고 있다.

사카타(酒田), 혼마(本間)家의 고오큐 문고(光丘文庫)에 오오카와 슈메이의 장서를 보러 간 적도 있다. 평범한 사람의 영역을 넘어선 천재적인 사람이었다고 생각한다. 덕분에 고오큐 문고에서는 제2차 세계대전 중에 도죠 히데키와 일본의 침략을 둘러싸고 대립하였던 이시하라 칸지(石原莞爾)의 장서도 볼 수 있었는데, 광범위한 독서량에 감탄하였다.

어쨌든 1958년 여름을 시작으로 직접 인도를 만나기까지 내 안의 인도는 책을 통해 서양과 만난 것과 마찬가지로 단지 머릿속에만 있는 것이었다. 일본의 불교와 관련해서도 그런 부분이 있었을지도 모르겠지만.

그러나 지금은 뭄바이라 불리는 봄베이에 배 트랩에서 내린 순간부터 그전까지 일본에서 품고 있던 동양의 스위스라는 인도의 모습은 눈 깜짝할 사이에 증발해 버리고 말았다. 곧 바로 작은 무리에 둘러싸였다. 누더기를 걸치고 몰려드는 영혼으로부터 오염된 다갈색의 막대기 같은 여윈 팔이 솟아올랐다.

「아빠 죽었어, 엄마 죽었어, 머니머니(papa died mama died money)」 하는 소리가 엉겨 붙었다. 모습의 반이 거의 망가진 검은 피부의 남자가 아이들의 머리 넘어 손을 뻗었다. 한쪽 발이 없는 남자가 뛰어 오르며 다가온다. 눈이 문드러진 남자도 있다. 그들은 쓰나미처럼 밀어 닥쳐왔다.

그 다갈색의 진흙 같은 인파를 비집고 마을에 발을 들여 놓았다. 사진이나 풍경화에서는 상상도 못했던 이질적인 냄새가 감돌았다. 더럽혀진 흰 천에 쌓인 가늘고 긴 무엇인가가 도로 옆에 놓여 있다.

잠시 후에 그것이 인골임을 알게 되었다. 조금 더 가니 마을 안에 망루 같은 화장장이 있다. 사람을 태우는 연기가 하늘을 향해 하얗고 길게 뻗어있었다. 그 바로 옆에서 무수한 사람들이 도로에서 엎드려 소리 지르며 장사를 하고 있었다. 구걸을 하고 있는 것이다. 여전히 형용하기 힘든 이질적인 냄새가 머리까지 꿰뚫는 것 같다. 이발소도 있다. 앙상한 참새는 엄청난 더위 속에서 사람이 가까이와도 움직이지 않는다. 인도와의 최초의 만남, 봄베이는 그 후 유럽 여행의 반을 차지할 정도로 강렬한 인상을 초래하였다.

코친은 현지 인도인 가이드가 자만하며 늘어놓던 긴 설명에도 있었는데 옛날 봄베이=뭄바이 때의 도시로서 상당히 청결하였다. 그래도 중국식으로 된 해변 어망의 포획 작업을 하는 주변에서는 예전의 봄베

이를 상기시키는 이질적인 냄새가 공기 중에 있었다. 대로변에서 조금 들어간 곳에는 정체를 알 수 없는 쓰레기가 이곳 저곳에 흩어져 있었다. 인도인 가이드에 의하면 코친은 인도에서도 가장 아름다운 도시라고 한다.

코친은 케랄라주(州)라고 하는 한때는 공산 세력도 강했던 곳에 있다. 문맹 비율도 인도 내에서 가장 낮다고 한다. 기독교도의 수도 많다. 여기서 인도 고전음악 CD를 샀는데 5장 중 4장이 인도식 기독교 관계의 것이었다. 나중에 들어보았을 때는 장엄하여 어딘지 불교적인 울림도 가지고 있는 듯했다. 그러나 코친은 최초의 인도의 봄베이만큼 강렬한 인상을 주지는 않았다. 코친의 바스코·다·카마 사원이나 유대교 사원인 시나고그 등은 다음에 이야기 할 기회가 있을 것이다.

일본인에 있어서의 인도

인도에 관한 것을 어떻게 다루어야 할 지, 어떻게 생각해야 좋을지 꽤 어렵다. 대부분의 일본인에게 있어서의 인도는 단지 불교와 카레라이스, 또는 차파티[1]를 통해 존재하고 있는 정도가 아닐까. 그렇다고는 하나 인도에 가는 여행자의 수가 현격하게 늘어난 작금에는 그렇지 않을지도 모른다.

일본 불교는 종교는 물론 건축물에서 부터 불상, 회화에 이르는 예술적인 것까지 일본인에게 영향을 주고 있다. 그러나 본고장 혹은 종가라고 해도 좋을 인도에서의 불교는 크리스트 기원후부터 힌두교에 흡수되기 시작해 13세기에는 이슬람교에 의해 거의 파멸에 가까운 상황으로 악화되고 있었다. 이 시기 일본에서는 鎌倉 불교가 융성해져서

1) 인도 북부에서 주식으로 하는 무발효 빵

불교가 서민 일상생활의 일부분이나 관습으로 침투되기 시작할 무렵이었다.

13세기에 曹洞宗, 日蓮宗, 時宗, 淨土宗, 淨土眞宗 혹은 禪宗 이라는 그 후 일본 서민 일반의 정신생활이나 풍습에 크게 영향을 끼치는 종파가 대부분 발생했다. 그 시기에 인도에서의 불교는 무용에 가까운 존재가 되어 있었다. 그 사실을 일본인은 明治 이후가 되기까지 깨닫지 못하고 있었다.

혹은 대부분의 일본인은 지금까지도 깨닫지 못하고 있을지도 모르겠다. 일본 불교를 통한 인도, 말하자면 21세기의 인도, 혹은 인도반도의 실상과의 사이에는 꽤 큰 차이가 있다. 그 인도는 확대되어서 몽골계를 포함한 사람·종교·카스트 제도에 의한 많은 사회층이 모두 함께 복잡하게 교착되어 혼돈된 듯 보였다.

그 교착, 혼돈의 반영일지도 모르나 「나도 인도의 역사서를 한 두권 읽은 적이 있으나 언제나 쓸데없이 혼란된 인상이 남아있을 뿐이었다. 그러나 이 책을 읽고 나서는 무언가 신선한 도리가 통했다고 생각하였다」고 말한 것은 1962년 당시의 쿠와하라 타케오(桑原武夫) 선생이었다. 그리고 「이 책」이란 것은 인도의 역사가 코산비의 『인도사 연구서설(インド史研究序說)』이었다.

쿠와하라 타케오 선생의 자택은 내가 초등학교 4, 5학년 당시에 살았던 교토의 쇼코쿠지(相國寺) 근처였다. 선생으로부터는 간접적이긴 했으나 유럽 문제를 공부하던 도중에도 항상 여러 시점에서 가르침을 받았으며 자극을 받았다. 쿠와하라 선생의 식견은 전공인 프랑스 문학, 프랑스 역사는 물론 한시에 이르기까지 동서에 걸쳐 있었다. 어딘가 『중국 사상의 서쪽으로의 이동(中國思想の西漸)』을 쓴 고도우 스에오(後藤末雄)와도 닮아 있다.

쿠와하라 선생의 지적 세계가 서양의 그리스 사상에서 중국적인 세계로 넓어지는 와중에 당연 부상하기 좋았던 곳이 인도였다. 인도는 특히 불교를 통해 일본인의 정신생활에 깊고 넓게 영향을 끼치고 있음에도 그 근원인 인도에 대한 것은 그다지 알려지지 않았다.

明治 이후에 일본에서의 인도 연구는 江戶時代와는 달리 서양 학문의 영향을 받으면서 진행된다. 그러나 일본의 관심은 오로지 인도보다도 서양의 근현대, 그리고 그 배후의 지적 세계인 기독교나 고전 그리스로 향해있었다. 쿠와하라 선생의 지적 세계 동향에도 그러한 점이 있었다고 미루어 살필 수 있다. 그렇기에 쿠와하라 선생의 인도에 대한 새로운 주목 태도에는 큰 관심을 가지고 있었다. 인도까지 커버한 식견으로 새삼 쿠와하라 선생이 일본인이나 일본사를 어떻게 판단할지에 흥미가 있었다.

인도사 연구에 관한 것

나는 인도에 대해서는 전혀 문외한이다. 사실은 쿠와하라(桑原武夫)선생의 위의 말도 『인도의 역사(インドの歷史)』(곤도 오사무(近藤治) 講談社現代新書 昭和 52年)에서 빌린 것이다. 이 『인도의 역사』의 저자는 고맙게도 서두의 「인도사 연구는 어떠한 특징을 가지는가」에서 일본에서 인도가 어떤 식으로 다루어져왔는지, 생각되어 왔는지를 요령 있고 간결하게 보여주고 있다.

먼저 일본에서 하나의 대상으로서 불교를 받아들이고 인도를 학문의 대상으로 삼은 최초의 사람으로서 오사카 출신의 상인(町人)학자 토미나가 나카모토(富永仲基)(1715-46)의 이름을 들고 있다. 토미나가 나카모토는 일반에게는 그다지 알려지지 않은 이름이다.

카모노 마부치(賀茂眞淵)와 모토오리 노리나가(本居宣長), 히라타 아츠타네(平田篤胤), 혹은 우에다 아키나리(上田秋成), 안도 쇼에키(安藤昌益) 등을 알고 있는 사람이라도 토미나가 나카모토는 낯선 이름일 것이다.

그러나 불교 철학의 석학, 나카무라 하지메(中村元)선생은 토미나가 나카모토를 굉장히 높게 평가하고 있다. 또 카토 슈이치(加藤周一)도 토미나가 나카모토에 대해서는 애착에 가깝게 심취해 있다. 카토 슈이치는 노벨상을 받은 유카와 히데키(湯川秀樹) 박사와의 대담에서 토미나가 나카모토론을 논하고, 그를 주인공으로 한 희곡까지 썼다. 유카와 박사도 토미나가 나카모토를 「일본에서 보기 드문 독창적인 사상가」라고 하고 있다.

토미나가 나카모토라고 하는 모토오리 노리나가와 거의 동시기인 18세기 초의 사상가가 곤토 오사무의 지적에 있듯이 일본에서 최초로 인도를 하나의 연구 대상으로 삼은 사람이었던 것이다. 모토오리 노리나가나 그 후의 히라타 아츠타네 등도 토미나가 나카모토를 높게 평가하였다.

참고로 히라타 아츠타네도 꽤 재미있는 인도의 풍습과 신앙의 모습까지를 논한 인도론을 전개하고 있다. 히라타 아츠타네의 인도론은 전쟁 전의 일본의 우익적 분위기에서 우익적으로 이용된 일면을 가지고 있다. 그러나 그에게는 그것을 드러나게 한 것, 예를 들면 오리구치 시노부(折口信夫)가 일본 민속학의 시조로서 그를 존경했다는 점을 들 수 있겠다. 토미나가 나카모토는 인도인에 대해서는 「인도 사람의 풍속은 환상을 매우 좋아한다」고 하며 중국인과 일본인과의 차이를 말하고 있다. 『出定後語』의 저자 토미나가 나카모토에 대해서 상세한 것은 따로 기술하였다.

江戸時代에 일찍 요절하여 역사 속에 거의 묻혀있던 천재적이며 독창적인 상인 학자 토미나가 나카모토를 明治時代가 되어 재발굴한 사람이 나이토 코난(內藤湖南), 나이토 토라지로(內藤虎次郎)라고 곤도 오사무도 쓰고 있다. 나이토 코난은 明治 이후의 일본의 「동양사」 연구·중국 연구에 큰 족적을 남긴 석학이다. 『동양문화사연구(東洋文化史硏究)』와 『일본문화사연구(日本文化史硏究)』는 지금 읽어도 재미있다. 大正 10년에 오사카에서 강연된 『일본문화사연구(日本文化史硏究)』(弘文堂 昭和 21)의 「오사카의 상인과 학문(大阪の町人と学問)」의 부분에 다음과 같은 것이 있다.

「……그 키치자에몬(吉左衛門)의 아들 토미나가 나카모토의 학문은 대단히 해방된 것이었다. 한학을 실로 비평한 것은 상인(町人)의 학문으로서는 전적으로 이 토미나가 나카모토에 의해 시작되었다. 또 토미나가 나카모토는 불교에 관해서 꽤 조예가 깊은 저술도 있을 정도이다. ……어쨌든 토미나가 나카모토가 상인이며 儒佛國學에 통달해 있었던 것은 우리들이 감탄할 수밖에 없는 점이다……」

조금 더 토미나가 나카모토에 대한 나이토 코난의 말을 소개하고 싶으나 여기에서는 일본의 인도 연구가 주된 테마이다. 인도 연구가인 곤도 오사무가 인용하고 있는 코난의 말을 살펴보자.

「인도 연구의 곤란한 점은 원래 인도인은 기록 사상이 결핍되어 있고, 동시에 그 사고가 공상과 사실과의 구별이 상당히 불확실하다는 점이다. 그들은 어쩌면 공상과 사실과의 구별을 설정하는 것이 틀렸다고 생각하는 지도 모르겠다.」

「인도학은 역사 학문에서 말하자면 다소 골칫거리이며 중국의 문화사처럼 정확성을 기대하기는 어렵다. 이것은 인도학의 전문가에게 물려받아 그것을 따르는 수 밖에 없다. 그렇기에 나의 소위 동양사는 중국 문화의 발전사가 되는 것이다.」(『支那上古史』, 內藤湖南全集 第10卷 筑摩書房).

최근 들어서 나카무라 하지메 선생의 저작집 『印度史(インド史)』 등 인도 관계의 서적 몇 권을 읽어보았으나 인도사를 연구하는 것은 굉장히 어렵다. 나이토 코난이 지적한 「인도학은 역사로서 연구하는 데는 난물(難物)」이라고 한 말은 현재에도 적용되는 것이 아닐까. 다양한 언어, 인종, 종교, 셀 수 없을 정도의 카스트 구조 등이 오랜 시간 속에서 복잡하게 얽혀 있다. 인도 연구에는 어딘가 하나의 우주를 연구하는 듯한 마술 같은 부분이 있다.

동양사 밖에 놓인 인도

나이토 코난(內藤湖南)은 인도를 「동양사」의 범위에서 빼고 있다. 코난이 학문적인 활동을 하고 있었던 大正期에는 서양에서의 인도학이라는, 그때까지 일본에 없었던 경향이 현재처럼 전개되어 있지는 않았다. 이 점은 일본에서의 고전 그리스 연구 등과 닮아있다. 코난의 인도학, 인도사에 대한 발언은 明治 이전, 특히 江戶時代 일본의 인도에 대한 지식을 근거로 발언하고 있다. 결국 일본에서의 인도 연구는 「동양사」에서 배제되게 된다. 인도 연구는 明治維新 후에도 江戶時代의 연장선이란 제약이 있었다. 불교가 널리 일본 사회에 퍼져 있었으므로 섬나라 일본에서는 실제의 인도를 모르면서 천축(天竺) 인도를 가까이 있는 것처럼 여겼다.

곤도 오사무는 이 明治維新 이후에 성립되어 간 일본의 인도 연구에 두 가지 흐름이 있었다고 했다.

1. 明治末에 성립된 고전 인도 연구. 이것은 근대 서양의 인도 연구

방법을 배운 것. 종교·철학·문학을 주된 대상으로 한다.

2. 고전 인도 연구로부터 반세기 정도 늦은 1930년대에 특히 나타난 현대 인도 연구. 즉 영국 식민지로서의 인도 연구이다. 하니 고로(羽仁五郎)의 「동양에서의 자본주의의 형성(東洋における資本主義の形成)」(『사학잡지(史學雜誌)』1932). 야나이하라 타다오(矢內原忠雄) 『제국주의하의 인도(帝國主義下の印度)』(1937) 등.

이런 과정을 거쳐 현재에 이르는 일본에서의 인도 연구의 모습을 보면 당연한 것이지만, 일본에서의 서양사와 그리스 연구의 동향이 시간과 함께 그려진 기울기가 닮아있다. 게다가 앞서 말했듯이 일본에서는 천년 이상에 걸친 불교라는 인도 전래품이 있었기 때문에 왠지 인도를 잘 알고 있는 듯한 착각을 한다. 그러나 明治 직전의 江戶時代 일본의 인도학은 같은 시기의 서양학, 즉 蘭學의 수준에도 훨씬 미치지 못하였다. 불전이나 경전의 연구는 별도로 했을 때의 경우다.

벤자이텐(弁財天)과 인도의 신

2004년 4월 하순에 코친 항구에 도착하여 배의 우측 창문에서 본 3채 정도의 작은 토산품 가게 중에서 맨 첫 집에 들렀다. 거기서 처음 본 것이 사라스와티, 즉 중국에서 일본에 건너온 벤자이텐(弁財天)이다. 다리를 꼬고 앉아 풍만한 가슴에 비파를 안고 계신다.

이 벤자이텐과는 어쩐지 인연이 있어 배 여행을 하기에 앞서 센다이(仙台)에서 이시마키(石巻)를 지나 벤자이텐이 모셔져 있는 킨카잔(金華山) 오우곤(黃金)신사에 간 적이 있다. 도중 하세쿠라 츠네나가(支倉常長)의 동상을 보고 그 자료관에도 들렀다. 그리고 큐슈(九州) 하카타(博多) 근처의 무나가타 타이샤(宗像大社), 요시노의 아마노가

와(天の川)신사에도 가게 되었다. 에노시마(江ノ島)의 벤자이텐까지는 매우 가까웠으므로 몇 번이고 갔었다. 예전에는 내가 사는 곳에서도 언제나 에노시마가 보였다.

그리고 배 여행에서 돌아온 후, 예년과 같이 4월의 춤·노래 대회에서 노(能) 「우로고가타(鱗形)」를 추천받아 연습에 들어갔다. 「우로고가타」는 호죠 토키무네(北條時政)가 벤자이텐으로부터 가문의 휘장을 이어받았다는 이야기이다. 그 벤자이텐 역을 연기하라는 것이었다. 짧은 곡이지만 머리장식(天冠)에서 노 의상에 이르기까지 화려하고 아름답다.

일본에서는 벤자이텐이 중국 유래의 것으로 알려져 있다. 그러나 「온소와사라테이(おんそわさらてい一)」라 외치는 주문인 「사라스와티」가 인도어의 하나인 산스크리트어이고 인도의 하천이나 바다, 물에 관련된 학문·예술의 신인 것은 그다지 알려져 있지 않다. 이러한 부분에서도 인도가 있구나라고 다시 느껴보지만, 이러한 인도는 간접적인 인도이다. 에노시마에도 인도 유래의 상(像)이 있는데 거기에도 일반 사람들은 거의 관심을 기울이고 있지 않다.

江戸時代 중기의 토미나가 나카모토 등의 인도관도 불교의 경전을 중심으로 하여 『콘쟈쿠모노가타리(今昔物語)』 등 지금까지 「천축」에서 유래된 인도상에 의한 것이다. 게다가 일반에게 석가라든지 여래님으로 여겨지고 있는 얼굴도 실제로 본 인도인의 생김새와는 다른 느낌이다. 여태까지 접했던 인도인으로 석가와 같은 모습의 사람은 없었다고 생각된다. 달마대사의 생김새도 그렇다. 法隆寺의 線描畵나 아잔타, 엘로라의 경우도 그렇다. 인도인에 가깝다고 생각되는 것은 교토 우지(宇治)의 오우바크산(黃檗山) 만푸쿠지(萬福寺)에 있는 十八羅漢 정도이다. 일반 석가님이나 부처의 얼굴은 오히려 그리스 조각에

가까운 것일 것이다.

인도와 일본 속의 불교

어쨌거나 일본 속의 인도는 역사적으로 농후하면서도 희박한 부분이 있다. 「당(唐), 천축(天竺), 일본(日本)」이란 공간에서 같은 江戶時代에 일본에서 만들어진 중국상과 비교해보아도 인도상은 각별하게 멀리 떨어져 있는 느낌이다. 江戶時代에 일본에서 만들어진 중국상에 대해서는 별도로 졸저 『일본 심층 문화를 걷는 여행(日本深層文化を步く旅)』에 쓰여 있다. 그것은 극히 농밀했으며, 실제 唐人의 모습은 나가사키(長崎) 등에서 빈번하게 볼 수 있었다. 일본의 회화도 새삼 중국의 영향을 받고 있다. 우선 江戶막부 통치를 위한 기본 사상이 중국에서 발생한 주자학 유교이다.

그러나 인도의 경우는 전혀 그렇지 않았다. 인도에서 발생한 불교도 인도 불교라기보다는 중국에 의해 여과되어 일본으로 들어와서 다시 일본에서 여과된 불교이다. 혹은 몽골과 티벳 등 현재의 중국 동북지역, 조선반도 등에 의해 여과되어 변용된 불교이다. 인도는 불교를 통해 일본에 깊이 침투했다고 보여진다. 그러나 실제로는 그렇지 않았다.

불교는 쇼토쿠 태자(聖德太子) 시절에 일본에 들어왔다. 그 후 5, 6백년 사이에 중국, 조선 반도를 경유해서 전래된 불교사상이 일본 나름의 수련과정을 거치었다. 그리고 13세기, 鎌倉 불교는 불교의 서민화로 대중으로의 보급의 계기가 되었다. 그런데 같은 시기에 불교의 본가 인도에서는 「1203년, 이슬람교도에 의해 비크라마시라사(Vikramasila寺)가 소각된 이후에 불교는 완전히 인도 사회의 표면에서 모습을 감추기에 이르렀다」(나카무라 하지메(中村元)). 이 나카무라 선생의 설명에 대해서 내가 개인적으로 만난 인도의 지식인은 이슬람교도에 의한 것이 아니라 힌두교도에 의해 불교는 쇠퇴하고 멸망에 가까운 상태가 되었다고 말했다. 어쨌든 일본에서 불교가 사회적으로도 정신적으로도 매우 중요해진 시기에 인도에서는 불교가 거의 쇠퇴되어 있었다. 奈良時代에 토다이지(東大寺)의 副官長 중에 인도인이 있었다는 얘기도 있으나 그것이 후에 어떤 영향을 남긴 것 같지는 않다.

현재 인도의 지폐인 루피에는 불교를 보급했다고 하는 아쇼카왕에 의해 4개의 기둥 위에 포효하는 사자의 머리 그림이 있다. 이것은 불교의 확대를 나타내기 보다는 힌두와 이슬람 어느 쪽도 아닌 융화적·평화적인 심벌로서 불교를 이용한 것으로 인도 독립 시에 채택된 것은 아닐까.

일본-인도 관계의 희박함

이러한 일본-인도 관계의 희박함이 明治에서 大正, 昭和, 그리고 최근까지 연결되어 있는 것은 아닐까. 확실히 오카쿠라 텐신(岡倉天心)과 타고르, 나카무라야(中村屋)와 인도, 그리고 2차대전 중의 찬드라보스[2] 등의 모습이 떠올랐다. 그러나 그것도 에피소드의 취향을 드러내고 있다. 곤도 오사무(近藤治)가 말했다.

「……인도의 역사 연구가 우리들에게는 다소 어렵고 난해한 문제임은 확실하다. 예를 들어 1960년대 초두에 인도를 방문하여 뛰어난 인도인 역사가 코산비(1907-66)의 존재를 알고, 귀국 후 제일 먼저 『인도사 연구서설(インド史研究序說)』을 우리 나라에 소개한 쿠와하라 타케오(桑原武夫)가 그 소개문을 쓴 동기를 기술한 다음 문장에도 나

2) 인도의 천재과학자

타나있다. 『나도 인도사 책을 한 두권은 읽은 적이 있으나 언제나 장난스럽고 혼란한 인상이 남아있을 뿐이었는데……』 쿠와하라 선생의 발언은 앞에서 인용해 둔 대로이다.

明治를 지나 1930년대가 되어 겨우 약간의 윤곽을 그려내기 시작한 것이 일본에서의 인도사 연구이다. 21세기 후반에도 역시 혼돈의 상태에 있던 것이 동서고금의 역사적 문제에 많은 관심을 가진 쿠와하라 타케오라는 걸출한 사람에 의해 지적되었다. 최근에는 나카무라 하지메 선생의 인도사 연구 등에 의해 어느 정도 그 상황은 바뀌어 가고 있지만, 그보다도 컴퓨터나 인도의 첨단과학, 기술의 급속한 발전이 일본의 인도학의 성격을 바꿀 수 있을지도 모른다. 인도는 일반적으로 자기 충족적이고 바깥 세계에 대해서 관심이 적다. 그러한 상황에도 다소 변화가 생겨날 가능성도 있지 않을까.

에게해에서

이집트의 포트사이드에서 그리스의 피레우스 항까지는 배로 당일 크루징이었다. 그러나 지중해에서 에게해로 가는 바다의 색깔은 감청에서 연두로 미묘하게 변화되어 싫증나지 않았다. 전에 그리스의 공항에서 살짝 이 나라를 엿본 적이 있었다. 그러나 바다를 통해 그리스를 방문해보니 어쩐지 색다른 느낌이 든다.

아테네에서 가까운 피레우스 항구에서 3만 톤급의 배가 접안하려고 하였을 때 강풍으로 다른 배에 부딪혀 버렸다. 그 후의 항해가 걱정되었지만 시간을 들여 상륙하는 데 성공했다.

그러나 배 트랩에서 내릴 때 일본에서 가져온 모자가 날아가 바다에 떨어져 버렸다. 아테네 올림픽 직전 시기로, 배가 피레우스에 정박한 시간은 겨우 반나절이었다.

피레우스 항에서는 택시로 아테네까지 가기로 했다. 처음엔 지하철을 이용할까 생각했으나 사람 좋아 보이는 중년 택시 아저씨의 권유를 받아들이기로 했다. 결과적으로는 그것이 성공이었다고 생각한다. 언덕 위에서 아테네 시내를 관망하고, 파르테논의 아름다움도 만끽하고 게다가 언덕 위에 있는 소크라테스의 감옥까지 볼 수 있었다. 돌아오는 길에 일본인 여성이 점원으로 일하고 있는 토산품 가게에서 무엇에 홀린 듯 가죽 코트를 사 버렸다.

고전 그리스 시대 소크라테스의 감옥이 남아있는 것은 지금까지 몰랐다. 일본으로 치자면 죠몬(縄文)의 유적이 현존하고 있는 것이다. 안에는 못 들어갔지만 지금 당장 다른 사람이 들어가도 바로 사용할 수 있지 않을까? 물론 복원은 되었겠지만 역시 석기 문화는 남아 있었다. 이 그리스에 대해서는 역시 조각이 마음에 걸린다. 로마의 조각은 그리스의 모조품인 경우가 많다. 모조품과 진품은 박력과 섬세함도 다르다. 그리스의 모든 것을 다시 한 번 천천히 보도록 하자.

그리스 사상과 인도 사상

그리스에 대해서는 졸저 『특이한 유럽(異相のヨーロッパ)』을 썼을 때 조금 조사해 보았다. 그러나 그 당시에는 네덜란드의 인도 학자 곤다의 『인도 사상사(インド思想史)』(鎧淳 訳, 岩波文庫 2002)는 읽지 않았다. 후에 읽어보니 제목은 『인도 사상사(インド思想史)』이지만 실제로는 그리스 사상과 인도사상의 재미있는 비교로 되어 있었다. 서양인으로서의 곤다의 사상의 원천 중 하나는 역시 그리스였다. 이러한 비교는 나카무라 하지메 선생의 경우에도 보여 지는데 그것은 네덜란

드인 곤다의 경우와는 어딘지 다르다. 곤다가 말한 고전 그리스와 인도와의 비교 요점이라고 생각되는 부분을 보도록 하자.

1. 바다와의 접촉 문제. 그리스는 바다에 둘러싸여 바다라는 교통수단에 의해 다각적으로, 그 위에 이집트나 서아시아 등의 높은 문화·문명을 흡수하고 있다. 그런데 인도는 이국의 높은 문명과의 직접 교류는 그리스처럼 빈번하지는 않았다.

2. 인도는 항상 개인과 집단의 보호에 유의하고 있다. 빈곤한 국토인 그리스와 다르게 비옥한 토지와 풍부한 식물의 생육이 궁핍이나 불안을 해소해 준다. 이에 반해 그리스는 불모의 토지임에도 주변의 섬나라들로부터 높은 문명을 경험하고 있다. 어수선한 생활, 교역, 여행, 다방면에 걸친 국제간 교류, 이민족에 대한 흥미, 이민족으로부터의 문화 섭취, 이런 것들이 그리스의 특징이다.

3. 고대 후기 인도 문헌의 두드러진 특징은 이민족에 대해 거의 언급하고 있지 않다는 것이다. 이민족과의 접촉은 경시되는 경향이 있었다. 21세기가 되어서도 인도인은 이민족과의 사이에서 시간을 보낸 후에는 몸을 청결히 하곤 했다고 한다. 인도에는 헤로도토스[3]는 존재하지 않는다. 그리스인은 마음이 넓고 호기심이 많다. 그리스에서 종교는 권위있는 복음을 지니지 않는다. 인간이 만물의 척도가 된다.

4. 인도인은 원시림에 틀어박혀 자신을 둘러싼 우세한 자연의 수용에 몸을 맡긴다. 고대 문화에 특유의 자연과의 연대감이 남아있다. 인도에서는 그리스처럼 인간이 자연과 대립하지 않는다. (자연과 대립하지 않는다는 점에서는 인도와 일본은 공통된 면을 가지고 있다. 그러나 일본의 자연이 훨씬 인간과 융합적이다).

5. 인도인은 인간의 지각이나 이해를 뛰어넘은 모든 것에서 힘을 느

3) 그리스의 역사가

낀다. 힘을 가지는 것은 실존한다. 예를 들어 「경지의 주인」「논두렁의 신」「숲의 여신」(인도의 혹독한 더위를 포함한 강렬한 자연은 일본의 온화한 자연보다도 개성적이라 볼 수 있겠다). 인도에서는 자연과 초자연은 대립하지 않는다. 힘에 대해서는 몸을 지키고, 자기의 뜻에 굴복시킬 필요가 있었다. 힘의 활동·성질·관련을 생각하게 된다.

「3」의 그리스인과 인도인과의 호기심에 대한 것인데, 최근 들어서 인도에서 몇 명의 인도인을 만나 이야기를 나눠보니 인도 밖의 세계에 굉장한 관심을 나타내고 있었다. 코친 항의 토산품 가게의 매니저도 그랬다.

델리 대학에서 화학을 전공했다면서 일본의 「테크놀로지」를 칭찬하고 미국을 싫어했다. 일본의 통근 때의 만원 전차도 잘 알고 있었다. 아마도 텔레비전의 효과일 것이다. 나와 같은 낯선 일본인과 재미있게 이야기하며 차를 대접하고 목재로 만든 아쇼카왕의 작은 장식물까지 나에게 줬다. 그러나 이 인도인의 외향적인 관심은 한정된 현상일지도 모르겠다.

인도인의 현대에 대한 호기심을 둘러싸고는 두 가지 이유를 들 수 있다. 하나는 영국 식민지 시대의 피지 인도인처럼 강제적으로 거의 노예처럼 노동력으로서 국외로 옮겨진 것이다. 또 하나는 옛날 혹은 현 영국 식민지에서 소매상으로서 새로운 일을 도모하러 많은 인도인이 국외로 나간 것도 하나의 이유일지도 모른다. 아프리카, 모르셔스, 태평양 지역에서 카리브 해까지 그들은 여기저기 흩어져 있다. 세계 제국이었던 영국 식민지 제국의 확대 정책에 몸을 실은 것인지 실린 것인지 둘 중 어느 쪽인지 잘 모르겠다. 여기에 비해 그리스인의 이민처는 거의 아메리카 합중국이었다. 게다가 최근 아테네를 시작으로 그리스에는 세계 각국에서 관광객이 쇄도하고 있다. 게다가 역사적으로도 고전 그리스 시대 이후 로마, 동로마, 오스만 투르크와 문화적인 다양성도 자국내에서 경험하고 있다. 피레우스 항의 늙은 토산품가게 주인은 아랍어를 포함하여 몇 가지 언어가 가능하다고 자랑했다. 현대의 그리스는 고전시대의 그리스처럼 밖으로 향하는 시선은 없다. 밖으로부터 안으로의 시선 쪽이 더 많다. 피레우스에서 지금 유행하는 그리스의 가요 CD를 사보았다.

들어 보니 이집트의 포트사이드에서 산 것과 어딘지 곡의 분위기가 닮아있었다. 그러나 이집트산 쪽이 힘이 있다. 일반적으로 그러했다.

이렇게 옛날과 현재의 그리스인과 인도인의 호기심의 모습에도 약간의 변화가 있었다. 그러나 인도인은 자국의 문화·종교에 뿌리 깊은 자신감 또한 안고 있는 것은 아닐까. 그리스인도 그럴 것이다. 동양과 서양의 어느 부분을 보려고 할 때 인도와 그리스, 그 관계에서는 눈을 뗄 수가 없다.

인도의 춘하추동, 그리고 시간과 공간

한편 인도에서 시간을 보내고 있으면 춘하추동의 감각은 희박해진다. 시간을 잊어버리는 경우가 대부분이다. 물론 인도에도 그 나름의 춘하추동은 있다. 인도는 히말라야에서 인도양까지 넓다. 그러나 일반적으로 인도의 시간은 계절의 추이와는 별개로 정지된 공간에 흡수되어 자취를 감춘다. 혹은 시간이 있다고 하면 영원에 가까운, 인간의 밖에 있는 시간이란 감각, 이런 것들을 코친에서 생각해 보았다. 앞서 언급했던 곤다의 책에서 불교와 근접한 기원전 600년쯤에 등장한 자이나교와 관련해서 「시간은 공간에 의해 한정을 받지 않는다. 시간은 영원하며 종류로서는 단일하며, 시간도 실체로 간주한다.」고 한 기술이 있다. 曹洞宗의 시조인 도겐(道元)의 『쇼보겐조(正法眼藏)』에 「우지(有時)」란 부분이 있다. 거기에는 시간 자체가 존재이며 존재가 모두 시간이라고 하고 있다.

도겐의 시간에 대한 생각도 흥미롭다. 그러나 인도의 시간, 시간에 대한 감각은 인도라는 풍토가 낳은 것이라는 느낌이 든다. 도겐은 인도에는 가보지 않았다. 그러나 인도적 시간의 내부를 보고 있었다고 생각한다.

「달은 옛날의 달이 아니고 봄은 옛날의 봄이 아니나 내 몸의 마음만은 그대로이다.」의 아리와라 나리히라(在原業平)나 「멍하니 생각하고 있는 사이에 사쿠라 꽃은 져 버리고 이내 몸은 할머니가 되어버렸다.」라는 오노노 코마치(小野小町)의 시간은 일본열도가 만들어 낸 것이다. 일본에서의 시간은 두루마리 그림처럼 평면적으로 계속되고 있다. 사람도 사건도 그 흐름에 떠다니는 물거품의 아취를 준다. 증축된 건조물이나 도시의 확장도 그러하다.

반면에 서양에서의 시간은 무한히 이어지는 건조한 벽돌탑, 혹은 끝이 보이지 않는 피라미드처럼 모자이크의 조립으로 천공을 지향하고 있다. 시간에 마디가 있다. 중국에서는 현실적인 인간관계, 인간 중시의 즉물적인 경향에 따라 연월에 절기를 붙이고 있다. 그러나 인도에서는 일본이나 중국, 서양과 같이 과거·현재·미래의 구분이 없는 것처럼 보인다. 천하의 나이토 코난(內藤湖南)[4)]이라 하더라도 인도 역사학을 연구하는 것은 정말 어려운 일일 것이다.

---

4) 일본을 대표하는 동양사학자

자이나(jaina)교

자이나교, 이 종교는 유일 절대 신이나 우주 영혼 등을 인정하지 않는다. 세계는 직립하는 거인이라 생각하며, 다리는 지옥, 몸은 인간과 짐승, 머리와 가슴은 신의 영역이라 한다.

그 위에 해탈해서 열반에 들어간 사람이 있다고 했다. 자이나 교도는 생물의 살생을 일체 피하려고 한다. 불살생은 아힘사[5]라고 했으며, 자이나교의 신자는 밭일로 벌레를 죽이는 것도 피했다. 입에 실수로 벌레가 들어간 것도 두려워하여 마스크를 한다. 상업 활동은 살생과는 거리가 멀다. 따라서 자이나 교도는 도시의 상인이 되고 싶어 한다. 인도의 재벌에 자이나교도가 많다고 들은 적이 있다.

자이나교는 무신론이며 독자의 세계상을 가지고 있으나, 왠지 인도를 가장 상징하고 있는 듯한 느낌이 든다. 그것은 토미나가 나카모토가 말했듯이 환술적인 것이다. 한때 자이나교에 경도되었던 타카하시 카즈미(高橋和巳)[6]는 그 환술적인 면은 보지 않았다고 생각한다. 분명 그의 『스테고모노가타리(捨子物語)』는 그로부터 직접 샀던 기억이 있는데….

인도인의 환술(幻術) 취향

인도인의 환술취향에 대해서는 노(能)「우로고가타(鱗形)」에도 사라스와티, 즉 벤자이텐(弁財天)이 「……나는 신을 통해 몸을 나타내며, 로쿠츠우(六通) 산묘우(三明)의……」라고 神託하는 부분이 있다.

---

5) 불살생(不殺生)·불상해(不傷害)를 뜻하는 인도의 종교·도덕의 기조 사상
6) 일본의 소설가이자 중국문학자

도겐(道元)은 쇼보겐조(正法眼藏)의 「신통(神通)」부분에서 소신통(小神通)과 대신통(大神通)과의 구별을 하고, 일모(一毛)[7]가 대해(大海)를 지탱하고 대해를 삼키고 소화시키는 것은 소신통, 그 배후에 있는 것을 대신통으로 하고 있다. 상반신에서 물을 뱉고 하반신에서 불을 내뿜는다고 하는 것은 소신통이다. 도겐은 눈을 현혹시키는 환술은 배제하고 있다.

그러나 동서양을 불문하고 일본이나 프랑스 등에서도 근대과학이 발달하기 전인 17세기 무렵 까지도 번개나 바람 등의 자연 현상 속에서 「신통」을 보는 경향이 있었다. 서양의 마녀 재판 등도 그 표현의 하나일 것이다. 마력 charme이라 하는 프랑스어에도 17세기에는 언어 자체에 마력적이랄까 환술적인 부분이 남아 있었다. 지금은 희미해졌지만 잠재적으로는 남아 있다고 생각한다. 인도에서는 그러한 성격이 더욱 강한 듯 느껴진다.

앞에서도 언급한 네덜란드의 인도 학자 곤다는 인도인과 그리스인과의 비교에서 인도인이 정신과 물질, 생물과 무생물의 구별을 하지 않는 것, 동물은 인간의 모사이기 때문에 육식을 허락하지 않는 것, 인도인은 그리스인처럼 신들의 불의를 비난하여 스스로 심판자의 자리에 오르는 일은 없었다고 했다. 또 인도인에게는 자신을 지배하는 세력이 있다고 생각하여 이 세상에서 진실을 구하려고 하지 않았으며, 한편으로 신비적 체험을 객관화하려 했다고도 말하고 있다. 노가쿠에도 종종 비슷한 감각이 있다. 예를 들어 인도의 신 사라스와티가 벤자이텐(弁財天)으로 등장하는 노 「우로고가타(鱗形)」의 「시간의 발걸음을 옮기며(時の歩みを運びつつ)」라는 말의 배후에 있는 인간을 지배하는 힘과 운명같은 것이 느껴진다.

---

7) 한 가닥의 털 또는, 그처럼 적은 분량(分量)

이러한 인도 사상의 대부분은 불교를 통해 일본인에게 영향을 주고 있다. 예를 들어 일본에는 침(針)공양[8]이란 것이 있다. 미국인에게는 물론 프랑스인에게도 이해되기 힘든 것이라고 어디에선가 읽었다. 생물과 무생물 구별 없이 침의 영혼이 깃들어 있다고 하는 생각, 마음, 그것은 일본에서는 자연스러운 것이다. 신도의 샤머니즘(shamanism)이나 애니미즘(animism)과 융합되면서 이러한 감각은 불교에 의해, 즉 인도 사상에 의해 뒷받침 된 것이라고 생각한다.

인도의 카스트

인도하면 바로 카스트 제도가 머릿속에 떠오른다. 최근에는 공장노동자가 늘어나 그만큼 카스트의 구분이 엷어지고, 사회적으로 차별받는 측의 항의의 목소리도 높아졌다고 한다. 그래도 역시 카스트는 엄연하게 인도 사회에 있다. 일본인 여행자는 뉴델리의 어떤 호텔에 도착한 순간부터 인도 사회의 신분제를 느끼게 된다. '아아, 카스트다' 라고 생각한다. 보이부터 가정부, 문지기부터 청소부까지의 모든 역할과 신분 처지가 다르다. 지적 계급과 정치가는 아리아계, 코가 높고 피부색도 엷고 대부분 서양적인 풍모로 엄연하고 때로 기품 있고 심지어 불손한 느낌마저 지닌 사람도 있다. 이야기할 때도 상대방의 사회적 계층을 어디에선가 찾고 있는 듯한 느낌을 받은 적도 있다.

카스트란 무엇인가. 『인도의 역사(インドの歴史)』를 쓴 곤도 오사무(近藤治)는 「중요한 문제로 지금까지 제론이 있다. 그러나 본격적

---

8) 침공양(바늘 공양)은, 접힌 바늘을 공양해, 가까운 신사에 넣는 행사. 2월 8일(관서지방에서는 12월 8일)에 행해진다. 접힌 바늘을 신사에 납입하거나 두부나 곤약과 같이 부드러운 것에 찌르거나 하는 것으로 공양해, 재봉의 능숙을 빌었다. 이 날은 바늘에 접하지 않게 한다고 하는 풍습도 있다.

검토는 할 수 없다.」고 했다. 『코지엔(広辞苑)』에는 「카스트 caste(포르투갈어로 혈통의 의미인 casta에서), 인도에서 보이고 있는 사회집단. 의례적인 관점에서 서열이 붙여져 있으며, 각 집단 사이에는 통혼·식사 등에 관한 엄한 규제가 있으나 점점 약해지고 있다.

이천 이상의 수가 있으며, 많은 경우 세습적 직업을 가지며 파트너와 분업관계를 맺는다.……」라고 나와 있다. 본래는 인도인이 만든 백과사전에서 카스트를 조사해보고 싶었다. 그러나 지금은 그것은 불가능하다. 프랑스어의 『쁘띠 로베르』나 스페인어 사전을 살펴보자.

프랑스어 사전 『쁘띠 로베르』에는 「카스트, 포르투갈어로 16세기에 casta를 1615년에 프랑스어에 도입. 1. 인도에서 보이고 있는 폐쇄적인 사회 계급. 승려 카스트(Brahmane을 볼 것), 전사 카스트, 브루조아 카스트, 직인 카스트. 모든 카스트 밖에 있는 최하층계급으로 Parias(不可觸民)가 있다. 2. 경멸적으로 배타적 정신을 가진 자라고 간주되어 있는 사회계급. ……」. 더욱이 「카스트」가 포르투갈어에서 유래되었다고 해서 白水社의 포르투갈어 사전이나 백과사전을 찾아보려고 생각하였으나 적당한 것이 손에 들어오지 않았다. 스페인의 백과사전 『Espasa1』에도 그다지 설명은 없다. Casta의 설명에 인도의 「카스트」는 전혀 다루어 지지 않고 있었다. 이상한 기분조차 든다.

서양인이 본 인도의 카스트

카스트는 종교적인 면, 계급적인 면, 도시와 농촌에서의 차이 등이 있어 이해하는 데 굉장히 어렵다. 『현대 인도로 가는 길 상하(現代インドへの路 上下)』(佐々木現順 第3文明史 1981)라는 인도 사회를 설명한 좋은 책이 있다.

그러나 이 책의 카스트 제도 부분을 계속 읽어봐도 무엇 하나 확실하지 않다. 단지 경험적으로는 인도 카스트의 사회적 차별—구별은 아니다—은 인도 독자의 종교적 의식과도 얽혀서 인도 사회의 가장 깊은 부분에까지 도달해 있다고 생각한다.

그런데 서양에서는 이 인도의 카스트를 노예제도의 일종으로 보는 경향이 있다. 사사키(佐々木現順)는 「……카스트란 유럽적 개념이며, 노예 계급이 성립되어 있고 사회적 신분의 구별이 성립되어 있던 시대의 언어인 것은 확실하다. 하지만 노예제도는 다른 인종—백인과 흑인처럼—의 사이에서 사용된 것으로 같은 인종인 인도 민족 사이—특히, 현대의 인도—에서는 맞지 않다. 옛부터 인도에서 노예는 존재하지 않았기 때문이다.」(前掲書 『現代インドへの路』)라고 했다. 여기에는 동의할 수 있는 부분과 그렇지 않은 부분이 있다. 예를 들면 노예제도는 다른 민족 사이만 있는 것이 아니었다. 그것은 졸저 『특이한 유럽(異相のヨーロッパ)』에도 적어 두었다. 이것은 나중에 다시 한 번 거론하도록 하겠다. 어쨌든 카스트 제도에 관한 인도의 노예제도는 동양과 서양을 살펴 볼 경우 매우 예민한 부분이다.

그리스인이 본 인도의 노예제

기원전 300년경 알렉산더의 인도 원정과 거의 같은 시기에 인도를 찾은 메가스테네이스라는 그리스인이 『인도지(インド誌)』란 4권의 책을 썼다.

그리고 인도에 그리스와 같은 노예가 없는 것에 놀라워했다. 나카무라 하지메 선생의 『인도사Ⅱ(インド史Ⅱ)』(春秋社)에 의하면 메가스테네이스는 다음과 같이 적고 있다.

「또 인도인의 토지에는 위대한 일이 존재한다. 인도인은 모두 자유인이며, 인도인 노예는 존재하지 않는다.」「(원시불교의 사상에 의한 것이겠지만) 어떤 사람도 결코 노예가 아니며 자유인들은 만인에게 존재하는 평등을 존경하도록 율법이 정해져 있다.」

나카무라 하지메 선생은 메가스테네이스의 말에도 불구하고 인도에도 노예는 있었다고 했다. 하지만 「당시 인도의 노예는 고대 서양의 노예처럼 가혹한 취급을 받지 않고 인도인의 관용적인 성격에 근거하여 온정을 가지고 대접받았다. 그리스·로마에서의 노예는 사슬에 묶이고, 낙인이 찍히며, 채찍으로 맞거나 짐승과 같이 다뤄졌다. 그러나 인도의 노예는 일반적으로 이러한 잔혹한 취급을 받지 않고 어느 정도까지 자유로운 인격을 인정받았던 것이다. 게다가 그보다 중요한 요소로서 당시 인도 사회에서 노예가 차지하고 있던 인구 비율이 극히 적었다는 것을 들지 않으면 안된다.」라고도 지적하고 있다.

나카무라 하지메 선생은 또 「……여기에 중대한 특징이 있다. 주의해서 살펴보면, 이러한 노예에 관한 기술이 있음에도 불구하고 『타국을 침략하여 이민족을 납치했다』란 기술이 없다. 서양 고대의 전쟁은 노동력으로서 노예의 획득을 목표로 행해졌다고 종종 학자들이 논하고 있으나, 이 특질이 적어도 불교 부흥기 시대에는 확실히 보이지 않는다. 이 사실은 인도 사상사를 이해하기 위한 하나의 유력한 열쇠를 부여해 준다고 생각한다.」고 되어 있다. 인도뿐만이 아니라 서양, 그리고 아시아와 서양 문화의 존재 모습을 알고 이해하기 위해서도 중요한 견해이다.

인도에서 서양식의 노예제는 없었다

이 지적을 읽어보자면, 기원전 3세기 마우리아 왕조, 특히 아쇼카왕에 의해 불교가 인도의 거의 전역에 퍼지고 자이나교도 그 윤곽을 보일 때, 인도에는 적어도 그리스·로마형, 즉 서양적인 노예는 존재하지 않고 노예제는 거의 없었다는 결론이 나온다. 서양에서는 「민주주의」 아메리카 합중국의 그 하나의 전형으로써 노예제가 극히 최근까지 존속해 있었다. 주지해야 할 부분이다.

또 앞서 거론하였던 사사키(佐々木現順)의 저서에도 「카스트란 유럽적 개념이며, 노예 계급이 성립되어 있고 사회적 신분의 구별이 성립되어 있던 시대의 언어인 것은 확실하다.」고 하면서도 「인도에는 옛부터 노예제는 존재하지 않았다.」고 했다.

「일본도 동일인종이기 때문에 인도와 똑같이 노예란 계급이 존재하지 않았다.」「카스트의 제일 아래 계급이 수드라인데 이것은 노예 등으로 번역되기는 하지만, 앞서 언급했듯이 노예제도가 없었던 인도의 동질사회를 보면 이해되듯이 노예 카스트가 아니라, 농업·공업에 종사하는 자(높은 지위가 아닌) 혹은 서번트(servant)로서 일하는 사람들이다.」라고 했다.

일본 불교는 노예제 문제를 빠트리고 있다

인도 불교와 관련해서 화엄경(華嚴經)을 조사하고 있을 때 화엄경을 해설하던 어떤 사람이 인도에 대해서 「고대 노예제」란 말을 사용하였는데, 그 출처는 확실하게 밝혀지지 않았다. 또 화엄경과 함께 『법화경(法華經)』(岩波文庫)도 읽어보았다. 법화경은 산스크리트에 의하면 「바른 가르침의 백련(白蓮)」이라고 했다. 이 『법화경 상(法華經上)』의 번역문에서 노예, 혹은 노예제와 관련된 부분을 보기로 했다. 읽은 범위 안에서는 2곳에 「노예」란 단어가 있었다. 쿠마라쥬(鳩摩羅什, Kumārajīva)[9]의 한역(漢譯)과 그것을 옮긴 일본어 문장에는 「노비(奴婢)」 혹은 「하인(僮僕)」이라 되어 있었다.

일본어로 번역된 불경이나 그 해설서를 한정된 범위 안에서만 읽었지만, 인도의 노예와 노예제도는 나카무라선생이나 사사키선생과는 별도로 일본 불교 연구에서 그다지 의식되지 않은 듯 느껴진다. 예를 들어 『불교 사상－그 원형을 탐색하다(仏教の思想－その原型をさぐる)』(上山春平, 梶山雄一編 中公新書 1985)에서도 불교 사상 전체가 개관되고 있으나 노예제의 문제는 전혀 의식되어 있지 않다.

참고로 이 책의 참고문헌 안내에 「우리들이 옛부터 따라왔던 불전은 한역 불전이며……」라 되어 있는데, 그것은 일본 불교와 관련된 시야가 하나의 한계를 가지고 있었다는 것을 분명하게 하고 있다. 뒤집어서 인도 사상을 다루면서 동서 노예제의 문제를 다루고 있지 않은 네덜란드인 곤다의 경우도 그렇다. 제각기 다른 이유를 원인으로 하고 있겠지만…….」

그리스 부활과 구미 의식으로서의 노예제 존속

앞에서 보았듯이 이미 기원전에 그리스 사람 메가스테네이스는 인도에 노예제도가 없는 것에 경탄을 표하였다. 그리스는 근대 서양에서 두 번 정도 꽤 의미 있는 등장을 하고 있다. 첫 번째는 르네상스기, 아리스토텔레스 사상을 통한 그리스 부활의 시기이다.

9) 중국 진나라의 고승, 원래는 인도사람

그 당시 그리스는 오스만·투르크라는 이슬람 세력의 압제하에 있었기 때문에 그리스 부활이라 하더라도 사상·예술 면에서는 부활이 한정되어 있었다. 아리스토텔레스에 관해서는 여기에서는 그 지배 사상, 노예제 용인 자세가 문제가 된다. 자세한 것은 졸저 『특이한 유럽(異相のヨーロッパ)』에 써 두었는데, 근대 유럽의 식민지 사상과 노예제 용인 사상의 기반이 되고 있다.

두 번째, 서양에서의 그리스 부활은 바이런(Baron Byron)의 그리스에 대한 생각으로 상징된다. 그것은 서양 대다수의 나라가 국민국가의 형성으로 향하면서도 선진국 서양-후진국 비서양이란 것을 강하게 의식하였던 시기로 19세기 초이다. 서양문화의 근원으로서의 고전 그리스의 정치적 부활이다. 고전 그리스가 이슬람권으로부터의 독립을 실현하려고 하는 그리스와 겹쳐진다. 서양문화의 근원 중 하나로서의 그리스가 특히 강조되고 있는데, 그것은 19세기 말부터 20세기 초가 되면서 서양문화와 문명의 핵으로서의 그리스로 변모해 간다. 글로벌리제이션의 제2의 시기로 여겨지는 제국주의 시대의 서양 사상을 지탱하는 기반 중 하나, 서양 중심주의의 축이 되는 그리스이다. 다시 노예제의 문제로 돌아가면 이 「서양 중심주의의 그리스」는 거의 관계가 없는 것으로서 방치되어 있었다. 明治末期부터 大正, 昭和에 걸쳐서의 일본은 이 서양 그리스를 수입한 것은 아닐까.

인도와 그리스와의 관계 속에서 카스트와 노예제도를 조금 살펴보았다. 이것은 일본인이 서양과 접촉하여 서양을 볼 때에도 강력한 키포인트가 되지 않을까. 이 노예제의 문제가 동양과 서양의 큰 분기점이 되는 것은 아닐까. 이러한 것을 생각하는 사이에 배는 이상하리 만큼 밝은 연두빛을 보여주고 있던 에게해를 뒤로한 채 피레우스 항을 떠나갔다.

배는 이탈리아 치비타베키아(Civitavecchia)라고 하는 일찍이 서양 노예제의 일대 거점이었던 로마의 북쪽에 있는 항구로 향하고 있었다.

5. 상아의 흔적 colonialismo

발단-「아메리카 발견」과 캐나다 원주민

세계 일주를 하는 토파즈호의 선내에서 제2회 식민지·식민지주의를 대상으로 한 작은 강연회가 개최되었다. 배는 알래스카의 스워드(Seward)를 나와 알류샨 남쪽을 향하고 있었다. 7월인데도 격한 파도에 흔들리면서 일본 하루미(晴海)로 항해중이었다. 제2차 대전 중에 일본군이 전멸했던 앗트(Attu)섬을 향해서 아침 일찍 갑판에서 묵념을 올린 뒤의 일이었다.

몸집이 작고 정력적인 콜롬비아인인 어느 남자는 자신의 혈통부터 이야기를 시작했다. 원주민의 피에 중국계의 피, 거기에 歐州 대륙의 백인의 피가 섞여있다고 거의 일본인이었던 사오십 명이나 되는 청중 앞에서 밝혔다. 그는 현재 일본에 살고 있다. 그러나 이 식민지주의를 논하는 모임이 시작되기 전에 개인적으로 일본 다음에는 중국에 가고 싶다고 말했는데 그 이유 중 하나가 그의 피 속에 중국인의 피가 흐르고 있기 때문이라고 했다.

게다가 그는 중남미 아메리카 대륙의 많은 나라에서 지금도 행해지고 있는 인종차별의 구조에 대해서 피부색이 옅고 짙음에 따른 차별은 현재도 분명히 있다면서 콜럼버스의 일화부터 이야기를 시작하였다.

「내가 어렸을 때 콜럼버스는 『아메리카를 발견』한 위대한 인물이라고 초등학교에서 배웠습니다. 그러나 지금의 나에게 콜럼버스는『아메리카를 발견』한 사람이 아니라 아메리카 대륙에 찾아와 그 富를 빼앗고 아프리카 대륙에서 잡아온 흑인 노예 무역의 길을 만든 인물로 결코 위대한 사람이 아닙니다」라고 했다. 그리고 중남미에 인종차별이 공공연히 존재하는 것에 대해서는「흑인이 그 피부색 때문에 최하층으로 간주되어지고 있습니다. 여러 가지 피가 섞여 있는 저 같은 사람, 크레올(Creole)[1)]도 마찬가지입니다. 하지만 그 사람들은 피부색의 농도에 따라 희면 힐수록 랭킹이 높게 매겨지고 있습니다. 가장 위에는 백인이 있습니다.」라고도 했다.

그의 이런 말을 들으면서 나는 캐나다의 원주민(first nation)의 민예품을 취급하고 있던, 보통의 박물관보다 훨씬 재미있었던 벤쿠버의 어떤 가게에서 샀던 책 표지를 떠올렸다. 가게는 배가 정박하였던 항구에서 10분정도 떨어진 곳에 있었다. 표지에는 콜롬버스의「아메리카 발견=discovery」이라는 멋들어진 영어가 있었다. Thomas Berger surveys the history of the Americans since their "discovery" by Christopher Columbus.……

영어도 프랑스어도 스페인어도「discover」를 아메리카 대륙과 콜럼버스와 관련해서 괄호로 묶어 놓은 歐米人 저작물을 개인적으로는 그때까지 본 적이 없었다.

시간의 흐름이 느껴지는 대목이었다. 혹은 歐米에서도 다른 시간이 흐르기 시작했다고 느꼈다. 이 책의 저자는 캐나다인 변호사로 캐나다 원주민의 인권이나, 존재 유지를 위해 노력하고 있는 사람인 듯했다. 내용은 굉장히 재미있었고 간과하고 있었던 중요한 정보도 있었다. Thomas R. Berger의『A long and terrible shadow white values,

---

1) 신대륙발견 후 아메리카 대륙에서 태어난 에스파냐인과 프랑스인의 자손들을 일컫는 말.

native rights in the Americas 1492-1992』이다. (귀국 후에 책꽂이를 정리하다보니 훌륭한 번역본이 있음을 알았다.[2] 게다가 2권이나 같은 책을 샀다. 모든 관점에 동의할 수는 없지만 역자의 열정이 담겨 감동적이기까지 한 해설에서도 많이 배웠다. 이 장에서 감사의 마음을 전하고 싶다.)

더운 여름이 시작되던 2004년 7월 10일, 100일의 선상생활 후에 하라미(晴海)로 돌아왔다. 같은 달 18일 『아사히신문』에 텐게 시로(天外伺郎)의 『캐나다 원주민의 세계 - 인디안(Indian)·이뉴잇(Innuit)[3]·메티스(Metis)[4]를 알다』[5]에 대한 서평이 있었다.

「……오늘날에도 동화정책에 반항하고 있는 전통파 원주민이 소수지만 남아있는데, 교통사고로 위장하여 살해당하고 있다고 들었다. 선댄스(Sun dance)란 4일 밤낮을 먹지도 마시지도 않고 계속 춤을 추는, 극히 가혹한 기도 의식이다. 거기서 내가 만난 이뉴잇은 역에서 밀려 떨어져 양쪽 발이 절단 되어 있었다. 게다가 2주 전에 아들을 교통사고로 잃었다.……」

이 서평에는 그 밖에도 「본서는 원주민에게 관심을 가진 사람들이 필독할 양서이나, 난점은 문헌 조사 중심이라 백인 시점으로 되어있는 것이다.」라며 내가 생각하고 있는 문제에 대한 지적도 있어 흥미로웠다.

그러나 서평을 읽으면서 토파즈호 선내에서 본 다큐멘터리 비디오 장면이 몇 번이나 뇌리를 스쳤다. 그것은 수년전 퀘벡근교의 오카시에서 캐나다 정부 군대인 기동대와 인디언 원주민과의 사이에서 벌어진 격렬한 총격전을 다룬 것이었다. 선내이긴 하지만 일반인들 앞에서 식

---

2) 『콜럼버스가 오고 나서-원주민의 역사와 미래(コロンブスが來てから―先住民の歷史と未來)』토마스 R 버그-후지나가 시게루(藤永茂)譯 朝日選書 1992.
3) 이뉴잇. 에스키모인이 자신들의 민족에 대해 하는 호칭
4) 캐나다의 프랑스인과 인디언의 혼혈아
5) 『カナダ先住民の世界―インディアン·イヌイット·メティスを知る』淺井晃、彩流社

민지문제를 다룬 최초의 공적인 기회가 되었던 때였다. 토파즈 호는 중남미의 뜨거운 공기를 품은 과테말라에서 시원한 바람이 부는 캐나다 밴쿠버를 목표로 캘리포니아 해변으로 북상하고 있었다.

프랑스계로 보이는 오카시의 시장이 인디안 원주민들 묘지를 공권력으로 접수하여 골프장으로 바꾸려는 돈벌이를 계획하고 있던 일이 사건의 발단이었다. 묘지를 골프장으로 바꾸려는 발상을 원주민들은 도저히 용납할 수 없었다. 캐나다의 프랑스계 주민은 자신들의 정신적인 선조의 땅, 예를 들어 사르트르와 스탕달이 잠든 프랑스 파리의 페르라쉐즈(Pere Lachaise) 묘지가 칭기즈칸의 후예에 의해 골프장이나 유원지로 바뀌게 된다면 과연 어떻게 반응할까? 진정 팔짱 끼고 보고만 있을 수 있을까?

다큐멘터리에 따르면 캐나다 전국토의 인디언 원주민들이 오카시의 인디언을 지원하고 있었다. 그러나 한편 많은 백인들은 원주민에 대한 반감을 노골적으로 드러냈다.

아메리카대륙 원주민이란 존재는 오늘날 캐나다라는 일종의 복합국가의 심층에 깊이 꽂힌 가시와 같다. 그러나 그것은 눈에 띄지 않게 깊이 감춰져있다. 일본에서 「캐나다 현대사」로 다루어진 것만 봐도 원주민에 대한 것은 전혀 다루고 있지 않고, white guilty의 외부에 있는 記述도 있다. 그것은 백인의 눈으로 본 캐나다에 지나지 않는다. 많은 일본인의 눈은 무의식적으로, 세계사뿐만이 아니라 지역사에서도 백인의 눈을 통해 세계를 보고 있는 것은 아닐까.

『広辞苑』에 없는 「식민지주의」라는 말

다큐멘터리 비디오 상영이 있었던 곳은 윈저마루라는 선내의 꽤 넓은 집합소였다. 캐나다 원주민인 크리스틴이란 중년 여성과 로버트란 청년 그리고 가운데 자리에 내가 앉아 캐나다 원주민 문제의 패널 디스커션이 있었다. 같은 캐나다 원주민이라 해도 서해안의 로버트와 벤쿠버에서 버스로 너댓시간 가는 거리에 사는 크리스틴과는 같은 원주민이면서도 말이 통하지 않았다. 영어가 공통어였다.

내가 그 자리에 있게 된 것은 정말 우연이었다. 선내에서 스페인어를 배우려 했고 또한 식민지 문제에 대해서 약간의 지식을 가지고 있던 것을 스페인어를 할 줄 아는 콜롬비아인 곤잘레스가 알게 되었기 때문이다.

이 최초의 패널 디스커션이 시작되기 전에 옥스퍼드 사전과 『広辞苑』에 나와 있는 「식민지화」 혹은 「탈식민화」 등의 정의가 패널에게 크게 표시되었다. 옥스퍼드의 「식민지」 정의에는 로마는 등장하여도 그리스가 없는 이상하고 기묘한 결함이 있어, 이 점을 미국인과 캐나다인들도 섞여 있는 청중들 앞에서 지적해 두었다. 서양의 식민지문제는 그리스 이전의 페니키아까지 거슬러 올라가는 것이 좋다. 여기에 관해서는 별도로 기록하기로 하고, 인도와 중국에서는 서양과 같은 형태의 식민지 문제가 없었던 것을 상기해두도록 하자.

그 장소에서는 깨닫지 못하였으나 후에 조사해보니 일본의 대표적 사전인 이와나미의 『広辞苑』제5판(1998년 발행)에도 「식민지주의」란 항목이 없었다. 「식민지주의」란 항목이 없기 때문에 「탈식민지주의」란 용어도 『広辞苑』에 없다는 것을 유추할 수 있다. 『広辞苑』뿐만이 아니라 내가 애용하는 昭和 40년(1965년)간행의 신초샤(新潮社) 국어사전에도 보이지 않았다. 「식민지」란 항목은 상기 두 사전에 모두 있다. 단지 그 해설 내용도 차이가 커서 넓게 비교해보면 불충분하다고밖에 생각되지 않는다. 무엇보다도 「식민지주의」란 항목이 없는 것이 이해되지 않는 부분이다. 다소 불가사의하다.

놀랍게도 식민지주의의 본가 중 하나인 스페인어권의 중급사전 『diccionario VOX lengua Espaňola Escolar rei mexico 1994』에도 「colonialismo(식민지주의)」란 항목이 없다. 이 사전은 멕시코에서 출판되었다. 게다가 전6권인 스페인어 어원사전 『Diccionario Critico Etimologico Castellano E Hispanico (Madirid 1992)』를 봐도 colon은 있어도 colonialismo의 항목은 없다. 또 일본 하쿠스이샤(白水社)발행의 『스페인어 미니 사전(スペイン語ミニ辭典)』(1997)에도 colonialismo=식민지주의란 항목은 없다. 西·西 사전인 Diccionario de Uso del Espaňol(Gredos 1991)에는 Tendencia a la expanisión y a la conservatión de las colonias=「식민지의 확대와 보호 유지의 지향」으로만 간단하게 기술되어 있다

프랑스어 사전『쁘띠 로베르』의 1967년판에 의하면 colonialisme는 「경멸적으로 사용. 식민지 확장 시스템」이라는 짧은 설명이 있으며, 「1910년에 colonial, 즉 식민지란 단어에서 만들어진 말」로 나와 있다. 『쁘띠 로베르』보다 식민지주의=colonialisme 혹은 colonialismo에 대해서 조금 더 나은 정의를 하고 있는 歐米의 사전도 있다. 그러나 역시 프랑스의 대표적인 백과사전『라르즈』의 CD-ROM에서 colonialisme을 찾아보아도 허사였다. colonisation으로 겨우 관련사항이 판명되었다.

또한「탈식민지주의」란 용어에 대해서는,『쁘띠 로베르』에는 décolonisation으로서「어느 한 국가가 식민지로 있는 것을 그만두다, 어떤 식민지가 독립하는 과정」으로 1957년 당시에 만들어졌다고 한다.

게다가「탈 식민지화한다.=décoloniser」는 1963년에 만들어 졌다고 한다. 1963년은 프랑스 식민지로서 베트남과 함께 정치·경제적으로 중요한 존재였던 알제리아가 독립한 다음해이기도 하다.『広辞苑』에는 「탈식민지주의」 용어에 대한 항목이 없었다.

대체로 이들이 비교적 새로운 단어, 용어인 것만은 틀림없는 사실이다. 구미의 식민지주의자는 식민지주의란 단어를 필요로 하지 않을지도 모른다. 혹은 그 말의 출현을 두려워하고 있었는지도 모른다. 천황제라든지 아라히토가미(現人神)[6]라고 하는 말도 어딘가 같은 요소를 지니고 있을지도 모르겠다.

토파즈호 제 45회 세계일주—줄거리

여기서 이야기를 조금 이전으로 돌려보자. 과테말라와 곤잘레스에 관한 이야기보다 2,3개월 정도 전의 일이다. 피스 보트(peace boat)라 하면 지금이야 호화객선 아스카(飛鳥)와 함께 알 만한 사람은 아는 객선이다. 선전용 포스터만 보아도 당당하다. 요코하마의 야마시타(山下) 공원 지역에 계류되어 있는 1만 톤급 나가가와마루(永川丸)보다 훨씬 크다. 그 피스보트인 토파즈호가 세계 일주를 한다는 『닛케이신문(日經新聞)』의 광고를 보고 2004년 4월부터의 승선을 정한 것은 03년의 10월쯤이었다. 특별히 피스 보트를 고른 것은 아니었다. 오히려 비교적 저렴한 뱃삯의 구미 여객선이 일본에서 출발한다면 그 편이 더 좋았을 것이다.

한 번도 선박의 구성이나 선로에 대해 듣지도 않고 설명회에도 나가지 않은 채로 3만 1500톤, 파나마 선적이며 그리스 회사가 소유했다는 토파즈호의 승객이 되어 떠들썩한 배웅 소리를 들으며 하루미를 떠난 것이 4월 5일. 기항지 중 하나에 요르단의 아카바가 있었던 것도 실은 몰랐다. 기항지에는 관심이 없고 단지 배를 타는 것만이 희망이었다.

---

6) 「이 세상에 인간의 모습으로 나타난 신」을 의미하는 말. 아키츠미카미(現御神), 아키츠미카미(現神), 아키츠미카미(明神)라고도 함. 아라히토카미(荒人神)라고도 씀

외양선을 탄 것은 일찍이 프랑스-일본을 왕복한 이래 거의 40년만이었다.

이 배 토파즈호는 전체길이 195미터, 전폭 27미터, 선속 최고 21노트, 갑판 수 9층, 고베 손님을 포함하여 승객은 약 730명. 승무원이 약 300명, 승선을 알선한 회사인 그레이스사에서 약 10명. 합계 약 1000명이 1956년에 건조된 세계에서도 유수 깊은 역사가 있는 낡은 배에서 운명을 함께 하게 되었다. 작은 마을 정도의 집단이었다. 이러한 개성 있는 집단은 일본 내에서는 그다지 쉽게는 찾을 수 없을 것이다. 제각각의 이유로 어딘가 기성의 일본사회로부터 적게는 10%에서 많게는 90%정도까지 밀려나 있음을 알게 된 것은 꽤 나중의 일이다. 스페인어 선생이 된 프랑스 사람 에마는 두 사람의 일본인 여성과 나를 포함한 3명의 스페인어 클래스 사람은 지금까지 자신이 알고 있던 일본인과 다르다고 말했다. 에마는 승선 전에는 긴자의 노바(NOVA)[7]에서 프랑스어를 가르쳤다고 한다.

토파즈호는 고베에서 베트남의 다낭, 싱가폴, 인도의 코친, 아프리카 대륙 케냐의 몸바사, 이스라엘에 근접한 요르단의 아카바, 수에즈 운하를 뚫은 곳인 포트사이드, 지중해를 건너 그리스의 피레우스, 스탕달이 만년에 영사를 지냈다는 니시타베치아, 프랑스의 마르세유, 지브롤터 해협을 나와 대서양에 떠있는 카나리아 제도의 라스팔마스, 태평양을 횡단하여 아메리카 합중국의 마이에미, 그리고 쿠바의 남쪽에 위치한 레게로 유명한 자메이카, 파나마운하를 지나 태평양을 조금 북상하여 과테말라, 더 북상하여 캐나다의 벤쿠버, 더 더 북쪽으로 향해해 가면 빙하가 있는 알래스카의 스워드항, 그리고 남쪽 출발점인 도쿄의 하루미, 이런 식으로 연결되어 있다.

---

7) 전국체인망을 가지고 있는 일본의 외국어 학원

다낭(Da Nang)

항로를 따라가며 식민지 경험이 있던 베트남부터 차례로 읊어보도록 하자. 일찍이 학생시절에 배로 베트남을 거쳐서 프랑스까지 갔던 적이 있다. 기항했던 곳은 사이공(西貢), 현재의 호치민시이다. 프랑스 우편선 messageries maritimes의 캄보쥬(Camboge)라고 하는 일만 톤 정도의 배인데, 승객의 수는 기껏 100명 정도인 여객선이었다. 1958년 여름, 사이공은 일시적이기는 했으나 조용하고 전쟁의 기운은 전혀 없는, 작은 파리라고 불러도 될 만큼 그 나름의 우아함을 간직한 식민지적인 풍경의 거리였다. 아름다운 거리와 멋진 가톨릭교회, 아오자이를 입은 여성의 여유 있는 걸음, 프랑스풍 카페에서 쉬고 있는 서양인들, 베트남에서의 戰火의 그림자를 여기서는 거의 볼 수가 없었다.

그로부터 3년 쯤 후인 1960년 봄, 일본으로 돌아오는 도중, 역시 프랑스 郵便船인 베트남호를 타고 다시 사이공에 들렀을 때는 메콩강 위에 뜬 으스름달과 푹푹 찌는 더위, 일본에서 기술을 배웠다는 옻세공 등에 관한 것이 기억에 남는다. 사이공 그 자체는 3년 전과 마찬가지로 평온했었다.

그로부터 10년 정도가 흐른 후인 70년 대 초반, 남쪽으로 돌아가는 에어 프랑스로 귀국하던 도중, 사이공 공항에 여객기가 들르게 되었다. 공항은 미국 폭격기와 전투기에 파묻혀 있었는데, 무시무시한 힘과 살기가 느껴졌다. 로마 제국의 침략성과 폭력이 다시 살아온 것 같았다.

「다낭(Da Nang)」을 어딘가에서 기억하고 있는 분들도 계실 것이다. 베트남 전쟁 당시에는 「다낭」이 자주 등장했었다. 반쯤 죽은 오염된 코베항의 바다에서 멀어져서 — 100일의 항해를 통해 고베의 바다

만큼 더러운 곳은 없었던 것 같다—드디어 베트남 남부의 다낭에 도착한 것은 6일 후인 4월 11일, 일요일 아침이었다. 옛날 이야기 속의 잇슨 보시(一寸法師)가 타던 밥그릇 같은 작은 배가 수묵화처럼 바다 위에 떠 있었다.

다낭(Da Nang)시는 인구가 100만 명 정도라고 한다. 노란색과 파란색 등의 색채도 선명한 2, 3층의 새로운 건물들이 거리 곳곳에 세워지고 있었다. 몇 대의 버스에 나눠 타고는 구엔왕조(阮王朝)의 고도(古都), 후에(順化, Hue)를 향해 가기로 되어 있었는데, 최초의 관문이 다낭시내에 있는 아오자이 가게였다. 여기서 남성용 「아오자이」와 그림엽서를 사게 되었다. 이 베트남에는 「공산주의나 사회주의 따위는 어디에도 없어」라고 노년의 여성이 중얼거리듯 말했다. 정말로 베트남에서의 이틀 동안 옛 소련이나 문화대혁명 당시의 중국 같은 분위기는 전혀 찾아 볼 수가 없었다.

후에(Hue, 順化)

카이버 고개(KhyberPass)[8]에서 아훔(阿吽)[9]의 호랑이라는 진귀한 것을 보고나서 묘지 근처에서 휴식, 그 후 30분 가량을 흰 모래가 사각사각 소리를 내는, 풍경 전체가 한 낮의 안개에 둘러싸인 것 같은 해변에서 잠시 휴식 한 후에 후에(Hue)로 향했다. 후에를 順化라고 쓴 것은 하노이가 한자로는 河内라는 것이 생각났기 때문이다. 중국식 발음으로는 후나이 또는 하노이가 된다. 「고맙습니다」는 「칸온=感恩」이다. 베트남 한자인 쯔놈(字喃)이라는 國字, 그리고 일본 한자인 和字의

8) 카이버 고개 (파키스탄과 아프카니스탄을 잇는 주요 산길)
9) 범자(梵字)의 자모의 첫 음이 '아(입을 열고 내는 소리)' 마지막 음이 '훔(입을 다물고 내는 소리)'인데서, 모든 현상의 처음과 끝을 말한다.

경우와 아주 닮았다. 베트남과 일본은 중국 주변의 한자 문화권으로서 공통점이 있다. 그것도 일본인이 왠지 베트남에 친근감을 가지게 되는 원인일지도 모르겠다.

현지 가이드는 하이(海)라는 이름을 가진 일본어를 아주 잘하는 청년이었다. 우리의 사소한 질문도 귀찮아하지 않고 친절히 대답해 주었다. 이후 인도의 코치(Kochi)에서 만난 거의 무의미하고 장황한 현지 가이드의 영어 수다와는 완전히 달랐다.

점심 식사를 끝낸 후 시내에서 최초로 방문한 곳은 전체가 회색빛을 띈 수수한 취향의 구엔왕조 12대 황제의 묘지였다. 이것은 풍수를 염두에 두고 만들어졌다. 나중에 본 구엔왕조의 왕궁들도 그러했지만…….

왕궁의 대부분은 베트남 전쟁 당시에 프랑스군과 미군에 의해서 파괴되었다. 일본군도 제 2차 대전 중에 이곳에 오긴 했지만 왕궁을 파괴하는 만행은 저지르지 않았다. 남겨진 성문을 중심으로 해서 이중의 굴이 있었다. 남쪽에는 훈혼(香江)이라고 하는 아름답게 찰랑거리는 강이 있었고, 그것은 서쪽에서 동쪽으로 흘러 난하이(南海, South Sea), 즉 남지나해(南シナ海, South China Sea)로 흘러 들어갔다. 이곳도 역시 풍수 사상에 의해서 만들어졌다. 일본의 쿄토(京都), 에도(江戶), 순푸(駿府) 등도 마찬가지이다.

후에(Hue)의 역사에는 왠지 대견한 구석이 있다. 일찍이 식민지 시대, 20세기 초반의 일본과도 관계가 있었던 베트남의 독립운동을 둘러싼 한 권의 책이 있었다. 『베트남 망국사(ベトナム亡國史)』(판·보이차우(Phan Boi Chau) 나가오카 신지로오(長岡新次郎)·카와모토 타니에(川本邦衛) 譯 平凡社 東洋文庫 昭和 52)이다.

「……베트남이 무너진 이래, 프랑스 정부는 해외로 나가는 것을 엄격히 금지하였는데, 몰래 탈출하려는 자는 사형에 처해지든지, 죄를 감형받는다고 하더라도 유배자의 몸이 되어야 했습니다.…… 배신자들이 私利를 채우기 위해 프랑스인에게 들러붙어 인연을 만들었습니다.

그 중 하나가 카톨릭교도이고, 또 다른 하나가 앞잡이 짓을 한 사람들이었습니다.…… 거기다가 유럽에서 온 선교사들은 더욱 강하게 그들을 속박하고, 아무렇지도 않게 사람들을 괴롭혀서 景敎[10] 신자들의 고뇌는 더욱 깊어지게 되었습니다.…… 밀교가 새어나가서 체포된 100명가량이 화형에 처해졌고……프랑스인이 우리 베트남인을 옭아매는 것에 사용했던 방법은 다름 아닌 일가족 몰살이었습니다.……」

이 책에는 판·보이챠우의 「그 생애와 시대」라고 하는 상세하여 읽어볼 만한 카와모토 타니에의 해설이 더해져 있다.

「(1940년 10월 29일 후에(順化)에서 20세기 초반 베트남의 抗仏反植民地 투쟁에 한 획을 그은 75세의 노혁명가 판·보이챠우가 실의속에서 조용히 최후의 숨을 거두다」「……러일전투가 아시아 동북에서 시작되었다. 극동의 일개 小國인 일본이 거대한 老帝國을 쳐부수었다고 하는 보도만큼 판·보이챠우를 비롯한 베트남인의 마음을 감격시킨 일은 없었다.」또 나가오카 신지로우의 해설에 판·보이챠우의 말을 인용한 것이 있다.「일러 전쟁은 실로 우리들의 뇌리에 하나의 신세계를 열어줬다고 할 수 있습니다.……요동(遙東), 여순(旅順)에서의 포성이 없었더라면, 우리 국민들은 프랑스 이외에는 어떠한 세계가 있는지도 몰랐을 것입니다.」

10) <기독교> 옛 중국에서 '네스토리우스교'를 이르던 말. 당나라 태종 9년(635)에 페르시아 인에 의하여 중국에 전래되었다.

Mr. 디엡

2004년은 러일전쟁 개전으로부터 백년이 되는 해이다. 『베트남망국사』에서 관련된 일부를 인용해 보았다. 그와는 별개로 1950년대 말에 프랑스의 리용(Lyon)에서 친구가 된 베트남인을 떠올려 보았다. 그의 한자 이름은 옥엽(玉葉), 디엡이라고 했다. 그의 스쿠터로 차들 사이를 누비며 프랑스 중부로부터 코트다쥐르(Côte d'Azur)를 빠져나가 로마까지 천 킬로미터 이상을 갔던 적이 있었다. 당시의 베트남인과는 달리 21세기의 다낭(Da Nang)과 후에(Hue)에서 만난 사람들에게는 그늘이 없었다. 그리고 후에의 호텔, 센추리 하이얏트 근처의 양품점과 토산품 가게에서는 프랑스어를 할 수 있는 사람들이 적지 않게 있었다. 외국어는 주로 영어였다. 어느 골동품 가게에 프랑스어를 할 줄 아는 갓 20살 정도밖에 되지 않은 앳된 여성이 있었다. 내가 프랑스어를 할 줄 안다는 사실을 알고서는 반가웠는지 茶도 서비스해 주었다.

프랑스는 대혁명과 인권선언, 「자유·평등·박애」의 모토(motto)로 잘 알려져 있다. 그러나 베트남이나 알제리 같은 식민지에서는 믿기 어려운 만행을 저질렀다. 일찍이 청년시절의 호치민이 프랑스의 좌익들과 파리에서 이야기를 나누어 보고, 식민지 프랑스의 프랑스인들과는 전혀 다르게 인간적으로 차별하지 않고 친절한 것에 놀랐다는 것도 생각이 났다. 귀국 후에 프랑수와·모리악(Francois Mauriac)[11]이 약 50년 전에 프랑스 식민지주의 비판으로서 매거진 엑스프레스지(magazine-express)에 썼던 「블록·노트(bloc note)」에 대한 재미있는 기사가 『르·몽드』지에 실렸다.

모리악은 카톨릭 작가이면서 정치적으로는 당시의 크리스트교 민주

---

11) 프랑스의 소설가

주의에 속해있었다. 부르조와 카톨릭이면서도 북아프리카, 마그레브(Maghreb)[12]의 독립운동을 지지했으며, 식민지의 이익을 지키려고 하는 크리스트교 민주주의의 대통령을 비롯한 정치가나 정치세력들을 통렬히 비판했다. 지금이라면 당연한 것처럼 여겨질 일들이 그 당시에는 예외적인 일이였다.

그러나 지나고 생각해 보면 프랑스의 우익은 당연하다고 하더라도 레옹·브룸(Léon Blum)으로부터 모리스·트레즈(Maurice Thorez)까지, 즉 사회당과 공산당을 대표하는 프랑스 좌익을 역사적으로 상징하는 인물들도 식민지 문제에는 거리를 두고 있었다. 자국, 그리고 유럽을 중심으로 세계를 보고 있었던 것이다.

코친(Cochin), 인도 재회

50년대 말, 봄베이(Bombay), 현재의 뭄바이(Mumbai)에서 처음으로 인도에 접했다. 당시의 인도는 충격적이었다. 그때까지의 인도에 대한 나의 이미지는 동양의 스위스 같은 멋을 가지고 있었다. 홋타 요시에(堀田善衛)의 인도에 관한 책을 읽어보아도 그러하다. 봄베이에서의 경험 이후, 루오(Rouault)의 宗教畵도 아잔타(Ajanta)와 에롤라(Ellora)의 벽화와 조각이 지닌 깊이와 비교하니 아주 인간적인 것이 되어 버렸다.

2004년 4월 21일 아침, 뭄바이보다 남쪽에 위치한 코친(Cochin)에 토파즈호 입항. 코친은 인도 남서부의 케라라주(KERALA州)에 있다.

케라라주는 한때 인도 공산당이 상당한 세력을 모았던 곳이 아닌가.

---

12) 리비아·튀니지·알제리·모로코 등 아프리카 북서부 일대의 총칭, 서방(西方)을 의미하는 아랍어

오전 10시가 지나면서 시작된 혹독한 더위 속에서 베트남 버스보다 훨씬 진동이 심한 버스를 타고 바스코타·다·가마(Vasco da Gama)[13]와 관련된 가톨릭 사원으로 향했다. 마을 풍경 자체는 그다지 매력적이지 않았다. 下船 직전에 싱가폴 부근에서 승선한 인도의 다큐멘터리 영화작가 아난도씨에게 「당신은 종교가 뭡니까?」라고 물어보았다. 그는 「지금은 특정 종교에 소속되어 있지 않습니다」라고 했다.

아난다씨는 전날, 배 갑판에서 스페인어 강좌가 있었을 때 인도사람다운 자기주장이 강한 느낌을 준 사람이다. 다른 것을 수용하기 어려워하는 인도적 성격이 있는 것처럼 느껴졌다. 그것은 인도의 지리적 조건과도 영향이 있을 듯하다. 현재 인도의 불교는 극히 좁은 범위에서만 영향을 발휘한다. 인도 지폐에 있는, 기둥 상부에 머리가 4개 달린 사자가 포효하는 그림은 기원전에 불교 보급을 위해 노력했던 마우리아 왕조(Maurya dynasty)의 아소카(Ashoka)왕의 고사에서 유래한 것이다. 불교의 평화주의, 융화적 성향이 제2차 대전 후의 인도 독립에 즈음하여 필요했던 듯하다.

나카무라 하지메(中村元) 선생의 인도사 등을 보아왔던 터라 아난도씨에게 「불교는 13세기 경 이슬람교에 의해서 멸망한 것이 아닌가?」라고 물어보았다. 「그게 아니라 그 이전에 힌두교에 의해서 거의 소멸에 가까운 상태로 내몰렸다.」라는 것이 회답이었다. 실제로 나카무라 하지메 선생의 저서를 그 이후에 다시 읽어보니 아난다씨가 말한 대로였다.

혁신적인 불교와 자이나교가 힌두교에 흡수되어 변형되어 간 것이다. 힌두교는 보수적인 일본의 江戶期 주자학 유교와 비슷하다. 불교 사원이 이슬람교에 의해 파괴되고 명실공히 인도 땅으로부터 거의 모

---

13) 포르투갈의 항해자. 마누엘 1세의 인정을 받아, 70년에 걸친 인도 항로 발견 대사업을 성취했다

습을 감추게 된 것이 13세기였던 것으로 기억한다. 비슷한 즈음에 일본에서는 시종(時宗), 일련종(日蓮宗), 정토진종(淨土眞宗) 등의 민중적 불교가 육성되었다. 그리고 오늘날 인도의 일부에서 불교는 민족 융화를 위한 유토피아적 평화주의, 평화주의의 심벌과 같이 취급되고 있다. 불교라고 하는 종교가 걸어온 길의 불가사의함이 느껴지는 대목이다. 또한 아난다씨는 「50년대, 60년대의 사회주의 사상에는 희망이 있었다.」고 말했는데, 그 점에 대해서는 의문이 있었지만 깊게 파고들 여유가 없었다.

바스코·다·가마가 잠든 크리스트교 사원에 관한 이야기로 다시 돌아가 보자. 작은 사원이었다. 근처에는 유태교 사원, 시나고그(synagogue)도 있었다. 코친은 시 예산의 20%가 교육비로 지급되어 인도에서 가장 識字率이 높은 곳이라고 인도 가이드가 말했다.

바스코·다·가마 사원 근처의 해안에서 큰 어망을 기둥 같은 목재 끝에 씌워서 지레원리를 이용해서 끌어올리는 중국식 물고기 잡이를 견학했다. 망 끄는 것을 도왔더니 오히려 체험이라고 해서 금전을 요구했다. 인도에서는 好意도 대부분의 경우 금전과 관계가 있다. 그만큼 생활이 어렵기 때문 일 것이다. 물론 나중에 언급하게 될 인도의 인텔리처럼 금전과 상관없이 인간관계를 중시하고 있는 사람도 있기는 했다. 관광객이 금전의 대상이 되는 것은 어쩔 수 없는 일인 듯하다.

해안에서 잠시 떨어져서 토산품 점에 들렀다가 근처의 호텔에서 점심을 먹었다. 인도 요리를 일본인 취향으로 만들었다고 현지 가이드가 말했는데 쓸데없는 짓을 했다고 생각했다. 일본 우리 집에서 5분 거리에 있는 인도 요리집이 훨씬 맛이 나았다. 그 후에 dutch palace라고 하는 건물 안에서 라마야나(Rāmāyana)[14]가 그린 희미해져서 거의 보

14) 7편, 2만 4000시절(詩節)로 이루어져 있으며, 《마하바라타》와 더불어 세계 최장편의 서사시로 알려져 있다. BC 3세기경의 시인인 발미키(Vālmīki)의 작품이

이지 않는 벽화를 앞에 두고 인도인 가이드의 기나긴 강연이 있었다. 40도를 넘나드는 더위와 습기를 견디지 못하고 단체로부터 이탈, 원동기가 붙은 인력거로 쾌적하게 토파즈호로 귀환했고 그 후의 기항지에서는 전부 혼자서 자유행동을 하기로 했다.

코친에서의 목표중 하나가 일본에서는 구할 수 없는 CD를 구입하는 것이었다. 눈에 띄는 가게에서 「인도 고전음악」이라고 주문하고 5장 정도를 샀는데 그 중의 4장이 크리스트교와 관련된 것이었다. 인도에서도 코친과 뭄바이가 크리스트교도의 비율이 상당히 높은 듯 했다. 몇 명인가의 인도인을 만나봤지만 모두가 그랬다. 크리스트교 음악을 인도어로 듣는 것이 기묘하긴 했지만 흥미 있는 일이었다.

인도의 카스트와 노예제

토파즈호가 정박하고 있는 뱃머리 앞에 T셔츠와 일용품, 토산품을 팔고 있는 곳이 3집 정도 있었다. 토산품가게에는 두세 사람 정도가 있었는데, 책임자 B라는 사람은 델리의 대학에도 다닌 인텔리로 국제정세에 밝았으며 일본에 관해서도 듣고 싶어 했다. 그는 미국인과 유태인을 싫어했다. 크리스트교에도 비판적이었다. 그를 돕는 30세쯤 되어보이는 젊은 사람이 있었는데, 그는 크리스트 교도이며 원래 그리스인이었다고 했다. 그리스인이 왜 인도에 있는가라고 할 수도 있으나, 생각해보면 알렉산더 대왕 이후 그리스와 인도는 역사적으로 극히 밀접했다. 불상에도 직접 영향을 끼치고 있었다. 멀다고 느끼는 것은 극히 일본인적 감각이다.

라고 전해지고 있으나, 정확하게 말하면 그는 단순한 편자(編者)였던 것으로 보임

배안의 여성 영어 통역자에게 문제점을 자주 언급했던 20대 후반에서 30대 초반으로 보이는 한 여성이 인도에서 느낀 점 중의 하나로서 여성의 화장에 관한 예를 들었다. 영화와 상품 광고 속에서 피부가 흰 것이 기묘하게도 중시되어서 그것이 차별로 이어지는 것이 아닌가라고 했다. 이런 일은 남성은 둔감하기 때문에 잘 알아차리지 못한다. 그러나 중요한 문제일 것이다.

그리고 인도 특유의 시스템인 바르나(Varna)와 카스트(Caste)도 어딘가 그리스와 관련이 있다. 또한 피부색과도 관계가 있다. 일반적으로 2000년 쯤 전에 아리아계의 민족이 북서부로부터 인도에 침입해서 원주민인 드라비다족(Dravidians)을 지배하에 두고 예속시켰다고 한다. 아리아계는 희고 드라비다는 코가 낮고 색이 검었다. 색을 의미하는 바르나에 의해서 그 후 인도의 계급적 사회가 구성되었다고 한다.

바르나는 승려·사제를 중심으로 하는 브라만(Brahman), 그리고 王族·무사인 크샤트리아(Kshatriya), 평민인 바이샤(Vaisya), 그 다음이 수드라(Sudra), 그리고 그 아래가 가장 낮은 천민으로 구성되었다. 이 5개의 바르나(Varna) 안에 수많은 카스트(Caste)가 존재한다.

여기서 잠시 인도의 노예제를 예로 들고 싶다. 나카무라 하지메(中村元) 선생은 인도의 노예제와 그것이 서양 학자에 의해서 규정되어 있는 것에 찬성하지 않았다. 사사키(佐々木現順) 선생도 마찬가지였다. 알렉산더 대왕 당시에 인도에 온 그리스인 역사가도 「인도에는 그리스와 같은 노예가 없다」라고 하며 놀라워했다. 몇 가지의 증언을 들어 두겠다. 일찍이 일본 학계에서 일본의 예속민에 관한 상황을 「총체적 노예제(總体的奴隷制)」라고 했는데, 이것은 서양의 현실을 너무나 모르는 표현이었다. 나는 인도의 동쪽에 있는 중국, 조선, 일본 등의 동양에는 서양과 같은 노예제 — 이슬람 세계를 포함해서 — 는 없었다고

생각한다. 그것은 배 여행 직전에 낸 『특이한 유럽(異相のヨーロッパ)』이라는 나의 유럽론에도 쓰여 있다.

서양형 노예제가 없었던 것뿐만 아니라 인도의 동쪽, 동양에는 서양과 같은 식민지를 가진 나라가 적어도 明治 이후 일본의 출현이 있기 전까지는 없었다고 생각한다. 징기스칸의 몽골 제국에 관한 것은 아직 잘 모르겠다. 하지만 그것도 서양과 같은 영속적인 식민지가 아니었던 것은 사실이다. 인도나 중국, 당나라와 무갈 제국의 전성기에도 역사적으로 서양과 같은 식민지를 소유하지는 않았다. 식민지를 가질 필요가 없었을지도 모르겠다.

근대 초두, 세계 최대의 식민지 제국이었던 스페인에는 프랑스의 『라루스(Larousse)』와 비슷한 형식의 백과사전『Espasa1』(Espasa-Calpe Madrid 1992)이 있었는데, 『Espasa1』에 기록되어 있는 식민지주의 colonialismo의 뜻은 다음과 같다.

「다른 민족에 대한 어느 민족의 정치적, 경제적 지배를 바탕으로 한 국제관계 시스템. colonialismo이라는 용어는 15, 16세기에 유럽에 의해서 시작된 영토 확장에 사용된다. 당시는 지리상 위대한 발견의 시대였으며 제각기 본국과 관련해서 식민지 경제 개발과 정치적 의존을 특징으로 한다」.

또, 최근의 스페인어 사전 『Encarta』에는 식민지주의colonialismo에 대해서 다음과 같은 설명이 있다.

「식민지주의는 고대부터 있었다. 이집트, 바빌론, 페르시아 등이 고대 제국 중에서도 가장 중요하다. 그 중에서 페니키아는 최초의 식민국가라고 일반적으로 알려져 있다. 페니키아인은 크리스트 기원전 1100년에 지중해 연안에 그들의 거주지 asentamientos를 건설했다. 그들의 식민 정신은 주로 행동권의 확대와 무역을 컨트롤하는 것이었다. 기원전 8세기 경, 많은 그리스의 도시국가가 에게해 북부 연안, 흑해, 이탈리아 반도로 급속히 세력 범위를 넓혀 갔다. 인구 증가 때문에 경작지가 필요하게 되었고, 교역 조건을 더욱 유리하게 하기 위한 것이었다. 그리스 도시국가 중에서도 가장 유명했던 곳이 스파르타와 아테네였고, 기원전 6, 7세기경의 식민 대국 potencias였다. 스파르타는 그리스의 대륙권으로 세력을 확대했고, 아테네는 주로 해외로 눈을 돌렸다.

도시 카르타고는 원래 페니키아인에 의해서 건설되었다. 그러나 그 후 카르타고 자체가 식민국가로서 중심을 세우기에 이른다. 카르타고인도 지중해 교역을 수중에 넣으려고 했고, 에스파니아와 시시리아의 西岸 식민지를 포함한 해양 제국의 건설에 까지 이르게 된다. 로마가 카르타고 제국에 도전하게 되고 포에니=카르타고 전쟁에서 승리하게 된다.(기원전 3, 2세기) 그 후 로마가 유럽과 近東 Oriente Proximo를 지배하게 된다.

5세기 로마 제국의 붕괴와 함께 중세에는 해외에 이렇다 할 식민지는 없었다. 그럼에도 불구하고 스칸디나비아의 바이킹은 9, 10세기에 지배권을 크게 확대한다. 브리텐(Britain)섬의 넓은 지역을 지배하며 아이슬랜드(Iceland)와 그린랜드(Greenland)[15]에 식민지를 만들었다.」

뒤이어 「근대 식민지주의의 제1국면」을 맞게 된다. 이 부분은 적당한 때에 소개하기로 하자.

그전에 이 부분에서 생각나는 것은 식민지주의 문제에 인도와 중국이 없다는 것이다. 즉 서양을 중심으로 서아시아로부터 동쪽 세계는 전혀 등장하고 있지 않다. 그것은 어쩐지 1930년대에 파리의 뱅센느(Vincenne) 공원에서 식민지 박람회가 성대하게 개최되었을 때 일본

15) 대서양과 북극해 사이에 있는 세계 최대의 섬, 주로 에스키모와 유럽인의 혼혈인 그린랜드인이 사냥이나 수산업에 종사하고 있음

이 한켠으로 밀려나 있었던 것을 상기시킨다. 이 때 구미제국은 많은 식민지를 보유하는 것을 지극히 당연한 행위로 생각하고 있었다. 어쨌든 식민지주의는 특히 지중해 세계를 축으로 서양에 있어서 실로 긴 역사를 가지고 있다고 말 할 수 있다.

같은 섬나라라도 영국과 일본의 식민지주의의 역사적 배경은 비교할 수가 없다. 일본 식민지주의는 겨우 50년 남짓. 구미의 침략성을 모방해서 지금에 이르는 비싼 값을 지불하게 되었다.

아프리카

적도를 넘어서 케냐의 몸바사(Mombasa)에 배가 도착한 것은 4월 29일 목요일. 인구 100만이라고 하지만, 거리의 중심부만 보면 그 정도의 사람이 살고 있다고는 생각되지 않는다. 몸바사라고 하는 아프리카의 도시를 지도에서 보면 세계 제 4의 섬, 마다가스카르(Madagascar)에 가까워서 놀랍다.

예전 학생시절에 프랑스 리옹(Lyon)에서 하숙하던 때에 같은 집에 마다가스카르에서 온 20살 정도의 젊은 학생이 있었는데 프랑스어는 나보다도 훨씬 능숙했다. 어리석게도 그 때에 마다가스카르가 프랑스의 식민지였다는 사실을 전혀 몰랐다. 1950년대 말의 프랑스에서는 정치와 식민지 문제의 초점이 알제리아(Algeria)에 집중되어 있었다. 리옹 시내에서도 때때로 폭탄의 파열음이 밤하늘에 울려 퍼졌다. 리옹대학에 있는 레지스탕스를 상징하는 女性像이 폭파된 일도 있었다. 신문 지면에는 독립투쟁에 참가하고 있는 알제리아인의 체포와 처형기사가 보도되었다.

마다가스카르에서 아프리카에 관한 이야기로 돌아가도록 하자. 후에 알게 된 것이지만, 당시 마다가스카르에서도 격렬한 독립투쟁이 행해졌다고 한다. 마다가스카르가 식민지화되는 과정을 보면 왠지 明治維新 전후의 일본에 있어서의 영(英)·불(仏)의 동향과 닮아 있다. 영국은 프로테스탄티즘을, 프랑스는 카톨리시즘을 각각 정치지배와 식민지주의 침투의 이데올로기로 사용하고 있었다. 유교와 불교 같은 대항이데올로기를 가지지 않았던 마다가스카르에서는 영(英)·불(仏)간의 정치·종교적 항쟁이 더욱 명백해지게 되었다. 마다가스카르로부터 온 학생이 무슨 공부를 했는지는 잊었다. 조용하고 소극적인 인물이었다.

『제 45회 피스보트 지구 일주 배여행 네비게이트·북』이라는 소책자가 각 기항지의 역사를 간략하게 설명하고 있다. 전체적으로 잘 되어 있다고 느꼈다. 케냐의 역사에 대해서는 다음과 같이 되어 있었다.

15세기 아랍인 도시국가가 몸바사를 중심으로 번영

16세기 포루투칼이 동 아프리카 전역을 지배하에 둠

18세기 노예와 상아의 「공급지」가 됨

19세기초반 아랍국가 오만이 동아프리카 전역을 지배

1895년 현재의 케냐가 「영국 동아프리카 보호령」이 됨

1902년 白人 入植者를 우대하는 화이트랜드가 형성됨

1920년 영국 직할 식민지로 이행

1963년 독립

1964년 공화제로 이행

1978년 모이(Moi) 대통령 탄생. 자신의 정당이외는 비합법화

1991년 복수정당제로 됨

1992년 수도 나이로비에서 10만명 이상이 참가하는 반정부 집회

2002년 대통령선거에서 야당 와이·키바키(Mwai Kibaki)가 당선

하쿠나마타타(Hakuna matata)라고 하는 것은 현지 언어로 no problem의 의미라고 한다. 실제로 이 나라는 역사적으로나 현실적으로나 문제점 투성이라서 no problem이라고 했을 것이다. 몸바사의 중심부에는 타스쿠스라고 하는 곳이 있는데, 각각 십 사오 미터 정도는 됨직한 거대한 2개의 상아가 30미터 폭 정도의 간선도로 위에 교차하고 있는 형태를 볼 수 있다. 현재는 상아의 소유가 엄벌의 대상으로 되어 있으며 때로는 죽을 죄가 된다고 현지 사람들도 말한다. 토산품점의 코끼리 상아도 예전과 같은 진품은 아니다. 타스쿠스의 거대 상아는 일찍이 영국의 엘리자베스 여왕의 몸바사 방문을 기념해서 장식되었다고 한다. 물론 이 거대한 코끼리 상아도 플라스틱이기에 가까이 다가가서 보면 그다지 멋있어 보이지는 않았다.

아까 말한 『네비게이트·북』에는 노예 출하항－몸바사에 다음과 같은 내용이 있었다.

「동아프리카의 노예무역이 본격화된 것은 18세기. 당시 동아프리카는 아랍 국가의 지배하에 있었다. 이슬람법에는 이슬람교도를 노예로 삼는 것은 금지되어 있었기 때문에 노예 공급지는 자연히 이슬람화가 진행되지 않았던 내륙부로 넓혀져 갔다. 모집된 노예는 몸바사 등의 인도양 연안, 그리고 당시 노예무역의 중심지였던 잔지발(Zanzibar, 현 탄자니아령)로부터 서아시아 등으로 옮겨져서 농업과 토목작업에 종사하게 되었다. 또한 18세기 중반쯤부터는 프랑스가 모리셔스(Mauritius) 등에 커피와 사탕수수 등의 플랜테이션을 건설했기 때문에 그쪽으로 보내지는 사람도 많았다고 한다. 이 노예무역은 많은 비판을 받으면서도 19세기 말까지 계속되었다.」

주목하고 싶은 것은 아랍 또는 이슬람권의 노예 문제이다. 『돈키호테』의 저자 세르반테스도 한때 이슬람교의 노예였다고 하는데, 일본의 이슬람관련 연구 책을 보면 이슬람교와 노예제 문제는 그다지 취급하고 있지 않다. 서양에 의한 피해자로서의 아랍, 이슬람 세계도 있을 수 있을지 모르겠다. 모로코 등의 북 아프리카에 이러한 노예제 문제가 있다고도 들었다. 하나의 과제로 남겨져 있다는 생각이 든다.

이슬람 세력권의 확대의 자취를 거슬러 가보면 14세기, 16세기에 이미 동 아프리카 연안부와 마다가스카르의 북부 선단에 이슬람교가 침투해 있었다. 이슬람교도는 마호멧 이후 7세기부터 8세기 초반에 걸친 120여년 만에 대 이슬람 제국을 만들었다. 지브롤터(Gibraltar)[16]를 건너서 이베리아 반도의 대부분을 제압했던 것이다. 지브롤터란 「탈릭산(山)」을 의미하며, 탈릭은 그 해협을 건넌 이슬람군의 장군 이름이란 것을 알게 된 것은 귀국 후의 일이다. 그것도 모르고 지브롤터 해협을 건넌 것이다.(小杉泰(こすぎやすし) 『이슬람 세계를 읽다(イスラム世界を讀む)』NHK TV 人間大學講座 2002年 4月. 5月號).

「유럽」이라는 개념

여기서 한 가지 생각할 수 있는 것은 유럽, 오리엔트가 공통적으로 노예제를 가지고 있다는 것 뿐 아니라 종교적으로도 동일성을 가지고 있다는 점이다. 결국 시그프리드(Siegfried)와 이즈츠 토시히코(井筒俊彦)의 말을 들먹일 필요도 없이 유태교·크리스트교·이슬람교에는 기본적인 동일성이 있었던 것이다. 거기에는 지역적 동일성의 문제도 있다. 우리들은 유럽이라는 하나의 지역을 염두에 떠올릴 때, 오리엔트와는 구별하고 있다. 유럽이란 크리스트교적 유럽인 경우가 많다. 그러

16) 이베리아 반도 서남쪽, 지브롤터 해협의 북쪽 해안에 있는 영국 식민지, 에스파냐 왕위 계승 전쟁에 개입한 영국이 1704년에 점령하였다. 면적은 6㎢

나 크리스트교가 유태교와 이슬람교와 같은 뿌리라는 시점, 더욱이 노예제와 식민지 문제에서 유럽과 오리엔트는 정치적이라기에는 약간의 문제가 있으나, 특히 문화·종교적으로 본다면 한가지로 보아도 괜찮지 않을까.

오리엔트와 유럽의 역사를 지역적으로 나누어서 보는 것은 기존의 유럽적 시점에 의한 것이 아닐까.

지금까지의 유럽이라는 규정은 너무나 크리스트교 문화권으로 한정된 유럽이었던 것은 아닐까.

아프리카의 생명력

몸바사(Mombasa)의 거리는 특별히 回教的 색채가 강하지는 않았다. 어딘가 코친(Cochin)과도 비슷하지만 그 보다는 청결했다. 거리 중심부는 저층의 빌딩. 항구 반대편의 인도양과 마주한 포토 지저스(Fort Jesus)까지 船客 두 사람과 같이 갔다. 영어가 능숙하지 않은 중년 남성 2명의 임시통역이 된 셈이다. 포트 지저스는 문자 그대로 번역하자면 예수의 성채(요새)가 된다. 부처의 성채라는 것은 들어본 적이 없고 불교에는 어울리지 않는 표현이다. 지금도 프랑스어로 크리스트교화한다는 말과 조금 늦게 프랑스어가 된 예수화한다는 말은 있지만 불교화한다는 말은 없다.

크리스트의 성채는 포루투칼이 몸바사에 진출할 당시의 종교적 분위기를 너무도 생생히 나타내고 있다. 후에 영국은 이 포트 지저스를 형무소로 사용했다. 식민지 지배라는 공포와 불합리의 심벌이 된 것이다. 2004년 4월말 이 성채는 관광용 박물관이 되었다. 전면에는 한적한 인도양이 펼쳐져 있고, 주변의 토산품 가게에는 일본인과 구미인의 모습이 간간히 보이고 현지인에게서는 따스한 미소가 흐르고 있었다.

토산품 가게는 항구 바로 근처에도 있었다. 노천 가게 앞 도로에는 다채로운 민예품이 많이 진열되어 있었다. 2미터 가까이나 되는 목제 기린과 돌로 만든 하마, 돌에 조각한 코뿔소, 원숭이, 악어 등등. 어디에서든 있을법한 풍경이었다. 나무로 만든 마사이 전사의 얼굴에도 끌렸다. 정교한 아프리카의 지도가 그려진 작은 테이블도 흥미로웠다. 그래봤자 토산품이라고 생각할 수도 있지만 어딘지 모르게 힘이 있었다. 유럽이나 일본 것에서는 느낄 수 없는 힘이 있었다. 확실히 인도의 종교적인 것에도 힘이 있었다. 그러나 그것은 힘이라기보다는 內向하는 흡인력이라고나 할까 內省을 끌어내는 것이었다. 그것은 靜的이며 아프리카처럼 밖으로 근원적인 생명력을 직접적으로 표현하는 것과는 달랐다. 문명 또는 문화의 침전물과 같은 것, 인간이 깊이 관여된 역사를 느낀다. 아프리카에는 아랍 또는 유럽에 의한 식민지화의 경험이 있음에도 불구하고 어딘가에 근접할 수 없는 강한 생명력이 있다. 중남미도 식민지화의 경험이 있지만 아프리카와는 다르다. 예를 들면 멕시코의 시케이로스(Siqueiros)가 그린 그림에도 슬픔이 있다. 그 차이점은 차차 알아보기로 하자.

후일담이긴 하지만 2004년 7월 10일 토파즈호에서 하선하고 나서 南蠻屛風이 어딘가에서 화제에 오른 적이 있었다. 흑인이 그려진 것이었는데, 역사적으로 보면 그 흑인이 케냐로부터 왔을 가능성이 높지 않을까 하는……이것은 단지 나 혼자만의 가정이다.

요르단과 이스라엘

몸바사(Mombasa)에 도착하기까지는 기분이 다소 무거웠다. 이번 배 여행에서는 그 옛날 캄보디아, 베트남이라는 이름의 프랑스 郵便船 2척으로 왕복했던 유럽이 늘 마음속에 있었다. 극동에 있었던 일본인인 내가 무엇 때문인지 생애의 주요한 관심의 대상으로 유럽을 선택했던 것이다. 실은 아프리카는 여분이고 배를 타고 유럽을 재방문하는 것이 나 자신에게 무엇을 줄 것인가? 그리스의 아테네와 스탕달 관련의 치비타베키아(Civitavecchia), 노틀담·드·라·가르드(Notre Dame de La Garde)가 있는 마르세유(Marseille)는 최초로 유럽을 찾았을 때와 지금 어떻게 다를까?

토파즈호는 몸바사를 떠나서 북상, 아프리카 동쪽 해안을 따라서 홍해로 향했다. 일주인 정도 후에 요르단의 아카바(Aqaba)항에 도착할 예정이다. 5월 4일 밤, 멀리 아덴(Aden)으로 여겨지는 불빛을 발견.

월식의 꿈에도 나타나지 않던 홍해여

아덴은 아직 영국의 식민지였던 1960년대 초반, 귀국 도중에 들른 곳이다. 유럽인들이 프랑스 배 베트남호 위에서 동전을 던지면 현지 아이들의 갈색 피부가 활을 그리듯 물속에 뛰어 들어 그것을 건져 올렸다. 왠지 기분이 좋지 않았다. 아덴에는 해안쪽 경사지에 지부티(Djibouti)[17]의 돌멩이를 올려놓은 듯한 흑인의 묘와는 대조적인 당당하고 멋진 유태인 묘지 행렬이 겹겹이 늘어서 있었다. 그러고 보니 베트남의 후에(Hue) 근교의 어느 절 바깥에 늘어서 있었던 한 무리의 묘들도 중후했으며, 일본 본토의 일반적인 묘지의 묘석보다도 훨씬 멋졌다. 그것은 오키나와 묘소의 풍광과 닮아 있었다. 하지만 아덴의 풍경은 홍해의 열풍을 맞으며 황량했다.

17) 홍해(紅海) 어귀에 있는 인공 항만 도시, 교통의 요지이며 커피·피혁 따위를 수출한다, 지부티의 수도

피와 모래

Sangre Y arena는 이바녜스의 작품 『피와 모래』이다. 모래로 해석된 arena는 투우장을 의미하기도 한다. 홍해에 들어서면서 부터 보통 22도 정도로 선내 온도가 급격히 떨어지는 것을 느꼈다. 5월 7일이 되니 아침 저녁은 온도가 내려가고 오후 3, 4시는 덥다. 주변 사막의 영향일 것이다. 실내는 바깥 공기와는 일단 차단이 되어 있긴 하지만 사막의 거센 바람에 휩쓸려 버릴 것 같은 느낌이 들 때가 있었다. 점심때가 지나고 갑판 오른쪽으로 16마리 가량의 돌고래를 목격했다. 그 후 수에즈 운하 입구에서도 공중에 모래 입자가 분사되어 있는 듯한 아름다운 풍경을 보았다. 일본의 봄에도 마치 선녀의 날개 옷 같은 봄 안개가 수묵화나 일본화에 운치를 더한다. 홍해와 사막에서는 모래를 품은 하늘이 일본의 봄 안개 같은 역할을 하고 있는 것이다.

자연을 접하는 방법은 여러 가지로 다양하다. 사막처럼 인간을 거부하는 듯한 곳에서 편안함을 느끼는 사람도 있다. 그러나 나는 역시 바다가 좋다. 지구 표면의 약 70% 가까이가 물이며 해수의 평균 깊이는 4000미터. 바다, 그 일출(Salida del sol) 그리고 일몰(Caida del sol). 배안에서는 스페인어도 꽤 많이 쓰이고 있다.

5월 8일 새벽 5시를 넘기면서 아카바(Aqaba)항에 접근. 2, 3일 전부터 선내에는 약간의 긴장감이 흘렀다. 아니, 몸바사(Mombasa)에서부터 이미 그 긴장감은 시작되었다. 배의 책임자인 N씨가 몸바사에서는 모르는 사람으로부터 짐이나 선물 등을 절대 맡거나 받아서는 안 된다고 반복해서 승객 전원에게 말했다. 아카바에서는 요청이 더욱 심해졌다. 당연하다. 이스라엘과 팔레스타인 분쟁이 한참이던 때에 아카바에 입항하는 여객선은 피스 보트인 토파즈호 정도 밖에 없을 것이다. 사실 나는 승선 바로 직전까지 너무 바빠서 승선 설명회에도 한번 나가지 못했고, 배가 어디에 기항하는지도 전혀 관심이 없었다. 유럽, 그것도 마르세유(Marseille)에 배로 가는 세계 일주라는 것만으로 충분했기 때문이다.

아카바(Aqaba)

아카바(Aqaba)항의 구도는 코베(神戸)와 닮았다. 롯코(六甲)같은 형태의 산이 시가지 뒤로 펼쳐져 있기 때문이다. 단지 산에는 나무가 거의 없었다. 바위와 모래뿐으로 해뜨기 전에는 검은색에 가까운 회색, 6시 경부터 조금씩 주변의 윤곽이 그려진다. 해가 뜨기 시작하면 산색은 황토색, 오후가 되면 훨씬 그 색이 밝아진다.

그리고 일몰은 7시 반경. 조금 습한 대기와 사막의 뜨거운 열기를 품은 바람이 불면서 해가 진다. 오전은 물론 오후가 되면 더위는 더 심해진다. 오전에 승선객 중 2, 3명의 여성을 동행하고 아카바의 거리 중심부까지 걸었다. 30분도 걸리지 않았다. 여성들끼리 거리를 걷는 것은 위험하다는 선내의 안내가 있었기 때문이다. 하지만 실제로는 그렇지도 않았다. 하지만 만일의 경우를 대비해 조심은 해두는 것이 좋다. 돌아 올 때는 택시를 타고 배로 왔다. 목이 심하게 말랐다.

요르단 사람의 6,7할은 실은 본래 요르단인이 아니다. 팔레스타인 분쟁과 이스라엘의 강력한 끼어들기 정책에 의해서 팔레스타인으로부터 쫓겨 온 난민들이 많았다. 나의 이번 배 여행은 관광을 목적으로 하지 않았다. 그 땅의 사람들과 접촉하는 것에 흥미가 있었다. 아카바에 도착한 첫째 날 오후에는 밖으로 나가지 않고 그저 배위에서 바깥 풍경만 바라보았다.

다음 날 아침 6시를 지나서 갑판에 나가니 대기 중의 모래 때문에 거리 쪽 풍경이 뿌옇다. 뿌연 풍경이 독특했다.

수묵화의 풍경은 수분이 있고 흐린 경우가 많다. 토하쿠(等伯)의 松林圖도 그랬다. 그러나 아카바에서는 무수한 모래의 작은 입자가 대기에 침투되어 있었다. 그것이 신기하게도 안개 같은 것을 만들어서 산의 갈색, 바다의 밝은 감청색과 조화를 이루어 매력적인 공간을 만들고 있다. 단지 이것은 여행자의 감상에 지나지 않을 것이다. 아카바에는 이런 여행은커녕, 일생 이 풍경에서 벗어나지 못하는 사람이 대부분 일 것이다.

2일째 오전에는 항구로부터 그다지 멀지 않은 아카바 요새와 고고학 미술관을 방문했다. 그리고 인접한 눌·후세인·그래프트·센터라고 하는 일본의 제 3섹터와 비슷한 곳에서 쇼핑을 하면서 몇 가지의 상념이 떠올랐다. 센터에는 중년의 지적인 표정을 한 여성이 한 명 있었고 두 명의 일본인 남성이 — 역시 토파즈호의 승객이었다 — 일본의 노랜(暖簾)[18]같은 것을 사려고 뭔가를 묻고 있었다. 영어로 도와주자 한사람이 「처음 뵙네요. 토파즈호도 꽤 크네요.」라고 한다.

모자이크와 코란

정부가 힘을 쏟았을 것 같은 이 쇼핑센터에서 크리스트교와 관련된 그림이 그려진 도자기 접시 종류를 보았다. 이슬람의 본고장인 곳에서는 드문 일인 듯하여 방금 전 그녀에게 물어보니, 크리스트교 교회가 요르단에도 있고 소수이긴 하지만 신자도 있다. 그리고 그곳의 모양과 그림을 소재로 했다는 것, 그것이 전부 모자이크가 되었다고 했다

18) 상점출입구에 옥호를 써 넣어 드리운 천

그 일로 모자이크의 유래를 생각해보았다. 그것은 아카바(Aqaba)라고 하는 도시의 건물을 유심히 바라보다가 힌트를 얻은 것이었다. 마침 스페인어 숙제인 tarea도 있고 해서 스페인어로 된 설명을 들으며 크레용으로 서툰 그림도 그리며 놀았다. 프랑스인 선생의 반응도 보고 싶었기 때문이다. 전자사전『広辞苑』의 모자이크 mosaic에는 이렇게 씌어져 있다.「유리, 조개껍질, 에나멜, 돌, 나무 등을 여기저기 박아서 도안·그림 등으로 표현하는 장식물. 작은 것은 고대 이집트의 장식도구로 사용하였는데 현대에는 건축물의 바닥·벽면 등에 설치한 것을 말한다.……」

이집트의 피라미드는 돌로 만들어져 있다. 그러나 이집트와 중근동(中近東)의 가옥은 석조가 아니면 대개는 말린 벽돌로 만들어져 있다. 흙집인 것이다. 그 돌, 또는 말린 벽돌의 형태는 대략 정방향에 가깝다. 보기에는 둘 다 모자이크이다. 모자이크는『広辞苑』에도 이집트가 발상지라고 나와 있는데, 오히려 중근동의 벽돌로 만든 가옥 양식이 모자이크에 반영된 것은 아닐까. 이 모자이크는 목제나 대리석돌이 지니는 나름의 유연성은 없지만, 역으로 그 경직성에 따라서 일종의 영원성을 유지한다는 성격을 지녔을지도 모르겠다.

이 크래프트 센터에서는 천 커버로 싸여진 아주 멋진 코란을 보았다. 그 지적인 표정의 여성이 카운터 옆에서 꺼내 주었다. 물어 보았더니 요르단의 대학에서 영문학을 전공했다고 한다. 꽤 오래전에 대학에서 영문학을 배웠다는 것은 요르단에서도 극히 소수의 풍요로운 가정의 사람일 것이다.

이스라엘

아카바(Aqaba)에서는 이스라엘·팔레스타인의 불빛이 보인다. 요르단으로 도망친 팔레스타인 청년 중에는 「이스라엘 문제의 해결은 간단하다. 유태인이 전부 원래 있던 곳으로 돌아가면 된다.」라고 말하는 사람이 있다고 한다. 영문학을 한 여성은 유태교, 크리스트교, 이슬람교가 모두 같은 뿌리를 둔 종교라고 하면서 「전쟁은 인간의 마음의 문제」라고 말하고 나서 더 이상 이스라엘 문제에 대해서 말하려고 하지 않았다. 요르단은 1970년 검은 9월(Black September) 이후 팔레스타인 문제에 거리를 두고 있다. 1995년에는 이스라엘과 국교를 회복했다. 요르단의 아카바는 팔레스타인과 이스라엘이 바로 옆에 있는데도 전쟁의 기운은 없었다. 적어도 표면적으로는 통상의 일상적인 아랍의 모습이다. 약 백년 쯤 전에는 콘크리트 보다 압도적으로 모자이크 모양의 벽돌가옥이 늘어선 거리였음에 틀림이 없다.

앞서 말한 여성과는 이슬람교에 대해 함께 이야기를 나눴다. 코란은 성서를 해석해서 쓴 것이 아닌가하는 이야기를 하다가, 마침 아름다운 목소리로 코란을 낭독하는 것을 듣게 되었다. 그것은 느렸으며 힐링(healing)음악 같은 느낌이 들었다.

그 날 오후 다시 거리의 중심부로 나섰다. 전날에 어떤 CD 가게에서 일본 돈 300엔 정도에 아랍 음악과 코란 CD를 5장 샀다. 그 중 한 장은 불량품으로 소리도 나지 않았다. 그러나 전체적으로는 놀라우리만큼 저렴했다. 동남 아시아에서 인도, 아프리카, 중근동에 걸친 여행에서 평범한 일본인 여행자의 즐거움은 얼마나 싼 토산품을 손에 넣는가 하는 것이다. 그 저렴함이 좋아 다시 CD 가게를 찾았으나 가게는 이미 문을 닫은 후였다. 대신 시장의 노점상에서 made in Taiwan이라고 되어 있는 CD를 샀지만, 5장 전부가 불량품이라—그 중에는 코란에 관한 것도 있었는데—배 안에서 폐기해 버렸다.

유태인 문제

최근의 보도에 의하면 뉴질랜드에서도 유태인 묘지에 鍵十字[19]마크가 낙서되어 있었던 듯하다. 제 2차 대전 전까지의 유럽에는 동유럽, 러시아, 독일에 유태인이 많았다. 러시아와 동유럽의 유태인 중에는 러시아 혁명과 함께 상당수의 사람이 혁명에 참가해서 공산당 속에서 요직을 차지하고 있었다. 토로츠키(Trotskii, Leon) 등이 그러한 전형일 것이다.

최근에 러시아 역사학자 중에는 유태인 공산당원에 의해서 살해된 러시아인의 숫자가 혁명기 또는 그 이후를 포함해서 살해된 유태인의 수보다도 많다고 말한 사람이 있다. 스탈린 말기에도 유태인 의사(醫師) 문제 등이 있었다. 유럽 역사의 흐름을 보면, 특히 근대에 들어서 유태인이 정치의 중추가 되는 광경은 가는 곳마다 보이고 있다.

21세기의 유럽을 살펴보자. 독일이라고 하는 정치극장의 무대에는 예전처럼 유태인은 없다. 프랑스를 포함한 최근의 유럽에는 다시 반(反)유태주의 풍조가 높아지고 있다. 어떤 사람들은 30년대가 상기된다고도 한다. 『르·몽드』와 『휘가로』같은 프랑스 신문을 읽으면 유태인 습격 같은 반유태 동향이 빈번하게 기사화되어 있다. 단, 30년대와 다른 점은 유태인이 단순한 사회적, 정치적 피해자라는 관점으로만 보여지고 있는 것은 아니라는 것이다. 强權國家 이스라엘을 배경으로 한 유태인, 미국을 배후로 한 유태인에 대한 막연하지만 상당히 뿌리 깊

---

19) 나치스 독일을 상징하던 끝이 구부러진 십자

은 유럽사회의 반감, 나아가 증오까지도 느낄 수 있다. 폴란드에서 유태계 축구팀을 향해 거침없이 욕을 쏟아 부었던 기사를 보았던 기억이 있다. 2차 대전 중에 그만큼 크게 유태인 문제가 있었는데……라는 생각도 들었다.

수에즈에서 포트사이드로

5월 9일 밤, 예정대로 아카바(Aqaba)를 출항. 폭탄소동과 테러에 관한 소문, 아테네에서의 폭발 보도도 있었기에 주변 풍경의 고요함에 비하면 아카바에서 보낸 시간에는 약간의 긴장감이 있었다. 출항 때에는 쿠사노(草野)부부와 뱃머리에서 잡담을 나누며 아카바의 불빛을 바라보았다. 쿠마모토(熊本) 출신인 이 부부는 체구는 작지만, 상당한 정신력을 가지고 있어서 감동을 받았다. 남편은 難病을 스스로의 체력증강으로 극복했다고 했다. 그 후에는 헤밍웨이라는 바(bar)에서 스페인어 교실의 학우인 Y씨와 함께 오전 2시까지 와인을 마셨다. 아카바를 떠났다고 하는 안도감이 있었을지도 모르겠다.

다음 날 아침은 우측으로 시나이(Sinai) 반도, 좌측으로 이집트. 저녁 무렵부터는 모래바람이 심했다. 뱃머리에 서있으니 입속에 모래가 씹히는 느낌이 든다.

El martes once de mayo de dos mil cuatro 2004년 5월 11일 화요일

늘 그랬던 것처럼 스페인어 일지를 썼다. 스페인어 선생님은 일본어가 그다지 능숙하지 않은 프랑스인과 브라질인이었다. 어쩔 수 없이 나는 일상의 모든 것을 어눌한 스페인어로 표현할 수밖에 없었다.

아침 7시 15분, 배는 수에즈 운하를 향해. 船窓으로 사막을 막고 서 있는 절벽이 보였다. 19세기 중반 경, 프랑스인 레셉스(Lesseps)[20]의

위업을 떠올리게 된다. 레셉스는 당시의 과학 만능·무한 경제 성장을 유토피아적으로 믿고 있었던 생·시몽(Saint-Simon)[21] 주의자였다. 그 후 프랑스 정계의 파나마 疑獄사건에 휘말리기도 했다. 언젠가 이 인물에 대해서 좀 더 자세히 알 수 있는 기회가 있을지도 모르겠다.

수에즈 운하 입구는 꿈처럼 아름다운 색채의 조화가 이루어져 있는 곳이었다. 40년쯤 전에도 수에즈 운하를 통과한 적이 있었는데, 그 때의 기억은 거의 없다. 당시에는 풍경보다는 「나는 인간이다. 개가 아니다」라고 말했던 지부티(Djibouti)에서 승선한 새까만 현지인과 포트사이드에서 일반 민중들 사이에 펼쳐졌던 강렬한 이집트 내셔널리즘에 관한 논쟁에 더 관심이 갔기 때문이다. 그리고 풍경보다도 드디어 모습을 드러내게 될 유럽이라고 하는 거대한 영혼에 더욱 신경이 쓰였다.

토파즈호가 포트사이드에 닿았을 때는 이미 밤. 그래도 취한 김에 거리로 나갔지만 그다지 기억에 남는 일은 없다. 나중에 들은 이야기인데, 선내 행사를 피해서 항상 갑판의 긴 의자에 누워있던 날쌔게 생긴 60세 전 후의 사람이 있었다. 햇빛에 새까맣게 그을린 과묵한 사람이었다. 그런 인물이 나름대로 정장을 차려입고 벨리 댄스 등이 있는 환락가에 나타났다고 한다. 다음날은 오전 오후 2번에 걸쳐서 포트사이드 시내를 걸었다. 레셉스상(像)이 철거되고 대(臺)만 남아있었다. 대가 남아있다는 것은 어쩐지 현재의 新植民地主義(neo-colonialism)의 상황을 시사하고 있는 것 같은 생각이 들었다. 시내에서는 모스크 건축의 아름다움에 감동을 받기도 했으나, 예전의 이집트·내셔널리즘의 열기와 같은 것은 어디에도 없었다. 정치적인 것, 사회적인 흥분이란 인간의 감정과 동향의 일부에 지나지 않는 것일까.

---

20) 레셉스 Ferdinand Marie de-(1805-94) 프랑스의 기술자 외교관:수에즈(Suez)운하의 건설자

21) 생시몽 Comte de-(1760-1825) 프랑스의 철학자·사회주의 사상가

소크라테스의 감옥—그리스를 향해

소크라테스가 한 말을 읽어 보면 철학이라기보다는 유교 등의 가르침에 가깝다. 그리스에서는 소크라테스가 기원전 4세기경에 투옥되었던 감옥을 보기로 했다. 그것은 갈색의 흙으로 만든 감옥 같은 것으로 언덕 위에 있었는데, 꽤 규모가 컸다. 안으로는 들어갈 수도 없었는데, 그 감옥에서 파르테논을 눈으로 보기만 한 그야말로 심플한 그리스 방문이었다. 강풍을 뚫고 포트사이드로부터 검푸른 지중해를 가로질러 아테네 근처의 피레우스 항에 도착하는 겨우 반나절의 그리스 체류였다. 접안할 때에 다른 배와 접촉사고가 있어서 상륙도 늦어져 버렸다. 그러나 상륙 후에는 유로 환전에서부터 택시로 아테네에 가기까지 왕년에 유럽에 있을 당시의 내가 살아 온 것 같은 신속함에 스스로가 놀랄 지경이었다. 그리고 유로는 그리스에서 처음으로 접하게 되었는데, 환전은 이탈리아에서 한 것이 가장 비쌌으며 프랑스는 그럭저럭, 그리스가 가장 정직했다. 일본인은 세계에서도 가장 정직하며 통제가 잘되는지도 모르겠다. 외형은 개성적으로 보이더라도 일률적이다.

구주(歐洲)의 노예제와 식민지주의

소크라테스 뿐 만이 아니라 고전 그리스와 노예제, 식민지주의는 떼어 놓고 생각할 수 없다. 그것은 『특이한 유럽(異相のヨーロッパ)』에 써두었으므로 반복하지 않겠다. 그러나 그것이 서구 식민지주의의 소위 원형이 되고 있다는 것은 다시 한 번 말해 두고 싶다.

스페인 사전 『Encarta』의 근대 식민지주의에 관한 부분을 한번 살펴보자.

「근대 유럽의 식민지주의는 15세기에 시작되었는데, 2개의 국면으로 나눌 수 있다. 최초의 국면은 대략 1415년부터 1800년까지. 제 2 국면은 1800년부터 제 2차 세계대전까지 계속된다. 西歐는 스페인과 포르투칼을 선두로 해서 동인도 제도와 아메리카로까지 확대된다. 제 2 국면에서는 그랜드 부르타뉴가 유럽의 아시아, 아프리카 그리고 태평양권의 확대에 있어서 지도권을 가짐.」이라고 되어 있다.

1415년부터 유럽의 확대가 시작되었다고 한다면, 일본은 오우에이(應永) 아시카가 요시미츠(足利義滿) 시대에 해당된다. 후쿠이현(福井縣)의 오바마(小浜)에 최초의 남만선(南蠻船)[22]이 입항했다. 남만선이라고는 해도 유럽으로부터가 아닌 자바(Java)부근에서 온 것이었으며, 중국 상인이 최초의 실물 코끼리를 일본으로 운반해 온 것이었다. 오바마는 당시 일본 바다의 현관이 아니었던가. 『Encarta』의 식민지주의 항목을 계속해서 보도록 하자. 「포르투칼인들은 정치적으로 안정되어 있었으며, 항해의 경험이 있었고 또한 지리적 조건도 좋았다.

그 포르투칼인이 남아프리카의 희망봉을 돌아서 아시아 남부와 동부까지 15세기에 도달한 최초의 유럽인이었다. 주로 향신료의 무역 지배에 관심을 가지고 있던 포르투칼은 식민지의 연안부에 해외 거점과 城塞를 만들었다.」

16세기 말이 되자 오리엔트에서의 포르투칼 독점무역은 영국과 네덜란드에 의해서 위협받게 된다. 네덜란드인은 희망봉에 거점을 구축하고 1800년까지 포르투칼인을 몰아낸 후, 자바(Java)와 세이론(Ceylon, 현재의 스리랑카)을 지배하게 되었다. 이 시기에 인도에 동인도 회사

22) 고려 말에서 조선 전기에 걸쳐 류큐[琉球]·샴[暹羅]·자바[瓜哇] 등에서 내항·조공하는 남쪽의 여러 민족을 남만, 그들의 선박을 남만선, 상품을 남만물산이라 하였다.

가 설립되고, 1757년에 대륙 정복이 개시되었다. 계속해서 아메리카 대륙을 둘러싼 記述이 있다.

「아메리카 대륙의 식민지화를 시작함에 있어서 유럽에는 몇 가지의 동기가 있었다. 귀금속과 농업을 위한 새로운 토지, 종교적 박해로 부터의 탈출, 현지인을 크리스트교로 개종시키려고 하는 등의 동기였다.……」

이 기술 중에서 일본의 역사서에서는 별로 다루지 않은 부분이 있다. 종교적인 문제이다. 異端審問 또는 異端審判이라는 종교적 박해가 심했던 구주 대륙을 피해서 탈출할 수 있었던 곳이 바로 아메리카대륙이었다. 이베리아 반도에서 박해의 주된 대상이 되었던 것은 유태인이었다. 이러한 문장을 읽다 보면 콜롬부스의 유태인설과 그 콜롬부스의 항해기를 편찬했다는 라스·카사스(Las Casas)에게 유태인의 피가 흐른다는 설을 떠올리게 된다. 유태인과 아메리카대륙의 관계에 관한 연구서는 별로 보지 못했다. 브라질의 유태인이 네덜란드와 스페인·포루투칼 간의 분쟁에 의해서 브라질로부터 도망쳤다는 것을 읽은 기억이 난다.

일본의 종교와 식민지주의

『천황제국가와 식민지주의(天皇制國家と植民地主義)』(中濃教篤 國書刊行會 1976)라는 책이 있다. 그 前書에 있는 말이다. 「특히 일본 천황제 파시즘 아래에서는 일본의 민족 종교인 神道를 국가적 규모에서 朝鮮과 『만주(滿洲)』는 물론 중국에서 싱가포르(昭南神社建立)에 까지 수출하고, 그 신앙을 타 민족에 강요했다는 역사가 있다. ……그것은 문자 그대로 『신들의 침략』이었다.

하지만 이들은 결코 먼 과거의 일이 아니라 『야스쿠니신사(靖國神

社)』 국영화의 의도에서도 보여 지고 있는 것처럼 『국가신도(國家神道)』 부활의 움직임으로써 현재에도 계속되고 있으며……」라고 했다.

그 조금 앞부분에는 「하지만, 오늘날에 이르기까지 크리스트교에 의한 해외전도가 객관적으로는 구미 제국주의에 의한 식민지 지배의 도구로서 이용되었다고 하는 역사는 너무나 많으며……」라고 되어 있다.

이 책을 읽어 보면 明治 이후의 일본이 서구 크리스트교의 발자취를 찾아가는 것처럼 신도와 불교, 나아가 비서구적 크리스트교를 아시아 대륙으로의 진출·지배의 도구로서 사용하려고 한 경과를 찾아낼 수가 있다.

그렇다고 해도 일본의 종교에 의한 이데올로기적 이용은 歐美와는 비교가 되지 않는다. 역사도 경험도 너무도 빈약해서 패전 후에는 적어도 해외에 있어서는 물거품처럼 사라져 버리는 성질의 것이었다. 크리스트교나 이슬람의 경우와는 완전히 다르다. 단지 이러한 구미의 종교와 정치, 특히 국제 정치 관계를 살펴보면 그에 관한 서적이나 연구서가 적다는 것을 알 수 있다. 이는 일본의 크리스트교와 크리스트교 신도의 모습에도 반영되고 있는 것이 아닐까. 일본의 크리스트교 신자는 그들을 전도한 구미의 크리스트교의 정치 또는 지배 이데올로기로서의 측면을 충분히 의식하고 있지 않았던 것은 아닐까.

치비타베키아(Civitavecchia)－이탈리아

치비타베키아(Civitavecchia)라는 이름은 나에게는 특별한 느낌이 있다. 『적과 흑(赤と黑)』이라는 소설을 읽어 본 적이 있는가? 토파즈호의 선내에서 젊은 사람 두세 명에게 물어 본 적이 있다. 거의 모른다고 했다. 패전 직후에 학생이었던 세대에 있어서 『적과 흑』과 그 저자

인 스탕달(Stendhal)은 그야말로 일종의 神이었다. 암울한 전쟁 중에 사상이 통제되어서 감성도 일률적으로 억제되었던 유교적 세계에 대한 반대의 대상이었던 것이다. 오오카 쇼헤이(大岡昇平)의 『무사시노후진(武蔵野婦人)』이 그 일본판이었다. 거기에 보봐르(Beauvoir)의 『제2의 성(第二の性)』과 사르트르(Sartre)가 이어진다. 그러나 이러한 세계는 이미 21세기 초두의 일본에는 없다. 과거가 되어 버린 것이다.

스탕달이 『적과 흑』을 쓴 것은 1830년 7월 혁명을 거치고 루이·필립(Louis-Philippe) 왕조가 시작되던 해였다. 이 年號를 파리의 잔다르크상 앞에 있는 메달 가게가 착각하고 있던 것을 내가 지적해서 감사하다는 말을 들었던 것도 꽤 오래전의 일이다. 프랑스 책의 오타에 대해서는 학생 시절에 프루스트(Proust)의 『스완의 사랑(スワンの戀)』과 후일 오사카(大阪)에 온 프랑스 좌익 이론가로 80년대 미테랑(Mitterrand) 정권의 각료였던 질·마르티네의 책에서도 발견했던 적이 있다. 마르티네와는 본인과 이야기를 해서 납득을 시켰다. 배려심없는 옛날 이야기다. 1830년은 프랑스가 알제리 식민화를 감행하여 제2기 프랑스 식민제국의 형성에 착수하던 시기였다. 일본에서는 요시다 쇼인(吉田松陰)이 태어나고 히라타 아츠타네(平田篤胤)가 만년을 맞던 때였다. 그런데 되돌려 생각해 보면 스탕달의 작품에는 이러한 식민지에 관한 일과 흑인, 유태인에 관한 것은 거의 등장하지 않았던 것 같다. 『칼멘』을 쓴 프로스페르·메리메(Prosper Mérimée)는 스탕달과 대조적으로 흑인 노예선에 관한 것부터 집시로서의 『칼멘』 등 특별한 시선을 가지고 있는 듯하다. 그 점에서는 다시 한 번 살펴보고 싶은 작가이기도 하다.

로마 북쪽, 열차로 약 1시간 정도 거리에 있는 치비타베키아는 스탕달이 만년에 영사(領事)를 지냈던 곳이다. 영사라고는 해도 명목상이었고 작은 이 항구 마을에는 별로 오지 않았던 것은 아닐까. 일찍이 일본의 하세쿠라 츠네나가(支倉常長) 등의 유럽 사절이 이 땅에 상륙한 일 이외에는 이렇다 할 역사적으로 흥미가 될 만한 것은 없다.

일본 측에서 만들었다고 하는 하세쿠라 츠네나가像이 있는데 마을 사람들도 잘 모르고 있었다. 로마처럼 과거로 가득 차 있지 않으며, 역사가 없는 만큼 마을은 조용했다. 항구 입구에 환전소가 있었다. 이탈리아에서는 가능하면 환전은 피하는 것이 좋다는 것을 알고 있으면서도 필요에 의해서 어쩔 수 없이 만 엔 정도를 유로로 바꿨는데, 그리스의 반액 정도였다. 어이가 없어 서른이 조금 넘은 남자의 얼굴을 바라보다가 왕년처럼 항의하는 것도 너무 바보스러워서 그만 두었다. 이탈리아 국민성의 일면이다. 그러한 반면, 프랑스인에 비하면 솔직하고 감정의 표현이 직접적이다. 그 점은 스탕달도 지적했다.

마르세유(Marseille)

마르세유(Marseille)에서는 누가 뭐래도 우선 노트르담·드·라·가르드(Notre-Dame-de-la-Garde) 성당이다. 맑은 날에는 금색으로 빛나는 건물이 눈에 띈다. 몇 십 년 전, 처음으로 마르세유에 상륙했을 때에는「지금부터 저 유럽에 맞서는 것이다」라는 왠지 모를 기분 같은 것이 들었다. 마르세유 거리의 魂은 이 금색의 성당이라고 생각한다. 그 후 니시무라 케이유(西村計雄)가 그린 노트르담·드·라·가르드 대사원이 마르세유를 내려다보는 그림을 구입하게 되었다.

당시, 평균적으로 거의 7층 높이의 건물이 늘어선 거리인 마르세유는 일본 도시의 평면적으로 펼쳐진 공간과는 대조적으로 느껴졌다. 와츠지 테츠로오(和辻哲郎)의『풍토(風土)』에도 유럽 도시의 입체성과 일본 도시의 평면성에 관한 것이 강하게 의식되어 있다.

입체성 자체가 후진(後進) 일본에 대한 선진(先進) 프랑스, 그리고 프랑스 뿐 만이 아닌 서구 전체의 진보의 상징처럼 생각되었다. 도시 자체에 힘이라고나 할까 압박감이 있다. 21세기의 일본에서는 도쿄가 아니더라도 후쿠오카와 코오베 같은 중소도시에서 온 일본인이라 하더라도 이제는 이러한 감각을 가질 수는 없을 것이다. 마르세유에 오면 이 거리를 통해서 오래된 유럽을 보게 될지도 모르겠다. 도시의 조형을 봐도 마르세유에도 플로리다와 밴쿠버에도, 일본의 코오베와 하카타 같은 항구 또는 요코하마의 미나토미라이(港未來)와 오다이바(お台場) 같은 재미는 없다. 구미 도시의 대부분은 과거를 향하고 있다.

이민 노동자

토파즈호의 선내에서 마르세유 출신의 프랑스인 사회학자를 만났다. 그리스에서 승선했던 것 같은데 50세 정도였던 것 같다. 이민노동자 문제를 연구하고 있다고 했다. 이야기를 하다 보니 그에게는 베트남인 양자가 있었다. 현재는 직물 의복 관계의 일을 하고 있는데, 수 년 전에 실패해서 아들과 함께 갚아가고 있다며 한숨을 쉬었다. 베트남인 양자를 만난 것은 보트 피플들이 자주 홍콩, 필리핀, 일본까지 오고 가고 하던 때에 마닐라 교외의 난민 수용소에서였다고 한다. 그 후의 경과까지는 상세히 듣지 못했다. 후코(Foucault)와 사르트르(Sartre) 등이 어쩌다 화제가 되었었는데 직접 도쿄 등에서 만났다고 하니 좀 놀라는 듯 했다. 알제리에 관한 것과 현재의 마르세유의 이민 문제의 다양성 등 화제는 다채로웠다.

마르세유항과 시가지는 무인 고속도로에 의해서 격리되어 있어서 항구로부터 시가지까지 도보로 갈 수가 없었다. 셔틀버스나 택시만이 교통수단이었다. 택시로 왕래하는 데도 검열소에서 심한 체크를 받았다. 유럽으로 쉴 새 없이 밀려드는 아프리카, 아시아로부터의 이민 또는 밀입국자를 위한 방벽이었다. 지난 60년대의 프랑스에는 유럽 내부의 이탈리아, 포루투칼, 스페인, 그리스 등으로 부터의 이민 노동자와 결혼으로 들어오는 사람들이 눈에 띄게 많았다. 거의 반세기 후인 오늘날의 프랑스는 이탈리아, 스페인, 포르투칼, 그리스 같은 소득 수준이 낮은 유럽국가 정도였던 것이 아프리카, 중근동, 아시아 그리고 동유럽으로부터 밀려들어오는 이민 수입국으로 변신하고 있었다. 그야말로 격세지감이었다.

이탈리아, 특히 로마에서의 소매치기와 날치기는 지금 국제적으로 유명하다. 토파즈호의 선내 식당에서 일하고 있는 어떤 사람이 이미 이러한 여행에 익숙해져 있는데도 소매치기 집단에 둘러싸여서 200달러를 빼앗겼다는 이야기를 했다. 마르세유도 마찬가지다. 그러나 이탈리아 정도는 아닐 것이라 생각하고 있던 5명의 젊은 여성 그룹 중의 한사람이 지갑을 날치기 당했다. 집시가 많았다고 했다. 그 중에는 사람들과 부딪히면서 안고 있던 갓난아기를 지면에 떨어뜨려서 큰소리로 책임을 전가하면서 금전을 요구한다든가, 정신없는 틈에 동료가 지갑을 빼내는 일도 있었다. 마르세유에서도 이민 또는 집시 차림을 한 여자가 자꾸 따라붙곤 했다. 경우에 따라서는 여성 혼자 다니는 것은 위험할 수 있다.

지브롤터(Gibraltar) 해협

로마 북쪽의 항구도시, 치비타베키아(Civitavecchia)에서 마르세유

(Marseille)로 가는 항로는 메시나(Messina) 해협을 지나 코르시카(Corsica)를 멀리서 바라보면서였다. 메시나 해협을 통과하는 것도 경험하기 쉽지 않은 일이지만, 마르세유를 5월 21일 밤에 출항해서 지브롤터(Gibraltar)로 향할 때에는 지금까지의 유럽이 내 안에서 조금은 바뀐 듯했다. 케냐라고 하는 이집트와는 다른, 보다 인간 생명의 본모습을 접했기 때문일지도 모르겠다. 유럽의 인간적인 것이 인공적인 불필요한 것이라는 생각이 들기 시작했다. 아프리카 쪽이 해상 생활자인 나에게 있어서 친근하다는 생각이 들었다. 지브롤터를 통과해 넘어가면 지금까지 유럽을 보아온 나의 시각이 바뀌는 것이 아닐까하는 예감을 기억한다.

실제로 지브롤터에서 대서양으로 나왔을 때 파도는 예상 이상으로 조용했다. 바다색은 지중해의 검푸른 빛과는 달랐지만 그래도 여전히 아름다웠다. 배는 스페인령인 카나리아제도(Canarias諸島)를 향했다. 이 바다 위를 항해하는 것은 처음이었다. 카나리아제도에 관한 것은 일본을 나서기 전에 조금 조사해 두었었다. 그런데 일본어로 참고할 만한 것은 극히 적었다. 콜롬부스도 당연히 머물렀을 카나리아제도이다.

카나리아제도(Canarias諸島)

카나리아제도 라스팔마스(Las Palmas)의 산타카타리나(Santa Catarina)에 도착한 것은 2004년 5월 25일 화요일 이른 아침이었다. 이 거리는 자그마하고 균형이 잡혀있는 듯했다. 항구로부터 잠시 걸어서 호세·메사·이·로페스거리를 북상하니 거리의 중심인 스페인 광장이 나온다. 균형 잡힌 거리라고 한 이유는 별다른 건축물도 없는 전체적으로 평범한 느낌이지만 시간의 흐름에 따라서 자연스럽게 만들어진 스페인의 거리 하나가 대서양과 잘 어우러져 있다는 느낌이 들었기 때문이다. 큰 건물은 눈에 띄지 않는다. 문득 明治 이후의 일본의 도시 풍경을 생각해 보았다.

도쿄도청 건물도, 저명한 건축가에 의한 콘크리트 축조 건물도, 거기에는 철과 돌의 문화가 나무의 문화를 바꿔버린 흔적을 볼 수 있다. 기능적이라는 것 이상의 무언가를 느낄 수는 없다. 라스팔마스에서는 건물도 거리도 인간의 사이즈에 맞춰져 있었다. 이곳 주민들의 소득은 아마도, 아니 틀림없이 일본보다도 명목상으로는 낮을 것이다. 평범하지만 안정감이 감돌았다.

길거리에서 CD를 몇 장 샀는데, 그 중에는 테오발드·파우엘 이라는 사람(1845-81)이 작곡한 「cantos canarias」 카나리아제도의 노래도 있었다. 그레고리오 성가(Gregorian chant)와 비슷하게 시작되었으나 전반적으로 대서양 위의 스페인이라는 존재가 떠오르는 곡이었다. 그가 살아 있을 때는 흑인 노예무역도 카나리아제도를 경유해서 행해졌을 가능성이 있다. 그러나 라스팔마스에서는 흑인의 모습이 드물었다. 라스팔마스에는 예전에 스페인이 원주민들을 학살한 직접적인 흔적은 형태도 없이 사라져 있었다. 그냥 하루를 보내는 관광객의 눈에는 그저 이 거리가 균형이 잘 잡혀있고 조용하여 노년을 보내기에 좋은 양지같은 인상이었다.

카나리아제도의 최후의 광경은 테네리페(Tenerife)섬에서였다. 그 감상을 모아 다음과 같은 어슬픈 글을 적어 보았다.

대서양의 테네리페, 후지산만큼 높을까
바다위에 책상다리를 하고 앉은 테이데(Teide)산은
船窓 밖으로 보이고

정좌하고 앉아 넋을 잃고 바라보는 산과 바다
테이데산은 모르는 척 구름 속에 숨고
이것 또한 바다를 달리는 신기한 배 여행의 재미
沙悟淨도 놀랄만한 奇巖怪石의 신기한 섬(鬼界島)
그리고

환상의 섬 테네리페
재빨리 파도 속으로 몸을 숨기니
나의 배 여행마저도 경이로울 지경 일세
여행의 끝자락에 무얼 더 바랄까

대서양을 건너서 다음 기항지인 마이애미(Miami)와 가까운 카리브해를 목전에 둔 어느날 밤, 아름다운 풍경을 보게 되었다. 밤하늘 배의 좌측 바로 곁에서 滿月에 가까운 달이 조그만 몇 개의 흰 파편들과 어둠속의 파도 위에서 부서지고 있는 것이었다. 멀리서 하얗고 자잘한 수많은 은가루가 흩뿌려진 듯한 빛의 향연. 파도에 넘실대는 미세한 은색 띠. 카리브를 목전에 둔 대서양에서 신비로운 낙조 후의 끝없는 고요. 포근한 밤에 떠도는 물에 비치는 정취를 느낄 수 있었다.

자메이카(Jamaica)

자메이카(Jamaica)와 카리브제국에 대해서는 이전에 프랑스 식민지주의에 관해서 쓴 이외에도 쓸 일이 많으므로 다음 기회에 언급하기로 하겠다. 자메이카의 몬테고베이(montegobay)항에서 흑인 여성의 얼굴에 끌려서 다시 레게 CD를 몇 장 구입했다.

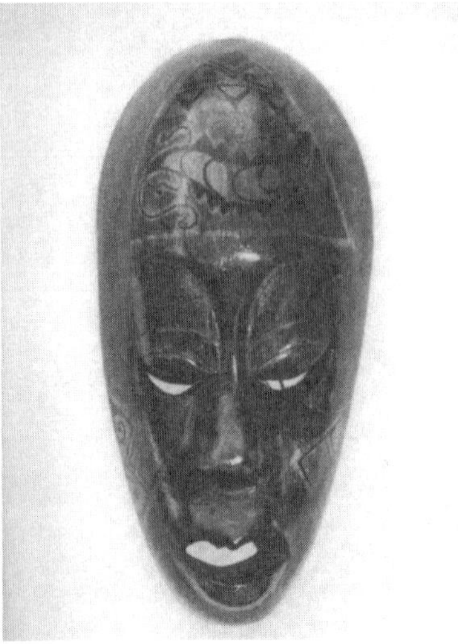

검은 가면–자메이카를 여행할 때

누우면
잠들 수 있을 듯
흐린 날은 슬픔이
맑은 날은 분노가
침묵하는 수다
분쟁. 절망. 체념
굴욕. 복종. 예속
또 다시 누우니
조용한 생명에의 염원

서양 식민지주의는 레게에서도 흑인 여성 가면에서도, 또는 알래스카로부터 아프리카, 아메리카 대륙에 이르기 까지 타민족 본래의 인간성을 죽인 흔적을 남겼다.

자메이카인들이 왓시(Wouassi)라고 발음하던 회사의 꽃병 색이 너무도 아름다워서 깨지기 쉬운 것을 알면서도 일반 그릇으로 사용하려고 히비스커스(hibiscus) 문양의 작은 접시와 같이 구입했다. 자메이카 가면도 상당히 마음에 들었다. 왠지 끌린다.

자메이카로부터 南下한 파나마에 대해서는

파나마
수에즈가 너무도 아름답다.
파나마는 기계조작에 의한
꼭두각시 인형이라고 해도 재밌다.
수에즈의 대부인 레셉스(Lesseps)
파나마를 새롭게 한 레셉스
아, 대규모의 인클라인(incline)
에너지 끈기 집념 情念
파나마-수에즈는 레셉스의 華影
흘러가 가라앉고 불타오른다

파나마에 관해서는 다시 다른 기회에 언급하고 싶다.

마야문명의 과테말라—puertoquetzal 주변

배안에서 친구가 된 콜롬비아인인 곤잘레스는 예전에 쿠바의 카스트로(Castro)와 행동을 같이하다가 결국 콜롬비아에서 게릴라전이 한창이던 때 정부군에게 살해당한 체게바라(Che Guevara)에 대한 이야기를 했다. 60년대 후반에 『독서신문』에 쓴 쿠바혁명에 대한 것을 상기했다. 그것은 프랑스 노동운동과 학생운동에 영향을 끼쳤던 쿠바에 대한 짧은 글이었다.

또 레지스·도브레(Re'gis Debray)의 날쌘 풍모와 그가 전개하는 개성적이고 날카로운 논리에 관한 것도 떠올렸다. 체게바라와 함께 게릴라전에서 싸웠으며 프랑스 좌익으로 나중에 미테랑 정권 아래서 각료까지 되었던 레지스·도브레는 일본 사회당의 아스카타(飛鳥田)위원장, 이시바시(石橋)의원 등과 동석으로 도쿄의 프랑스 대사관에서 만난 적이 있다.

그때까지 콜롬비아와 쿠바는 머릿속에서 추상적인 영상밖엔 없었다. 그러나 마이애미라고 하는, 나로서는 조금도 흥미를 가지지 못했던 항구를 떠나갈 때 카리브해와 쿠바를 右舷으로 보면서 자메이카에 도착할 즈음에는 중남미의 세계가 조금씩 내 안에 들어오기 시작했다.

카리브해의 석양은 이번 배 여행 중에서도 가장 아름답고 인상적이었는데, 긴 일몰 시간은 신비하기까지 했다. 뱃머리에서 시시각각으로 변하는 하늘을 바라보는데 질리지가 않았다. 누구의 詩인지 모르겠지만 어떤 詩가 생각났다.

카리브 석양

Caida del Sol del Mar Caribe
붉은 장난으로 물들어가는
아무 말도 하지 않는
석양의
천공에 녹아드는
카리브의 아스라함
해질 무렵 파도도 가라앉는다.

레게의 본고장 자메이카에 관한 것도 언급해야겠지만, 우선 파나마 운하를 지나고 난 후 과테말라의 푸에르토퀘잘(Puerto Quetzal)부터 시작하자. 곤잘레스의 모국 콜롬비아로부터 그다지 멀지 않다. 적어도 지도상으로 봤을 때는.

토파즈호가 푸에르토퀘잘항에 입항한 것은 20004년 6월 13일 일요일이었다. 일본의 20004년 7월의 더위보다도 훨씬 덥고 습도도 높았다. 냉방이 되는 선내로부터 다리를 건너서 과테말라와 최초로 만나게 되었다. 항구 주변에는 작은 토산품 가게 외에는 아무것도 없다. 그러나 객선에서는 10명 정도의 마림바 연주 악대가 즐거운 듯 과테말라 고유의 가벼운 멜로디를 연주하고 있었다. 푸에르토퀘잘 입항은 처음이라고 했다. 나는 하루 종일 땀투성이가 되도록 다니며 상점가의 주민들과 스페인어로 이야기를 했다.

한편 선내의 관광 목적의 한 단체는 옛 도시 안티구아(Antigua)로 향했다. 지금부터의 이야기는 그 중의 한 사람으로부터 들은 이야기인데, 안티구아에서도 가장 빈곤한 슬럼 지역에서의 일이었다고 한다. 카톨릭 교회 밖에 없는 이곳에 일요일 예배가 있어 슬럼가의 아이들이 무리를 지어 있었다고 한다.

그것을 본 어떤 여성—호기심과 사회적 관심이 상당히 강한 중년인데, 이름은 물어보지 않았다—은 「카톨릭 지배자의 사상이 여기까지 침투해있는 것은 놀랍다.」

「크리스트교는 억압의 이데올로기로서 중남미에 전통적으로 이용되지 않았던가?」라고 했다. 긴 얼굴이 인상적인 그 여성은 교육 관계의 일을 하는 사람이 아니었을까. 토파즈호 승객의 사회적 구성도 궁금했는데, 초·중학교와 고등학교 선생, 공무원이 많았으며 적어도 60대 가량부터 그 이상인 사람이 50%를 넘었던 것 같다. 적어도 내 주위는 그랬다.

그러고 보니 예전에 교원이었을 것 같은 이 여성은 싱가포르에서 제2차 대전 중 일본군에 의한 전쟁범죄 전시장을 돌아본 후에 「일본의 범죄만 있고 영국 식민지주의 등에 의한 범죄는 전혀 전시되어 있지 않다. 편파적입니다.」라고 말했다. 거기에 대해서는 나도 동감이었다.

현재의 중국 정부 내지는 중국계가 압도적인 인구분포를 차지하고 있는 싱가포르 등에서 일본인은 민중의 불만에 대한 배수구로, 결국 속죄양으로서 이용되고 있는 면이 있는 것은 아닐까. 그렇다면 이것은 긴 역사적인 안목으로 볼 때 중국인에 있어서나 일본인에 있어서나 플러스가 되지는 않을 것이다.

푸에르토퀘잘은 갓 배운 스페인어를 활용하자면 퀘잘의 항구(펠트)이다. 퀘잘(Quetzal)은 과테말라의 국조(國鳥)이다. 유카탄(Yucatán) 반도 등 같은 마야(Maya)문화권에서 간행된 西－西 辭典에 의하면, 「딱다구리같이 나무에 오르며 깃은 여러 가지 선명한 색채를 지닌다」라고 하는데, 1519년에 스페인의 코르테스(Cortes)에 의해서 정복된

멕시코 원주민인 아즈텍(Azteca)인과 크리스트 기원전 300년부터 기원후 1697년에 걸쳐서 고도의 문명을 건설한 마야족의 숭배의 대상이 되었다고 한다. 퀘잘은 또한 현재의 과테말라 화폐단위이기도 하다.

푸에르토퀘잘의 작은 상점가의 한 가게에서 보르사(Borsa), 즉 어깨에 메는 백(bag)을 몇 개 샀다. 그 형태의 아름다움, 다양한 색의 정교한 조합은 화려한 색을 가진 국조 깃의 우아함을 상상시키며 그 옛날 마야 문화가 지녔던 높은 수준을 떠올리게 했는데, 감동적이기까지 했다. 원주민 인디언 여성이 손으로 직접 짠 hecho a mano라고 했다. 나도 hecho a mano라고 하자 너무 즐거워하며 금방 친해지게 되었다. 아이들과 근처 가게의 여성들도 모여들었다.

그 가게로부터 조금 떨어진 곳에 마스카라, 즉 가면과 돌로 조각한 것을 중학생이나 고등학생 정도 된 남자 아이가 팔고 있는 가게가 있었다. 그 중에 백년 정도 전에 만들었다는 가면이 있었는데, 100달러 정도였으며 이 가게에서 가장 고가였다. 살까 말까 몇 번이고 망설였지만 결국 사지는 않았다. 그것은 너무나 무섭게 화가 난 표정이 노골적으로 표현된 것이었다. 노(能) 가면의 노여움, 분노와는 달랐다. 침략자 스페인에 대한 노여움일지도 모르겠다. 어쩌면 대지주에 대한 노여움이었을지도 모르겠다. 어쨌든 억압하는 자에 대한 증오가 충분히 표현되어 있었다. 너무도 직접적이어서 섬뜩했다.

아메리카를 Americas라고 복수로 표현하고 있는 것도 중남미와의 접촉을 통해서 꽤 익숙해지게 되었다.

조금 전, 과테말라 안티구아시(市)의 일요일 날 교회에 관련된 것인데, 아메리카 합중국과 캐나다 같은 북미로 불리는 곳은 중남미와 같이 카톨릭 일색은 아니다. 오히려 같은 크리스트교라도 新教, 홋타 요시에(堀田善衛)식으로 말하자면 抗議派 쪽의 영향이 강하다. 아메리카 합중국에서 카톨릭은 소수파이며, 다수파인 프로테스탄트(Protestant)에게 오랜 세월에 걸쳐서 괴롭힘을 당해왔다. 아일랜드로부터의 이민자의 자손인 케네디가 이 나라 최초의 카톨릭계 대통령이었던 것으로 기억된다.

덧붙여 오늘날의 아메리카의 종교 사정에 관해서는 마침 대통령 선거 전이라 그런지 『아사히 신문』(2004년 7월 22일)에 다음과 같은 기사가 실렸다. 프로테스탄트 56%, 카톨릭 25%, 유태교 2%, 그 외 8%, 무종교 9%. 카톨릭을 인종별로 본다면 백인이 70%, 흑인은 소수. 그리고 예상대로이지만 흥미롭게도 히스패닉[23]은 대다수가 카톨릭이었다. 아메리카 합중국의 히스패닉은 합중국 내부의 중·남미적 존재라고 해도 좋다.

中美에서 보면 南美는 카톨릭의 지배권이다. 프로테스탄티즘의 그림자는 볼 수가 없다. 대부분이 스페인의 카톨릭에 지배되고 있었다. 브라질만이 포르투칼어권인데, 16세기에는 스페인의 왕이 포루투칼 왕까지도 겸했으므로 카톨릭의 색채에 특별한 변화가 생길 일은 없었을 것이다.

16세기, 스페인·포루투칼이 본격적으로 아메리카 대륙의 식민화를 이루었을 때 그 사상적 배경에는 로마교회가 있었다. 또한 당시의 스페인·포르투칼, 특히 스페인은 異端 심판이라고 하는 명목으로 「이교도」, 유태인들을 연일 체포하여 고문하고 화형 시켰다. 사비에르(Xavier) 등의 예수회도 그에 가담하고 있었다. 이베리아반도로 부터

23) 히스패닉(hispanic)은 스페인어를 쓰는 중남미계 미국 이주민과 그 후손을 말한다. 라틴아메리카에서 왔다고 해서 라티노(latino)라고도 불린다. 히스패닉은 중남미 인디언들이나 흑인들과 섞이면서 많이 달라졌고, 미국에 이주하면서도 또 다른 독특한 문화를 형성해가고 있다. 2007년 미국 내 히스패닉 인구는 4900만 명에 달한다.

의 화형 연기가 쉴 새 없이 하늘을 그을렸다.

이 이단 심판을 불러온 가장 엄격하고 완고한 크리스트교 카톨릭의 논리가 16세기부터 21세기의 오늘에 이르기까지 중미에서 남미 땅에 주입된 것이 아닐까. 이 지역의 일부 카톨릭 신부들이 지배자의 억압에 저항하여 희생이 되기도 했으나, 그것은 전체적 추세는 아니었을 것이다. 카톨릭 일색으로 지배되었던 것이 이 광대한 중미·남미 지역의 식자율을 낮추고, 문화와 경제의 후진성을 가지고 온 큰 요인이 된 것은 아닐까.

서양 문화권에서는 유태인이 가장 독서를 많이 하고—탈무드, 구약성서의 정독—뒤를 이어 프로테스탄트 그리고 카톨릭의 순서라고 한다. 아울러 일본인의 높은 식자율은 정평이 나 있는데, 나의 기억에 의하면 이를 최초로 지적한 사람은 쿠와바라 타케오(桑原武夫)선생이었다. 비교적 최근에 읽은 것으로는 오오노 스스무(大野晋)선생의 『일본어에 관해서(日本語について)』(岩波書店 1994)에 江戸時代부터 현대에 이르기까지 일본의 식자율에 관한 것이 씌어져 있다. 중·남미에 관한 이야기로 돌아가도록 하자.

중미·남아메리카 안에서도 가장 비참한 운명에 처했던 것이 과테말라의 원주민이었다. 그에 대해 알게 된 것은 전에 썼던 토마스.R.버저(Thomas R. Berger)의 지적에 의해서였다. 우선 그는 역사적인 중·남미 대륙과 크리스트교와의 전체적인 관계에 관해서 말하고 있다.

「(정복자들) 콘키스타돌(Conquistador)[24]은 국왕의 이름으로 신세계로 오긴 했으나, 그것은 또한 예수의 이름이기도 했다.」교회는 그들의 앞잡이로서 새로운 토지 침략에 참가했다. 司祭는 병사들과 함께 인디언 마을에 나타나서 인디언을 향해 크리스트교 신앙을 받아들여

---

24) 정복자(16세기에 멕시코나 페루를 정복한 스페인 사람)

야 한다고 스페인어로 적힌 공식 催告書를 낭독했다.

최고서에는 교회가 국왕에게 신세계 영유권을 부여했다고 적혀 있었다. 그것은 예수가 우주의 주인이며, 그가 성베드로(聖Petrus)를 로마 大司敎에 임명하고, 로마 법왕이 아메리카를 스페인 국왕에게 주었다고 선언되어 있었다.」

이렇게 종교에 휘감긴 스페인에 의해서 적어도 인류 역사상 유례를 찾아볼 수 없는 침략과 정복, 약탈과 살육의 역사가 「아메리카」 대륙에서 16세기에 전개되었다. 그로부터 5세기가 경과한 21세기의 오늘날, 검은 전설이라고도 불리는 살육과 우행(愚行)이 과테말라에서 재현되고 있음을 알게 되었다. 버저는 탄핵된다.

「스페인 사람과 인디언이 조화롭게 생활하는 베라파스(Verapaz, 참된 평화)의 콜로니(colony, 마을)를 바르트로메·데·라스·캐서스(Bartolomé de Las Casas)가 설립한 것은 16세기의 과테말라에서였다. 오늘날 과테말라에서는 라스·캐서스의 참된 평화의 꿈을 군부가 남김없이 말살해 버렸다.

과테말라의 인디언은 대 마야 문명의 후예들이다. 현재는 22개의 부족 또는 국가가 있는데, 높은 지대에서 농사를 지으며 자급자족 하고 있다. 부족은 각각 다른 언어, 습관, 의복을 가지고 있으며 각자의 영토에 살고 있다」이런 인디언을 냉전 당시에 과테말라 군인이 16세기의 스페인처럼 살육했던 것이다.

「……그러나 이해할 수 없는 것은 명백한 목적도 없이 실행되어 온 인디언 부락에 대한 전면적인 파괴, 수 만 명에 이르는 인디언을 살해했다는 점이다. 과테말라 군인은 반공산주의의 이름 아래 자국민을 살해하는 『성전(聖戰)』을 시작한 것이다.…… 그것은 아메리카나 유럽의 미디어에 의해서 거의 완전히 무시되어 왔다. 수 만 명의 인디언이 말살되고, 고지의 촌락민은 육친(肉親)을 살해할 것을 강요당했다. ……

라틴 아메리카 전역에서 과테말라의 인디언들처럼 국가의 테러 행위에 심각하게 영향을 받은 사람들은 지금껏 없었다. 라틴 아메리카에서 과테말라처럼 인권 침해가 심했던 곳도 없다. 이것이야말로 검은 전설의 再來인 것이다」라고.

빙하의 알래스카

밴쿠버(Vancouver)에서는 항구에서 걸어서 15분 정도의 어느 가게에서 캐나다 원주민이 만든 목각 물고기와 CD, 그리고 꽤 무게가 나가는 원주민 그림, 공예품 사진을 게재한 그림책을 샀다. 일본인의 감성에 상당히 가까운 그림이었다. 밴쿠버에서는 여기만이 흥미로웠다.

밴쿠버를 벗어나서 토파즈호는 북상했다. 몇 개의 빙하에 둘러싸여 알래스카의 작은 항구도시, 스워드(Seward)에 입항한 한 것은 2004년 6월 30일 수요일. 그 사이 알래스카 원주민인 중년의 여성에게서 몇 번인가 알래스카 원주민의 현재와 당면하고 있는 문제에 대한 이야기를 들었다. 알래스카 원주민의 자연을 받아들이는 감성은 기본적으로는 일본인과 같지 않을까하는 생각이 들었다. 갑판에서 몇 번인가 개인적인 얘기를 나누었는데, 몸이 좋지 않을 때 바다를 보면 낫는다는 얘기를 했다. 예전에 읽었던 러시아 진출 전의 알래스카 원주민은 지금보다 훨씬 밝았다는 것, 러시아의 알래스카 지배에 의해서 사람들의 표정이 변한 것 등에 관한 것도 물어 보았다. 그녀는 바깥 생활에서는 어두워졌을 지도 모르지만, 집안에서는 유모어가 충분히 남아있다고 몇 가지 에피소드를 들려주었다.

이 알래스카 원주민에게는 그들 자신의 언어를 부활시키는 것이 큰 당면과제라는 이야기를 들었다. 그런데 러시아에 관한 것부터 그리스 정교의 이야기에 이르자, 앵커리지(Anchorage)에 러시아 정교 교회가 2개 있다고 알려주었다. 일본에서는 러시아 정교, 또는 하리스트스(Khristos)라고 하면 도쿄 오차노미즈(お茶の水)의 니콜라이당(Nikolai堂)을 떠올린다. 귀국 후에 일본의 하리스트스(Khristos) 교회에 관해 조사해 보니 그 所在는 홋가이도(北海道)로부터 동북(東北)에 걸쳐서 많았다. 요코하마(横浜)와 히라츠카(平塚)에도 있었다. 그 중에는 개인의 집이 교회가 된 경우도 있었다. 역사적으로 러시아 정교가 일본에 진출한 것은 明治 初期부터 본격적으로 시작되어 러일전쟁 직후에도 계속되었다. 그 종교의식은 극히 화려한데, 에이젠슈타인(Eizenshtein)의 명작 『이반 뇌제(イワン雷帝)』에서의 몇 장면을 상기시킬 정도였다. 그때까지 히라츠카(平塚)와 교토(京都)같은 가까운 곳에 그리스 정교와 활동거점이 있었다는 것을 전혀 알지 못하고 있었다.

러시아 정교의 일본 진출은 러시아 혁명의 발발에 의해서 브레이크가 걸린다. 제정 러시아는 러시아 정교의 일본 진출을 확보하고 적극적으로 진행시켰다. 모스크바라는 本山에서 본다면 러시아 정교가 알래스카에서 행하는 포교활동이나 일본에서 행하는 포교활동이나 같을 것이다. 그 배후에는 종교를 통한 정치적 지배 의향이 있는 것이다. 세계적인 시야에서 러시아 정교의 활동 범위를 보면 일목요연하다. 일본도 그 영향권에 있었던 것이다. 러시아 혁명 후에는 코민테른(Komintern)이 이데올로기의 면에서 러시아 정교를 이어받게 된 것은 아닐까.

카톨릭 또는 그리스·러시아 정교의 조직 구조, 즉 권력이 상부에 집중되어 민주주의가 기능할 수 없는 피라미드형 구조는 국제 공산주의의 총본산인 코민테른의 경우와 꼭 닮았다. 20세기의 정치에 많은 영향을 끼친 각국 공산당의 경우도 그러하다.

스워드의 작은 상점에서 우연히 아르믹(Armic)의 누에보·플라맹고(Nuevo flamenco) CD를 구했다. 또 피리를 기조로 해서 원주민이 연구했다는 CD 샘플도 받았다. 둘 다 이번 배 여행에서 얻은 가장 귀중한 것이다. 배 여행, 상아의 흔적 편의 마무리는

스쳐지나며
마음을 훔치는 해풍에
흐늘거리듯 춤추듯
떨어지는 夢花

여행은 끝났다.

글을 끝내며

2004년 4월, 우연한 선택으로 세계일주 배 여행을 하게 되었다. 유럽, 특히 프랑스에만 기항한다면 목적지는 어디라도 좋았다. 사십 몇 년 전에도 역시 배로 프랑스의 마르세유까지 갔었던 것이 동기의 하나였다. 여행 설명회에는 단 한 번도 나가지 않았다. 부두에서 멀어지고 나서 이스라엘과 등을 마주하고 있는 요르단의 아카바도 기항지 중의 한 곳이라는 사실을 알게 되었다.

선상에서는 뱃길 안내라는 이름의 여러 가지 강연회와 각자의 자주적인 강좌, 댄스 모임, 영어와 스페인어 강좌 등이 개최되고 있었다. 천 명 가까운 남녀노소가 주야 구별 없이 3만 톤의 船中世界를 끊임없이 다니며, 지금의 일본보다 훨씬 생기 넘치는 挑山時代(1568~1603)의 교토(京都) 시죠오오하시(四條大橋)의 번화함을 연출했다. 「四季는 때맞춰 눈앞에 있고, 춘하추동 모든 풀과 나무도 일시에 피어나니 재미있다고 할까, 신기하다고 할까……」. 배 밖의 풍경은 아침에는 대체로 수평선에서 바다를 건너는 밝은 빛의 무수한 放射가 있었고, 밤에는 여태껏 본 적이 없는 달빛과 파도의 희롱이 있었다.

게다가 기항지의 한곳이었던 피레우스(Piraeus)와 가까운 아테네에서는 올림픽도 있었고, 시기적인 징조인지 무사도라든지 사무라이라는 말이 일본 내에서 유행처럼 번졌다. 20세기 후반의 일본에는 없었던 현상이며 그 무엇인가의 부활인 듯하다. 그 무엇인가가 무엇인지 알고

싶었다. 100여일의 배안의 생활 중, 상당 부분이 이 일을 대상으로 한 것이었다. 그것은 배 여행 바로 직전에 끝낸 졸저 『특이한 유럽(異相のヨーロッパ)』에서 말한 내 나름의 유럽론과도 연결되는 것이었다. 그 지향하는 하나는 지구상에서도 일본이라고 하는 환경에 놓인 나 자신을 찾는 일이었다. 「무사도 日本文化論」, 「무사의 모습, 王朝末로부터 亂世戰國으로」는 그러한 나 자신의 마음속 풍경의 투영과 같은 형태로 이루어졌다.

「토미나가 나카모토(富長仲基) 공상의 일본사」는 모토오리 노리나가(本居宣長)와 거의 비슷한 청년 시절을 보낸 요절한 천재, 오사카의 평범한 학자인 富永仲基에 관한 것이다. 동양학의 나이토 코난(內藤湖南), 불교학의 나카무라 하지메(中村元), 물리학자인 유카와 히데키(湯川秀樹) 등으로부터 높은 평가를 받았지만 일반적으로는 어쩐지 잊힌 듯한 사상가이다. 그 학문의 흐름이 조금만 더 형태를 갖추었더라면, 모토오리 노리나가(本居宣長), 히라타 아츠타네(平田篤胤), 미토학파(水戶學派) 등에 흐르는 일본의 사상, 감성과는 다른 무엇인가가 일본에도 흐르게 되었을지도 모르겠다.

「그리스·인도 회랑, 일본으로의 길(ギリシャ·インド回廊 日本への道)」은 전에 쓴 『특이한 유럽(異相のヨーロッパ)』과 관련하여 썼다. 필자의 안에서 유럽으로부터 인도, 중국을 경유해서 일본에 이르는 뭔가가 떠올랐다. 그 물줄기로서의 하나의 작업이었다.

「상아의 흔적 colonialismo」은 다년간의 관심사였던 서구 식민지주의에 관한 것을 주된 대상으로 하고 있다. 배 위에서 알게 된 콜롬비아인 곤잘레스와 캐나다. 알래스카의 원주민, 과테말라의 상인들에게서 다시금 자극을 받으며 마음을 열고 썼다. 식민지주의라고 하는 말은 일본의 대표적인 사전인 『広辞苑』에 조차 없다. 영국의 『옥스퍼드 영어사전』에도 설명이 불충분하며, 프랑스의 대표적인 백과사전인 『라루스(Larouse)』에도 식민지주의=colonialisme으로는 설명이 안 된다. 대부분의 구식민지가 정치적으로 나름의 독립을 한 지금도 유럽은 비서구 세계의 눈으로 식민지주의를 보고 있지 않다. White guilty라고 불리는 백인의 죄의식도 일반적이지 않다.

최근에는 그리스와 인도에 관한 것이 다시 궁금해진다. 프랑스와 스페인, 그리고 동구에서 본 서구도 관심사의 하나이다. 다음에는 오랫동안 관심을 가져온 20세기 프랑스에 관한 것부터 시작할 가능성이 크지만, 단순히 회상으로 쓸 생각은 없다. 아마도 현재에 포함되어 있는 미래로부터 20세기라고 하는 하나의 시대를 본인 나름대로 보게 될 것이다.

역자 후기

한국인으로서 느끼는 '일본'이라는 나라는 무조건에 가까운 거부감과 함께 부러움, 때로는 무시하고 싶은 충동을 동시에 느끼게 하는 이중적인 이웃의 모습으로 존재하고 있다. 지구상에 이웃하고 있는 어떤 나라가 한일 양국만큼 비슷한듯하면서도 어느 것 하나 비슷한 구석이 없는, 융합되기 어려운 거리를 유지하고 있을까 싶다. 하나를 해결하기 위해 나아가면 다른 하나가 새로이 제기되고, 그 하나를 해결하면 또 다른 하나가 발목을 잡는 것이 양국 관계이다.

이러한 관계 해결을 위해 자칫 상대를 무턱대고 받아들이려는 수용적 자세를 취하기 쉬운데, 바람직한 모습은 아니다. 객관적이고 이성적인 판단으로 상대를 이해하고, 그 입장에 서보려는 노력이 무엇보다도 절실히 요구되고 있다.

일본 이해를 위한 방법을 찾는 과정에서 일본사회의 문화적 근간이 되는 사상과 기본 이념이 무엇일까 하는 것에 생각이 미치고, 그 중의 하나가 '무사도'라는 결론에 이르게 되어 본 서적의 번역에 나서게 되었다.

'무사도'는 일본 문화를 대표하는 키워드 중의 하나로 여전히 일본 국내뿐만 아니라 일본을 벗어난 외국에서 관심과 흥미의 대상으로 주목을 끌고 있는 문화 코드이다.

'무사도'가 일본에서 자각된 연구 테마로 인식되어 연구되어진 시기는 명치시대 중반인 1899년부터라고 할 수 있다. 이것은 니토베 이나조(新渡戶稻造, 1862~1933)가 『무사도』라는 책을 미국에서 영문으로 출판하면서 이루어졌다. 니토베는 서양 사람으로부터 일본의 사상과 관습에 대하여 질문을 받고 이 질문에 답하기 위하여 일본의 전통 사상을 정리하여 『무사도』를 간행하였다.

이 책은 다음해인 1900년에 일본에서 일본어판으로 재출간되어 일본인들에게 자국의 무사도에 대해 새로이 인식을 하게하고, 무사도가 자신들에게 어떤 의미를 주는지를 자각하게 만드는 계기가 되었다. 주요내용은 義, 勇, 仁, 禮, 誠, 名譽, 忠義, 切腹, 刀, 大和魂 등으로 이루어져있다.

이어 1905년 러일전쟁에서 일본이 러시아에 승리하였는데, 그 승리의 요인을 '무사도'에서 찾음으로서 무사도에 관한 관심과 연구가 폭발적으로 늘어나게 된다.

이후 무사도에 대한 연구는 태평양전쟁이 일본의 패배로 끝남에 따라 주춤하였으나 그것도 잠시 다시 계속해서 이어지고 있다.

본 저서의 저자는 '무사도'의 어느 한 부분에 집중하기보다 관점을 확대시켜 여러 인물들의 무사도관, 즉 남부 번주(藩主)의 아들이었던 니토베 이나조의 『무사도』와 미시마 유키오(三島由紀夫)의 『사무라이』, 야마모토 츠네토모(山本常朝)의 『하가쿠레(葉隱)』, 미야모토 무사시(宮本武藏)의 『고린노쇼(五輪書)』, 그리고 야마가 소코(山鹿素行)의 저작물과 야마가 소코의 영향을 받은 요시다 쇼인(吉田松陰)이 남긴 작품을 훑어보면서 저자 나름의 무사도관을 피력하고 있다. 즉 넓은 범위에서 다양한 방식으로 무사도에 접근하면서 독자의 지적 욕구를 충족시켜주고 있는 것이다.

흔히들 선비정신이나 무사도·기사도 등을 21세기를 살고 있는 지금의 우리들과는 아무런 관계가 없는 옛 문화유산 정도로 치부를 하지만,

에드윈 라이샤워 하버드대 교수 같은 연구자는 무사도와 기사도를 비교하면서 가장 큰 차이점으로 서구에서는 이미 고풍의 불가해한 개념으로 묻혀버린 기사도와는 달리, 일본의 무사도는 현대까지 면면히 이어져 오고 있는 점을 들고 있다. 그 결과 명백히 무사도는 기사도가 못 이룬 하나의 정연한 사상체계에 도달할 수 있었으며, 나아가 서구인과 기사도의 관계는 비교도 안될 만큼 일본인과 무사도는 떼려야 뗄 수 없는 관계로 보고 있다.

이 책은 무사도의 역사에 대해 체계적으로 설명해주는데 그치지 않고, 무사도를 둘러싼 다양한 관심사와 저자의 학문에 대한 깊이를 바탕으로 근접학문으로의 경계를 넘어 자칫 딱딱해지기 쉬운 주제를 쉽고 부담 없이 접근할 수 있도록 풀어내고 있다. 작가의 다양한 경험과 폭넓은 상식은 마치 시공을 넘나드는 여행견문록의 느낌마저 들게 한다.

물론 식민주의에 관한 시각에는 다소의 이견을 느낄 수는 있었다. 이에 대한 판단은 독자들의 몫으로 돌린다.

근래 일본의 서점가에는 영어를 비롯한 각국의 언어와 일본어를 함께 실어 일본 문화를 소개하는 책들이 늘어나고 있다. 또한 한국에서도 일본문화를 소개하는 다양한 책들은 범람의 수준에 이르고 있다. 그 속에 '무사도' 라는 테마로 다시 한권의 책을 더하고자 한다. 본 번역서가 조금은 가볍게 조금은 더 손쉽게 일본 '무사도'에 대한 다양한 접근을 시도하는데 도움이 되었으면 한다. 출판을 도와준 경성대학교와 출판부에 감사의 말을 전한다.

本書関連年表

1020(寛仁4)
藤原道長、荒神口の北に藤原時代を代表する寺、法成寺を創建。鎌倉末期廢絶

1106(嘉承元)
源義家沒。八幡太郎こと源義家(1039~1106) は、前九年の合戰で陸奥の安倍貞任を討ち、陸奥守兼鎭守府將軍となる。後3年合戰を平定、東國の藤原氏の勢力基盤をつくる。京都に田樂流行

1133(長承2)
法然誕生、1212(健歴2) 沒、80歳

1150(久安6)『エル·シッドの歌』

1156(保元元)
保元の亂、1159(平治元年) まで續く。崇德上皇對白河天皇の爭い。攝關家では藤原頼長對忠通。全体として崇德·頼長·源爲義のブロック對後白河天皇·忠通·清盛·源義朝(源爲義の長男) のブロックの爭い。崇德上皇側破れ、上皇は讚岐に流される。武士の政治への本格的參加の契機となる。慈円、『愚管抄』において武士と武者(むさ)を區別

1159(平治元)
平治の亂。源義朝對清盛の對立。源氏が平家に敗れる。

1164(長寛2)
9月、清盛ら平家一族が法華經を書き寫して嚴島神社に奉納。平家納經とされるものである

1167(仁安2)
清盛、大政大臣となる

1168(仁安3)
榮西、宋へ。清盛、嚴島神社造營

1173(承安3)
清水寺、六波羅蜜寺燒失。親鸞生誕、1262(弘長2)、90歲にて沒

1175(安元1)
法然、專修念仏を唱える

1177(治承1)
清盛、鹿ケ谷の陰謀を知る

1181(養和1)
清盛沒(1118~)

1185(文治1)
屋島の戰、壇ノ浦の敗戰により平氏滅ぶ。義経の奏請により後白河法皇、頼朝追討の院宣を下す。時を置いて逆に頼朝の求めにより義経追討の院宣下る

1190(建久1)
西行沒(1118~)。ドイツ武士団の形成

1191(建久2)
鎌倉大火。榮西歸朝して禪宗の一派臨濟宗をもたらす。

1192(建久3)
賴朝征夷大將軍となり鎌倉に幕府を開く。後白河法皇沒

1196(永長元)
第一回十字軍

1199(正治1)
源賴朝沒しその子源賴家がつぐ。北條政子、賴家の親裁を止め父時政ら13人の合議裁決制に代える。文覺、佐渡に配流

1200(元久1)
日本の儒教に深く影響した南宋の儒學者朱熹沒(1130~)

1201(建仁1)
第4次十字軍

1205(元久2)
藤原定家らにより『新古今和歌集』選進される

1212(健歴2)
法然、80歳にして沒。鴨長明 『方丈記』。この頃、淨瑠璃寺吉祥天女像

1215(建保3)
マグナカルタ制定

1219(承久1)

源實朝暗殺され源氏正統の斷絶

1220(承久2)
慈円『愚管抄』成る

1221(承久3)
承久の亂勃發。後鳥羽上皇が鎌倉幕府打倒を計畫。敗れて隱岐に配流される。公家勢力の衰微、武家のさらなる隆盛となる。「承久の役に京方が失敗してから天下は全く鎌倉のものとなった。全國の武士に幕府の權威が確立したと共に朝廷は一切万事を幕府のなすがままに任せて、皇位の継承までも一々其の意に從はねばならぬやうになった。世は純然たる武家の時代となったのである。……武士といふ中等社會が存立するやうになったが、後にいふやうに、鎌倉幕府の政治はこれらの武士の領土を安全に保護するのが主なる目的であった。」(津田左右吉)京の貴族はなお大寺院とともに文化の中心

1227(安貞1)
道元、宋より歸朝、後に曹洞禪の永平寺を開く

1253(建長5)
日蓮、清澄寺で日蓮宗を開く

1282(弘安5)
日蓮沒(1222~)

1289(正応)
時宗開祖一遍上人沒(1239~)

1336(延元1·建武3)
後醍醐天皇が大和の國吉野へ

1392(元中9·明徳3)
後亀山天皇が京都に歸るまでの57年間を南北朝時代。南朝は大覺寺統、北朝は持明院統

1339(延元4)
北畠親房『神皇正統記』を常陸小田城で執筆神代から後村上天皇(1329~68)、在位(1339~68) まで。南朝の正当性を主張

1354(正平9)
北畠親房沒(1293~)

1368(応安)
応安から文明の130から140年を津田左右吉は武士文學の中期とする。1368(応安)—1379(永和) 頃までに『大平記40巻』成ったもよう。小島法師說。北條高時の失政、建武中興、など南北朝時代の50年余の爭亂を和漢混交体で描く

1397(応永4)
室町幕府3代將軍足利義滿が、臨濟宗の金閣寺=鹿苑寺造營。室町幕府の全盛期

1406(応永13)
世阿弥『風姿花伝』

1408(応永15)
如拙『瓢魚古図』

1412(応永19)
象などを乘せた南蛮船、日本海に面する小浜に入港

1430(永亨2)

世阿弥の能關係の『申樂談義』成る

1441(嘉吉1)

嘉吉の亂。赤松滿祐、將軍足利義教を殺害。赤松も山名宗全に攻められ自刃

1451(宝德3)

琉球の商船、浜庫に入港。大和の德正一揆、元興寺·興德寺を燒く

1457(長祿)

上杉定正の臣大田道灌、江戶城を築く。一世紀半近く後、1590(天正18) に家唐の居城。以後德川家15代の政治中樞。明治元年より天皇家の居所

1465(寬正6)

室町幕府8代將軍義政夫人日野富子は利殖の道に長けていた。応仁の亂の原因のひとつ。京都の人形寺宝鏡寺に富子の像がある

1467(応仁1)

応仁の亂始まる

1474(文明6)

加賀一向一揆

1477(文明9)

応仁の亂終わる

1480(文明12)

京都の一揆、当時の金融機關の酒屋·土倉を襲い、7ロを破る。大和の一揆、興福寺を燒く

1488(長亨2)
加賀國一向一揆

1492(文錄1)
グラナダ陥落。コロンブスの第一回航海

1494(明応3)
トルデシリヤス條約

1495(明応 4)
北條早雲、小田原城落とす

1506(永正3)
一向一揆。雪丹沒

1517(永正14)
マルチン·ルター九五か條

1519(永正16)
『閑吟集』成る

1521(大永1)
信玄、戰國家法とされる「甲州法度」(6=1547) を制定

1532(天文1)
京都の町衆、法華一揆

1539(天文8)
長谷川等伯生誕 (1539~1610)

1543(天文12)
ポルトガル船、種子島に鐵砲伝來。慶長·元和という江戸初期 「甲陽軍鑑」高坂昌信·春日惣二郎

1549(天文18)
サビエル來日。キリスト布教開始

1566(永祿9)
狄野永德、大德寺聚光院に襖繪

1573(天正1)
武田信玄沒 (1521~)

1582(天正10)
織田信長沒 (1534~)

1583(天正11)
秀吉大阪城を築く

1590(天正18)
狄野永德沒 (1543~)

1591(天正19)
千利休沒 (1522~)

1598(慶長3)
豊臣秀吉沒 (1537~)

1609(慶長 4)
北條氏長（1609～70）軍學者、幕府の大目付。小幡に軍學を學ぶ。家光の諮問を受けオランダ流攻城法、大名、旗本の軍団編成の調査

1616(元和2)
徳川家康沒（1542～）

1632(寛永9)
徳川秀忠（1579～）。在位（1605～23）。二代將軍。大名·朝廷·寺社の統制强化。39大名を改易

1639(寛永16)
大道寺友山（1639～1730）。小幡景憲、北條氏長に軍學を學ぶ。會津潘などで軍學講義。『武道初心集』『岩淵夜話』『落穗集』

1644(正保1)
宮本武藏『五輪の書』一地·水·火·風·空の五劵、この頃の成る

1645(正保2)
宮本武藏沒（1584～）

1656(明曆2)
山鹿素行、35歲『武教小學』

1659(万治1)
山本常朝、佐賀城下片田江横小路に生誕

1661(寛文1)
京都大火、皇居炎上

1663(寛文3)
小幡景憲沒（1572〜）。初め武田に、後、徳川秀忠に任える。甲州流軍學の祖。山鹿素行らの師

1682(天和2)
山崎闇齋沒（1618〜）。垂加神道を興す。「天人唯一」。日本書紀神代巻に據って皇室守護を主張

1685(貞享2)
山鹿素行沒（1622〜）。『武教要錄』『配所殘筆』『山鹿語類』『中朝事實』『武家事紀』

1703(元祿15)
12月14日、赤憲義士の討ち入り

1716(亨保1)
この頃『葉隱』11巻成る

1719(亨保4)
山本常朝沒、61歳

1746(延亨3)
富永仲基沒（1715〜）。『出定後語』『翁の文』、末完の日本史

1791(寛政3)
林子平、『海國兵談』刊

1798(寛政10)
本居宣長『古事記伝』完成

1801(亨和1)
本居宣長沒（1730～）。72歲

1821(文政４)
山片蟠桃沒（1748～）、『夢の代』儒學·天文學·蘭學

1843(天保14)
平田篤胤沒（1776～）。『古道大意』『靈能眞柱』

1859(安政6)
吉田松蔭沒（1830～）

1882(明治15)
一月４日。明治天皇が陸海軍人勅諭を与える。軍隊を天皇直屬とし軍隊の精神教育の基盤とする大道寺友山の　『武道初心集』の影響あり。西周が起草、福地源一朗櫻痴、元田永孚、井上毅、山縣有朋らによってつくられた（岩波講座·日本歷史第十七券）

1899(明治32)
英文『武士道』刊。日淸戰爭の４年後、日露戰爭の５年前

1906(明治39)
『The Book of Tea』岡倉天心の英文評論刊

1913(大正2)
岡倉天心沒（1862～）

1933(昭和8)
新渡戸稻造沒（1862～）

1934(昭和9)
『吉田松蔭全集』(~36) 岩波書店

1936(昭和11)
『吉田松蔭』第一刷 玖村敏雄、岩波書店、昭和19年、第九刷

1941(昭和16)
『葉隠』上·中·下 和辻哲朗·古川哲史校訂 岩波文庫

1943(昭和18)
『武道初心集』大道寺友山、古川哲史校訂 岩波文庫

1943(昭和18)
『山鹿素行』納富安幸 鶴書初、19年再刊

1965(昭和40)
4月 古川哲史『葉隠』のはしがき。民主主義下での有効性を述べる

역자소개

윤영기 경성대학교 일어일문학과 교수
박성희 경성대학교 일어일문학과 외래교수
조홍미 경성대학교 일어일문학과 외래교수
조은정 경성대학교 일어일문학과 외래교수

무사도: 일본문화론

지은이 | 우미하라 슌
옮긴이 | 윤영기 · 박성희 · 조홍미 · 조은정

초판1쇄 인쇄 | 2011년 12월 20일
초판1쇄 발행 | 2011년 12월 30일

펴 낸 이 | 송수건
펴 낸 곳 | 경성대학교출판부
출판등록 | 1985년1월28일 제331-1985-000001호
주 소 | 부산광역시 남구 대연동 110-1
전 화 | (051) 663-4195, 4196
팩 스 | (051) 663-4199
홈페이지 | www.ks.ac.kr/~press

• 잘못된 책은 구입하신 서점에서 바꾸어 드립니다.
• 이 도서는 2010학년도 경성대학교 출판부 번역서 지원금으로 출판되었음.

ISBN 978-89-7314-236-1 (93150)